AF525194

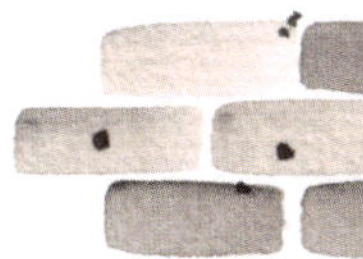

Sue Hiepler

URBAN WATERCOLOR
JOURNEY

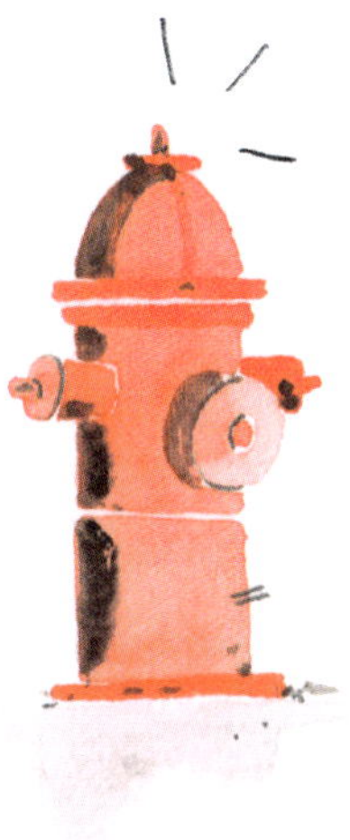

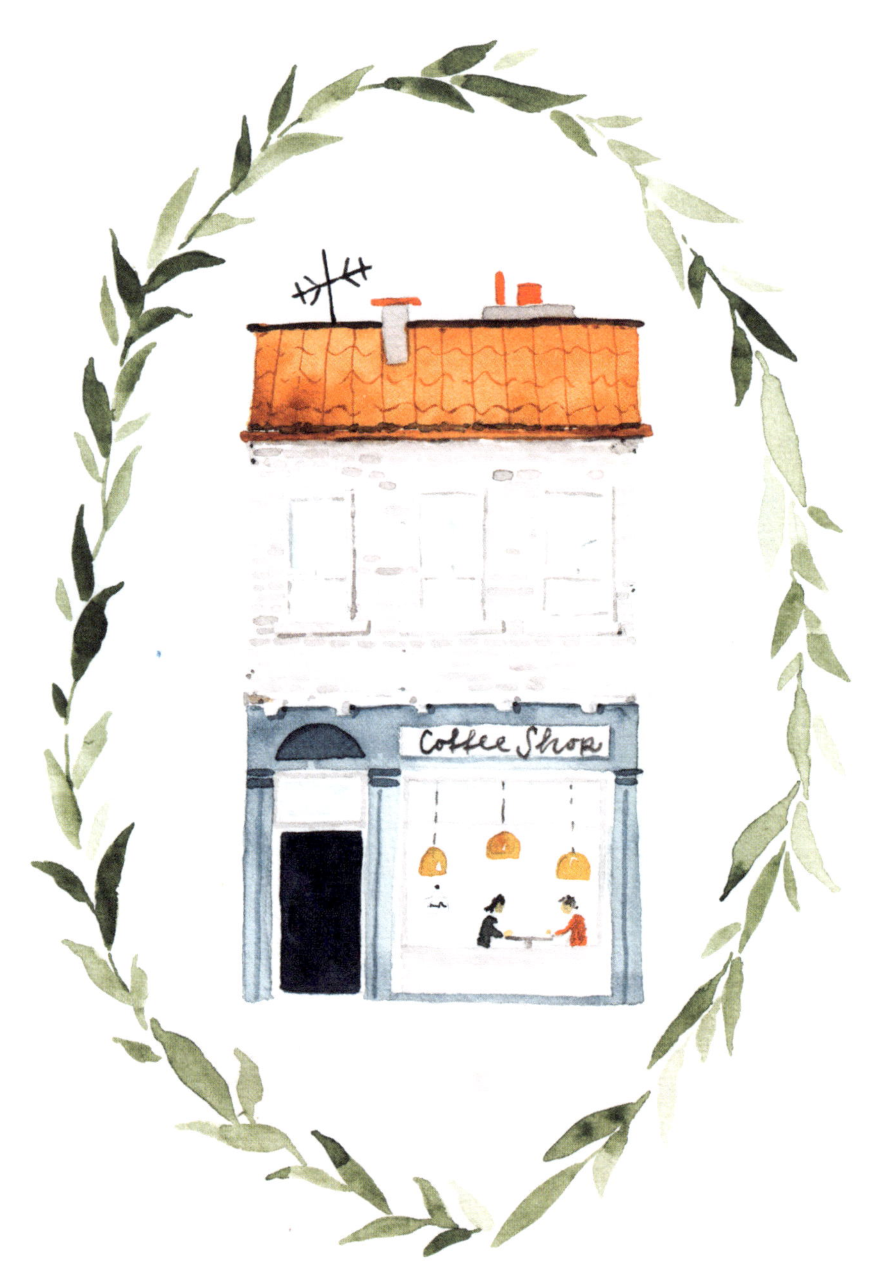

Coffee helps.

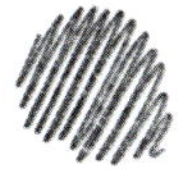

SUE HIEPLER

♥

URBAN WATERCOLOR journey

DEINE REISE MIT
AQUARELLKASTEN UND PINSEL

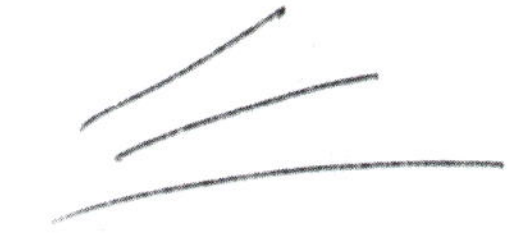

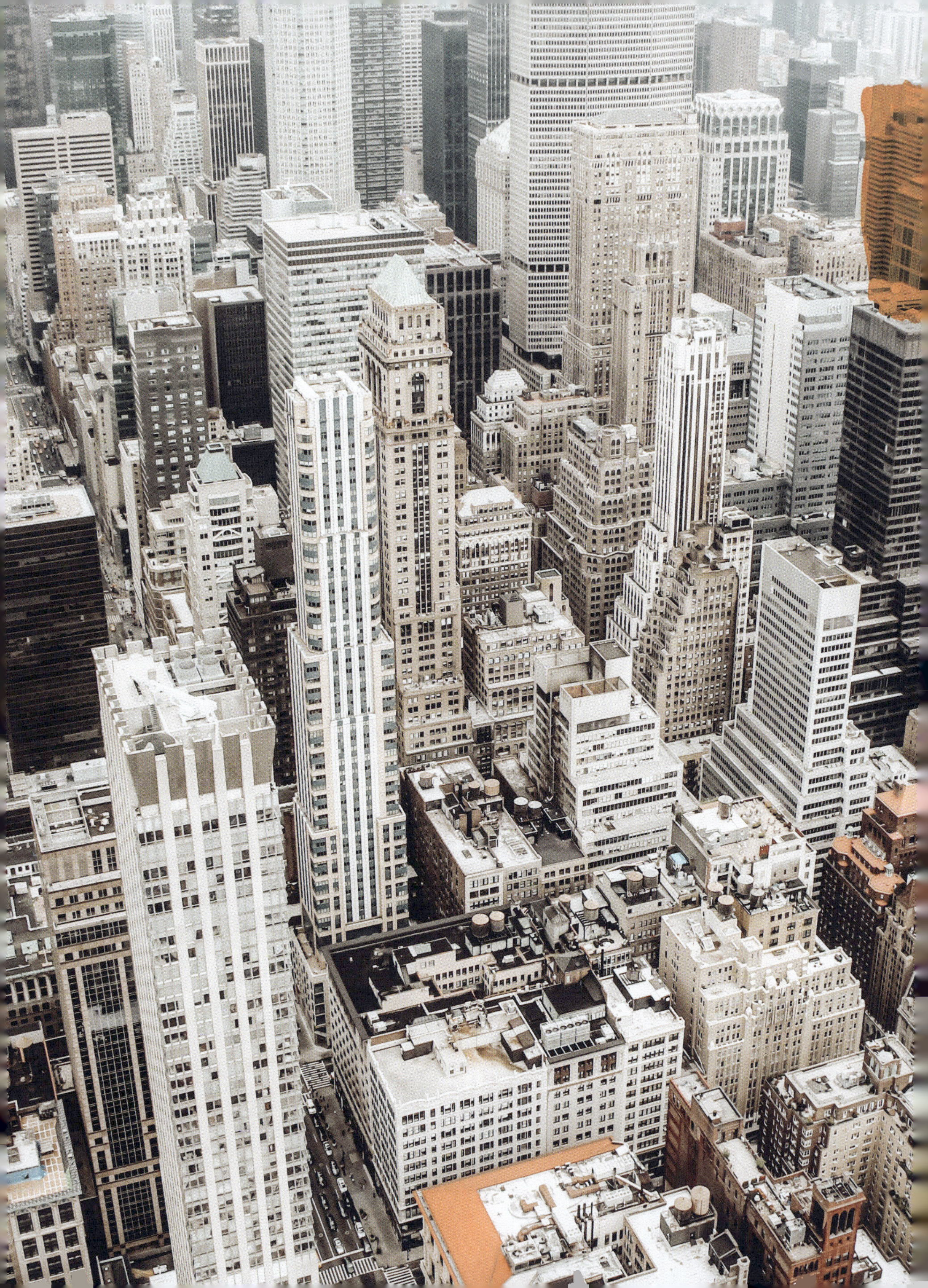

Vorwort

Dass du dieses Buch in den Händen hältst und diese Zeilen liest, macht mich einfach überglücklich. Dieses Projekt bedeutet mir wahnsinnig viel. Schon während meines Studiums waren Bücher und Bildbände von Illustratorinnen und Illustratoren meine Haupt-Inspirationsquelle. Es gibt nichts, was mich so sehr fesselt wie die Kunst meiner Lieblingskünstlerinnen oder Lieblingskünstler. Daher freue ich mich so, hier mein Wissen und meine Gedanken zum Thema Urban Watercolor mit dir teilen zu können.

Die Idee, dieses Buch zu schreiben, kam mir durch einen Straßenkünstler in Manhattan, den ich auf meiner New-York-Reise 2019 im West Village getroffen habe. Danach ließ mich das Thema Urban Watercolor nicht mehr los. Ich liebe es, komplexe Motive in einfache, aber dennoch detaillierte Illustrationen zu übersetzen. Dabei geht es mir nicht um Perfektion, sondern vielmehr um das Gefühl, das das Bild von einem besonderen Ort in einem auslösen kann. Es geht um Farben, Licht und Schatten, um kleine Details, die wahrscheinlich niemandem direkt auffallen, die aber das besondere Etwas in einer Illustration ausmachen.

Den Zauber rund um das Thema Urban Watercolor möchte ich in diesem Buch mit dir teilen. Dabei steht nicht im Vordergrund, meine Regeln zu befolgen oder alles genauso zu machen wie ich. Vielmehr geht es darum, deinen eigenen Stil zu finden. Ich hoffe, dass ich dir die richtigen Tipps und Tricks mit an die Hand geben kann, damit du deine ganz eigene Reise mit Pinsel und Aquarellfarben festhalten kannst.

Deine Sue

Inhaltsverzeichnis

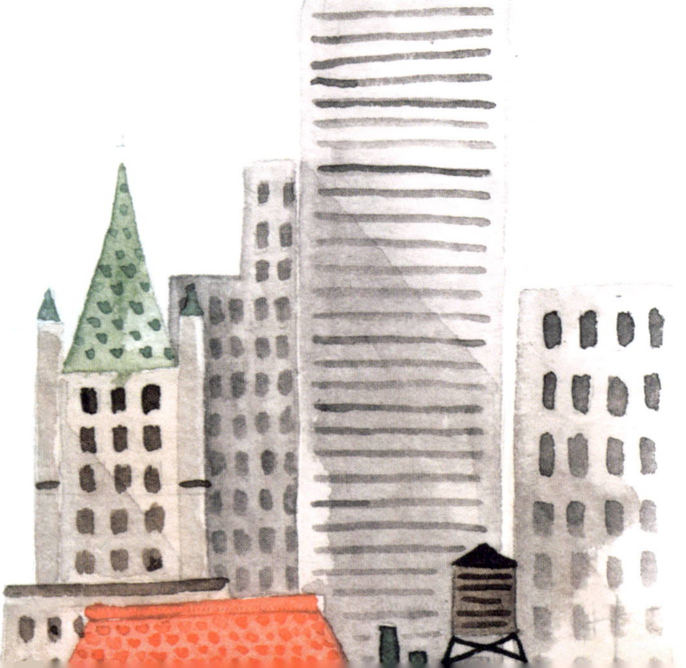

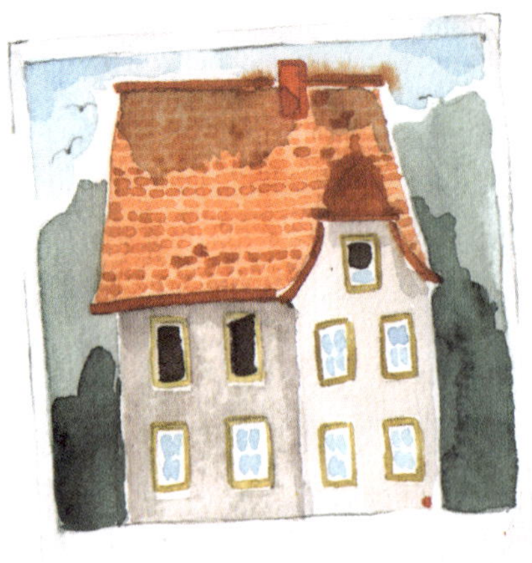

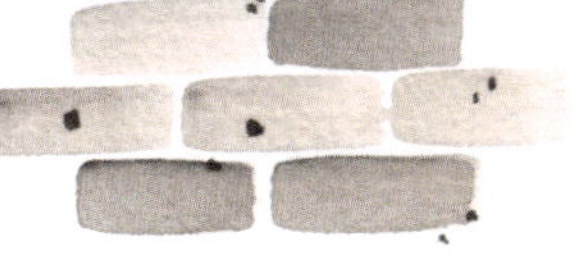
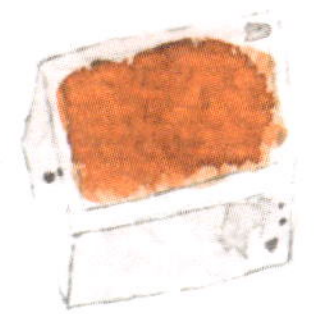
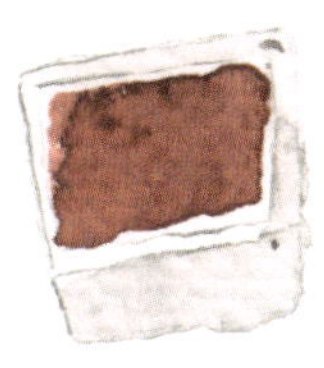

Die Basics

Ran ans Werk

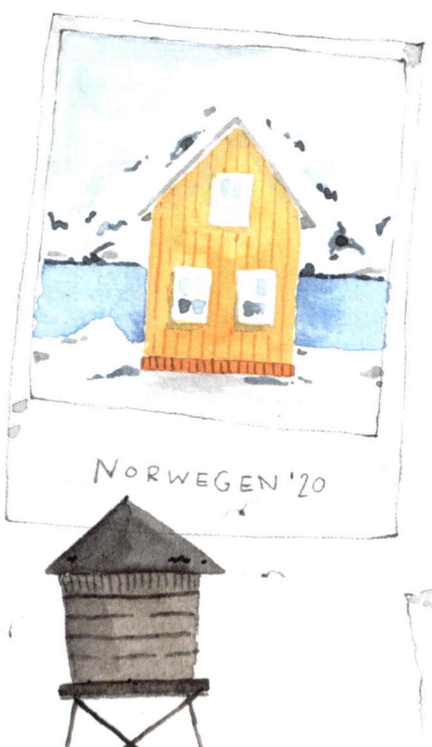

217

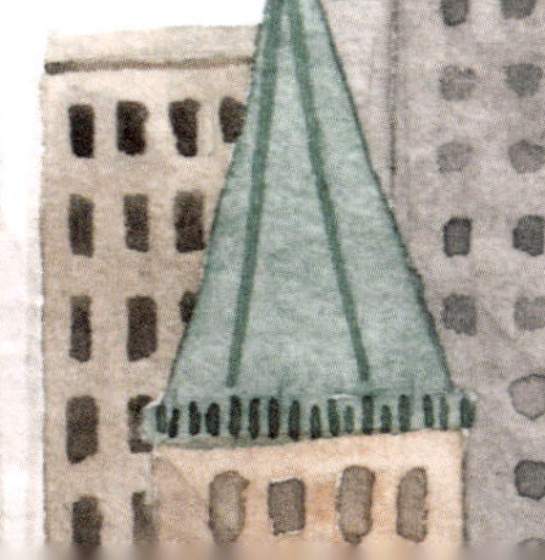

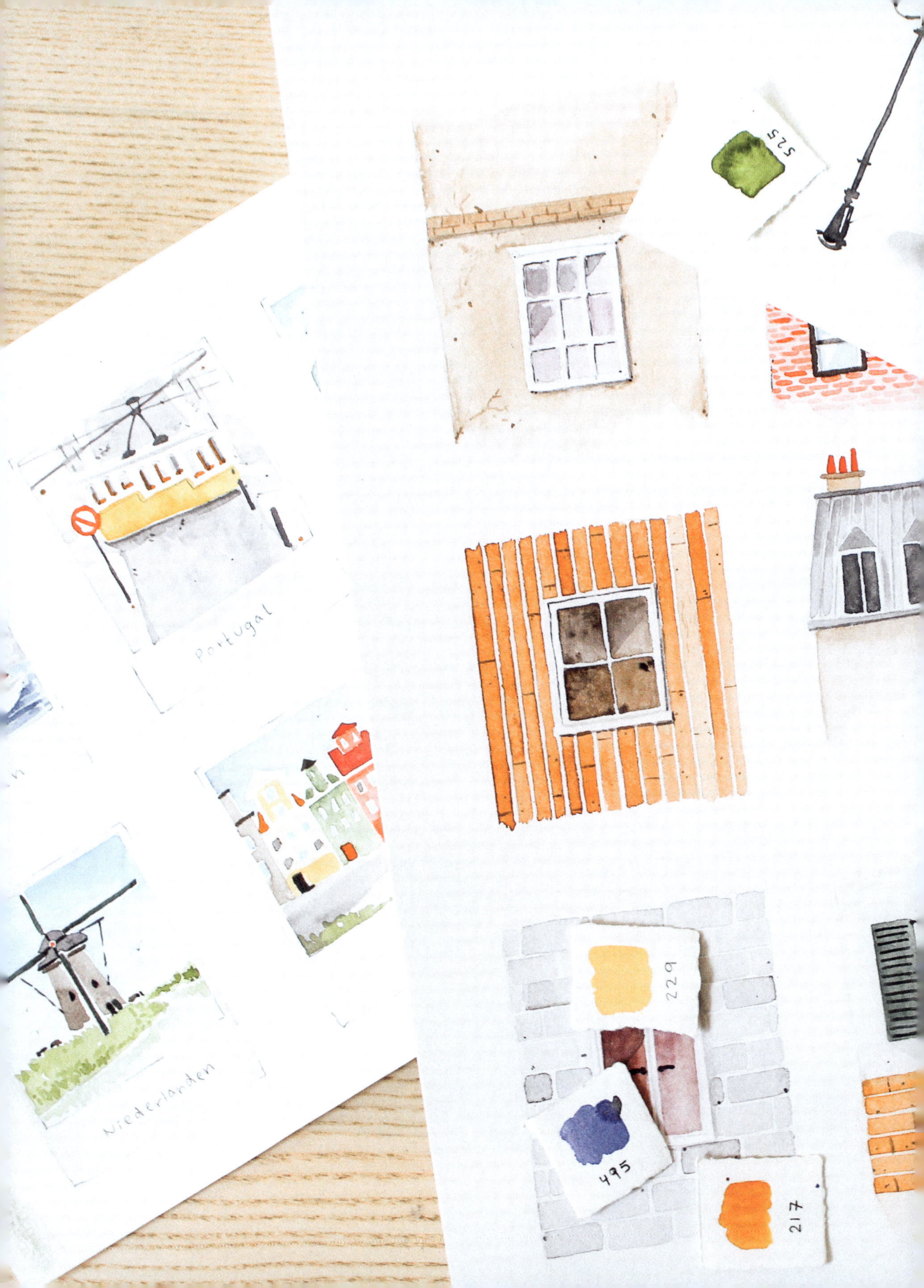
525
Portugal
Niederlanden
229
495
217

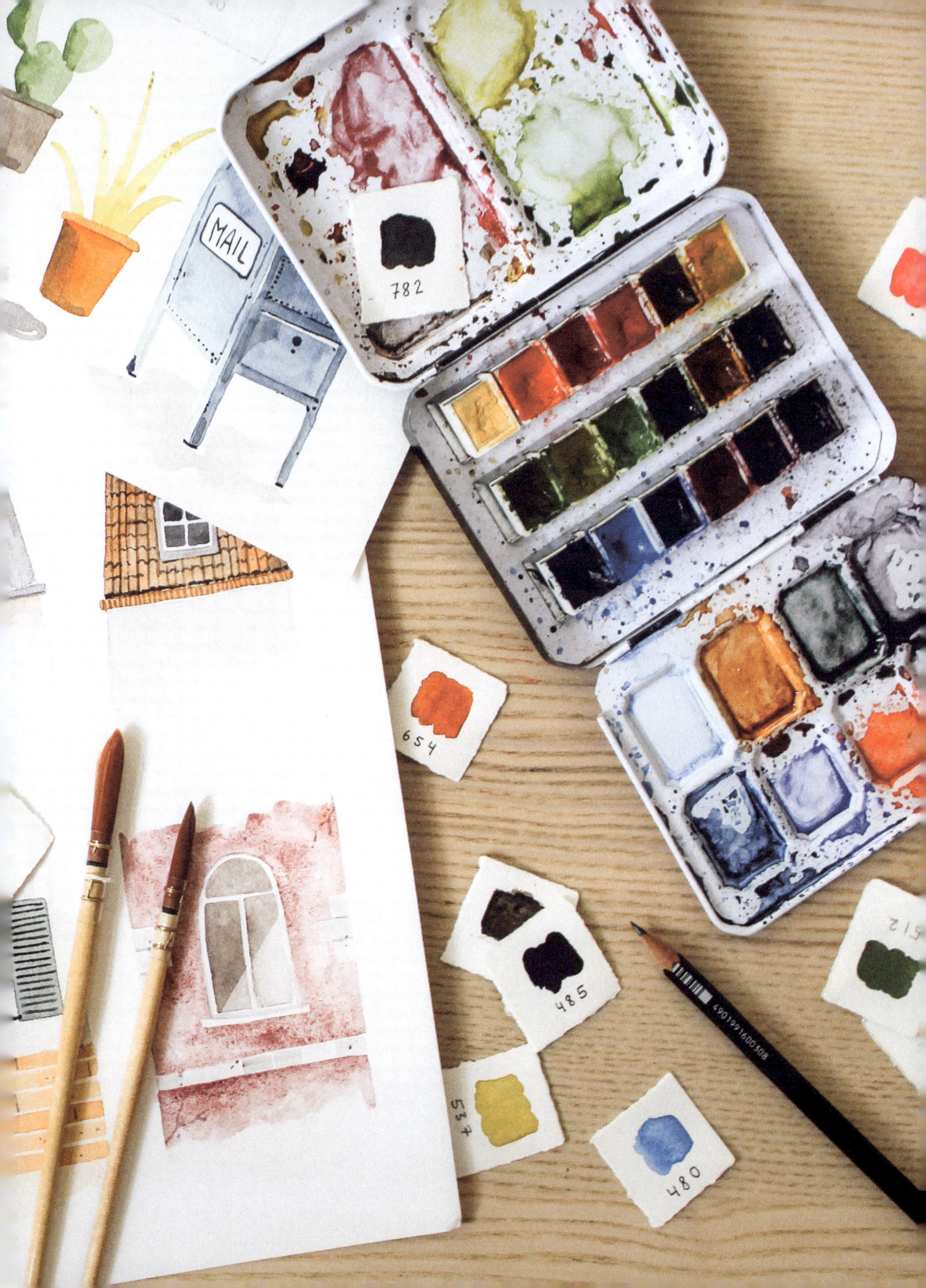
MAIL
782
654
485
537
480

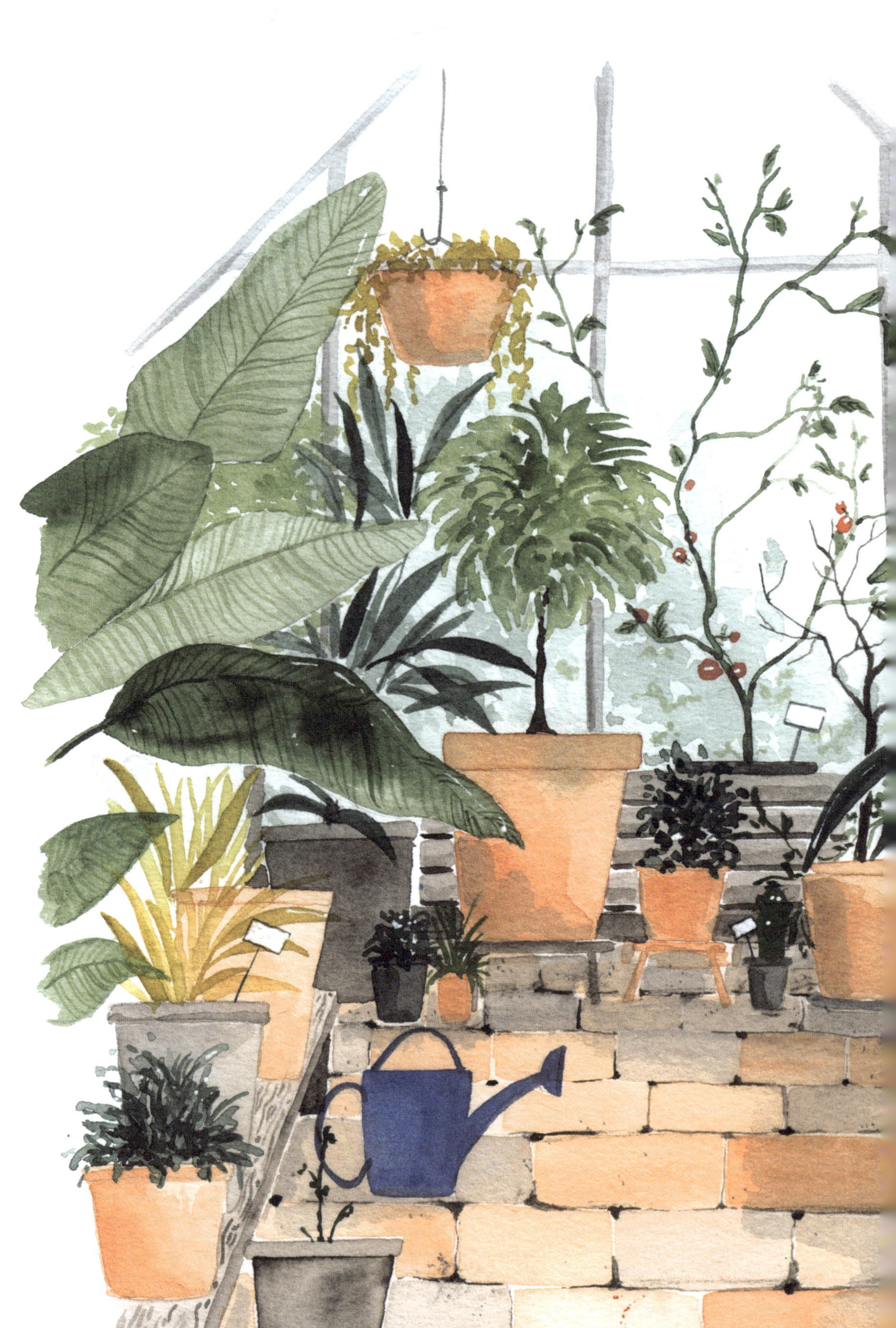

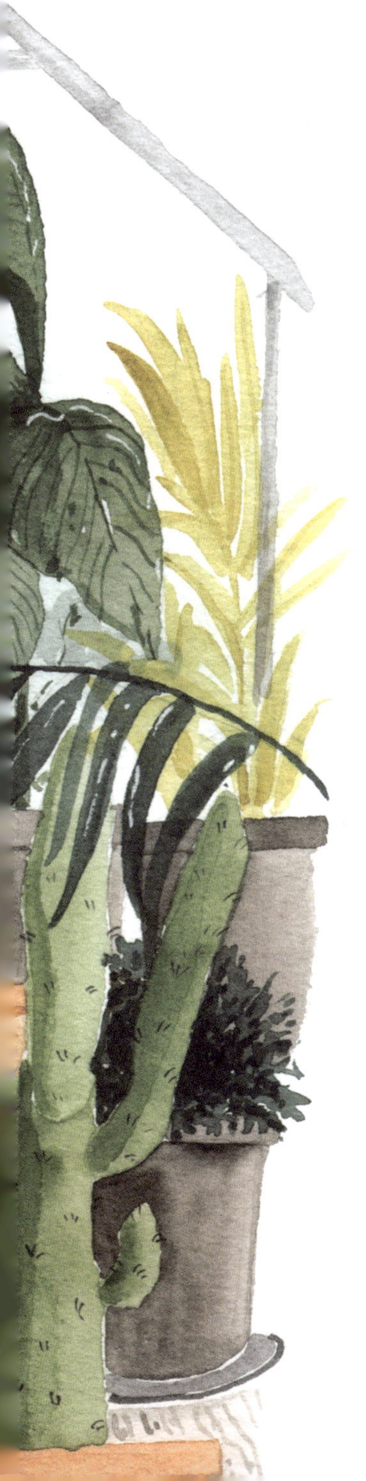

MASTER THE BASICS, then be expressive.

»Henri Matisse«

525
662
480

Grundlagen

Bevor es an Pinsel und Aquarellfarben geht, habe ich dir in diesem Kapitel einige Grundlagen zusammengetragen: Welche Materialien nutze ich am liebsten, was gibt es über die Welt der Farben zu wissen und welche Techniken solltest du kennen?

Grundsätzlich geht es vor allem darum, dass du Spaß bei der Umsetzung deiner Illustrationen hast. Wie sich die Farben dann tatsächlich verhalten, kann man nie genau vorhersagen, da dies von vielen Faktoren abhängt – es gibt wohl kaum ein eigensinnigeres Medium als Aquarellfarben. Durch die Zugabe von Wasser verhält sich die Farbe gefühlt jedes Mal anders. Wie soll man da die Kontrolle behalten? Ganz einfach – gar nicht! Aquarell ist in meinen Augen der Spiegel deines Gemüts. Jeder Strich kann so unberechenbar sein, dass es dir an einem Tag vorkommt, als wärst du Picasso persönlich, und am anderen, als wärst du ein absoluter Amateur. An dieser Stelle ist es das Wichtigste, dass du dich nicht entmutigen lässt. Das Arbeiten mit Aquarellfarben braucht viel Geduld, Erfahrung und Gefühl. Mit einigen Tipps und Tricks kann ich dir den Einstieg in die Welt der Aquarellfarben aber auf jeden Fall erleichtern.

Meine Pinsel

Für mich ist der Pinsel das Herzstück meiner Arbeit. Und es gibt Pinsel in unzähligen Formen und Größen. Schaut man sich die Auswahl im Laden an, so ist man sicherlich schnell überfordert. Dabei reicht eine kleine Ausstattung für den Anfang vollkommen aus.

Zunächst unterscheiden sich Pinsel in dem verwendeten Material: Es gibt Pinsel aus Echthaar und welche aus Kunsthaar. Hier lässt sich auch der größte Preisunterschied feststellen. So kann ein qualitativ sehr hochwertiger Rotmarder-Pinsel aus Echthaar schnell über 50 Euro kosten. Diesen Pinseln wird nachgesagt, dass sie das Wasser besonders gut speichern können. Mittlerweile sind synthetische Pinsel aber auch so gut verarbeitet, dass sie den Echthaar-Pinseln in der Qualität sehr nahekommen und ich keinen großen Unterschied bei der Nutzung feststellen kann. Ich persönlich arbeite daher ausschließlich mit synthetischen Pinseln.

Neben dem Material sind die verschiedenen Formen der Pinsel entscheidend. Der klassische Rundpinsel ist beim Aquarellieren ein absolutes Must-have. Dabei ist eine feine Spitze wichtig, um genug Spielraum für dünne und dicke Linien zu haben. Zudem ist es so nicht nötig, einen Pinsel direkt in allen Größen zu kaufen, denn ich kann mit einem 6er-Pinsel ähnlich feine Linien malen wie mit einem 4er. Die meiste Zeit arbeite ich mit einem 6er-Rundpinsel. Zusätzlich dazu sind ein 0er-Rundpinsel für feine Details und ein 12er-Pinsel für Hintergründe und große Flächen für den Anfang ausreichend.

Schwertpinsel

Mein Alltagspinsel ist ein Rundpinsel in der Größe 6. Dabei achte ich auf eine feine Spitze, um neben größeren Flächen auch feinere Details einzeichnen zu können.

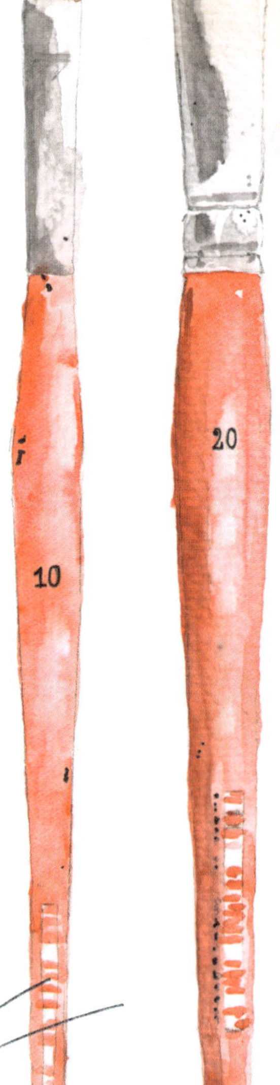

6

0

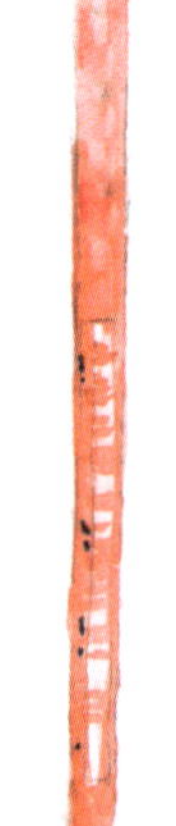

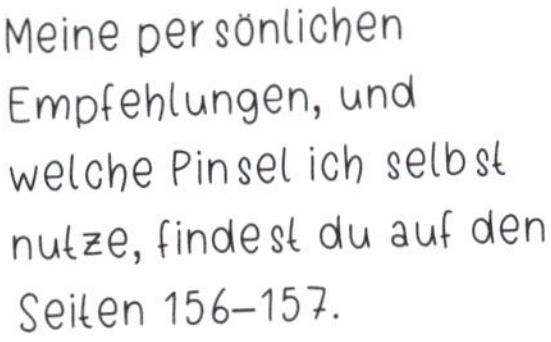

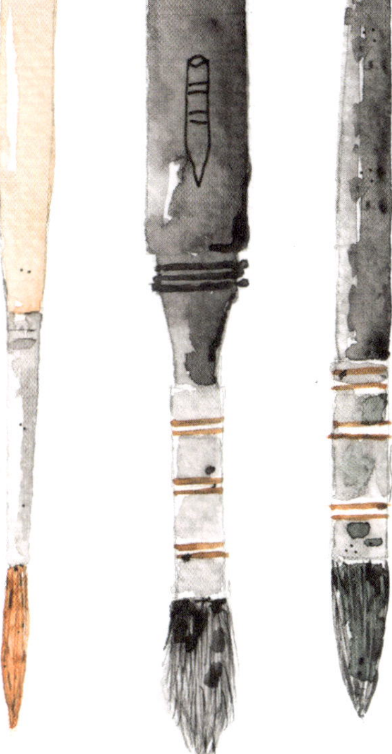

Mein absoluter Lieblingspinsel ist der Verwaschpinsel mit französischer Bindung. Durch die flexible Spitze habe ich gelernt, abstrakter zu arbeiten, und mich von dem Wunsch nach Perfektion distanziert. Diesen Pinsel gibt es auch als Reisepinsel, bei dem die sensible Spitze perfekt geschützt ist.

Zu den Rundpinseln zählt auch der Verwaschpinsel. Dieser hat eine sehr elastische Spitze und kann extrem viel Farbe speichern. Dadurch ist er super für abstraktere Illustrationen geeignet. Durch die nachgiebigen Haare sind die Pinselstriche nicht so gut kontrollierbar wie beim herkömmlichen Rundpinsel. Dadurch werden deine Illustrationen automatisch freier und es entstehen ganz willkürliche Formen.

Neben dem Rundpinsel ist der Breitpinsel in der Aquarellmalerei ein beliebtes Werkzeug. Damit lassen sich zum einen Hintergründe großflächig grundieren. Zum anderen gibt die eckige Form des Pinsels einen Strich vor, den du dir oft zunutze machen kannst. So lassen sich beispielsweise Ziegelsteine besonders einfach mit einem feinen Flachpinsel darstellen. Ein Schwertpinsel vereint die Vorteile beider Pinselformen. Durch seine flache Form erinnert der Schwertpinsel an einen Breitpinsel. Da der Schwertpinsel aber spitz zuläuft, lässt sich damit sowohl sehr großflächig als auch etwas feiner arbeiten. Im Gegensatz zum Rundpinsel hast du hier aber auch weniger Kontrolle über die Spitze. Daher ist der Schwertpinsel eher für geübte Hände geeignet.

Sehr praktisch für unterwegs sind die Reisepinsel. Dabei handelt es sich um ganz normale Pinsel, die jedoch einen Stiel mit Steckfunktion haben. Dabei lässt sich die empfindliche Spitze mit einem Teil des Stiels abdecken. Ein absolutes Muss für jeden, der seine Pinsel auch gerne mal mit auf Reisen nimmt. Denn wenn die Pinselspitze einmal beschädigt ist, lässt sie sich nicht so einfach reparieren.

Aquarellpapier

Ich bin eine absolute Papier-Liebhaberin. Schon während meines Studiums habe ich große Büttenpapiere oder schöne Zeichenblöcke geliebt. Das Verwenden von Aquarellpapier ist für das Arbeiten mit Aquarellfarben ausschlaggebend. Durch die sehr nassen Farben ist der Effekt auf normalem Papier nicht annähernd so schön wie auf schwerem Aquarellpapier. Dabei lassen sich die Papiere grundsätzlich nach ihren zwei Herstellungsformen unterscheiden – hot pressed und cold pressed.

Heiß gepresstes Papier weist eine sehr feine und glatte Oberfläche auf. Dadurch ist es zum Beispiel für sehr kleinteilige und detaillierte Motive geeignet, da die satinierte Oberfläche einen sehr feinen Pinselstrich zulässt. Kalt gepresstes Papier hingegen hat eine matte bis raue Oberfläche. Diese saugt die Farbe stärker auf und ist daher beispielsweise für die Nass-in-nass-Technik gut geeignet. Zudem verleiht die starke Struktur deiner Illustration den typischen Aquarell-Look.

Ich persönlich nutze am liebsten mattes Aquarellpapier. Die offene, aber nicht zu strukturierte Oberfläche funktioniert für mich am besten. Allerdings hat satiniertes Papier den Vorteil, dass es sich einfacher digitalisieren lässt. So kannst du den Scan eines Motives auf satiniertem Papier wesentlich leichter freistellen, als wenn die Struktur eines kalt gepressten Papiers im Scan noch zu sehen ist.

Neben der Oberfläche unterscheidet sich das Papier zudem in der Grammatur. Je höher diese ist, desto dicker ist das Papier. Das ist wichtig für die Technik, die du anwenden möchtest. Solltest du mit viel Wasser arbeiten, so ist es von Vorteil, wenn das Papier mindestens 300 g/m² schwer ist. Andernfalls wird es sich stark wellen und die Farben laufen an einer Stelle des Bildes zusammen. Zudem sollte der Block für eine sehr nasse Anwendung rundum geleimt sein. Dadurch kann sich das Papier beim Trocknen wieder in Form ziehen. Eine andere Möglichkeit ist es, den einzelnen Aquarellbogen an allen vier Seiten am Tisch mit Maskingtape zu fixieren (siehe Seite 19).

Insgesamt lässt sich schwer verallgemeinern, welches Papier besser und welches schlechter ist. Das hängt nämlich stark mit dem individuellen Empfinden zusammen. Zudem ist die Preisspanne zwischen den unterschiedlichen Papiersorten sehr groß. Gerade für Anfängerinnen und Anfänger ist es wichtig, neben der Qualität auch auf einen günstigen Preis zu achten. Wenn du deine Fähigkeiten im Aquarellmalen verbessern möchtest, dann brauchst du vor allem eines ganz besonders – Übung! Vieles lässt sich nämlich nicht so einfach erklären, und deshalb musst du selbst viele Erfahrungen sammeln. Das funktioniert allerdings nur, wenn du keine Angst davor hast, teures Papier zu verschwenden. Kauf dir daher immer einen günstigen Aquarellblock, auf dem du herumprobieren kannst.

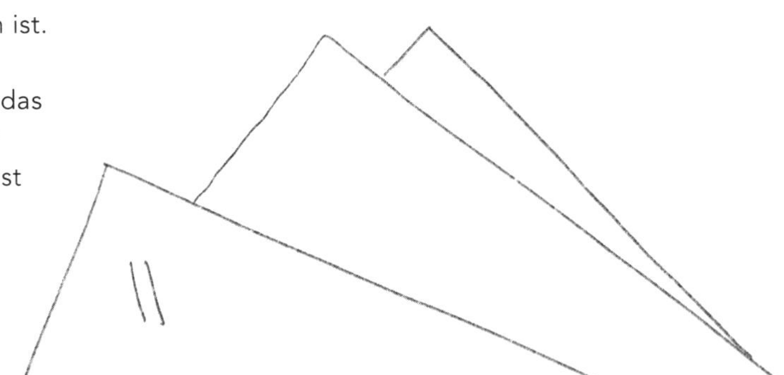

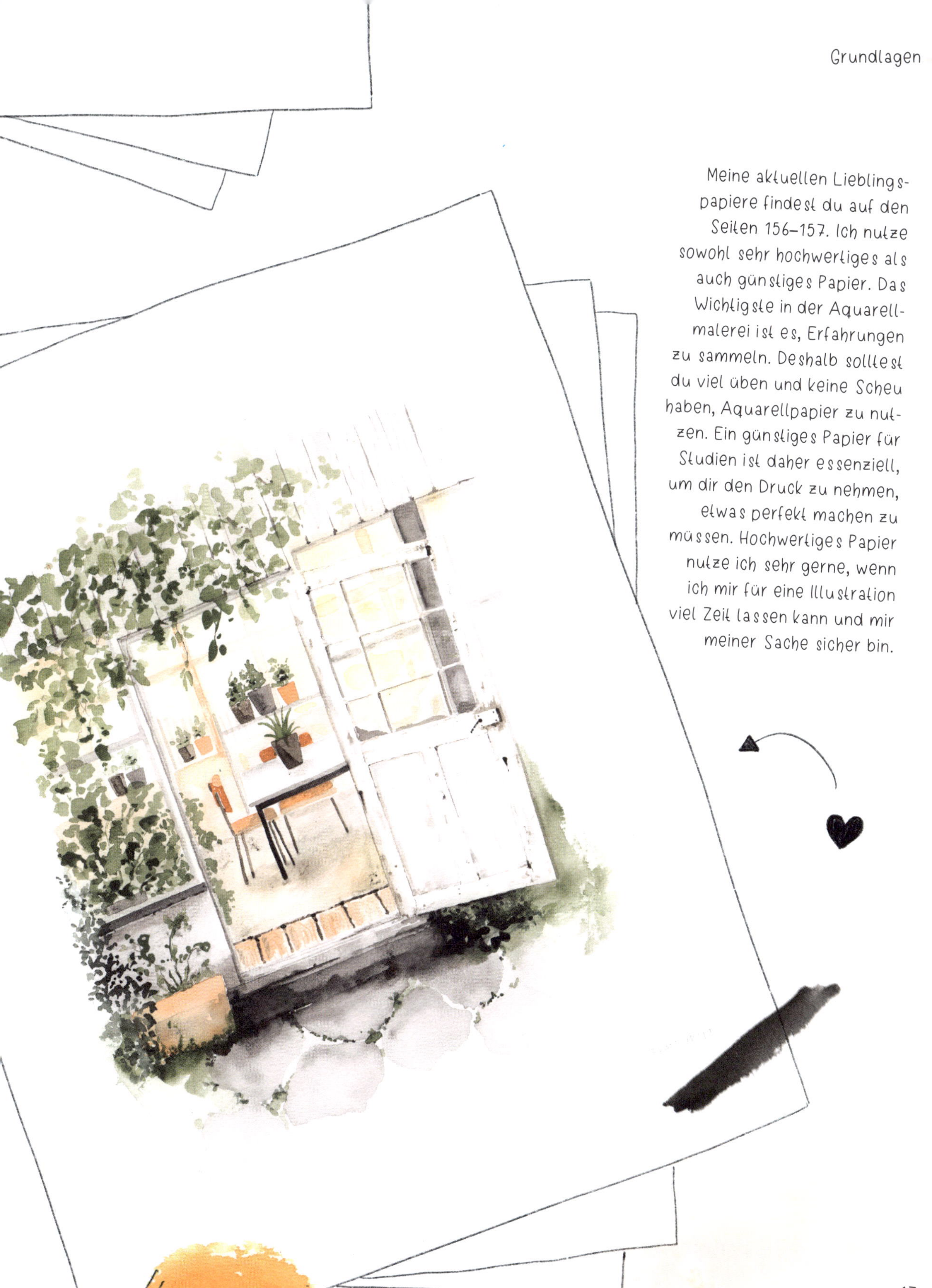

Meine aktuellen Lieblingspapiere findest du auf den Seiten 156–157. Ich nutze sowohl sehr hochwertiges als auch günstiges Papier. Das Wichtigste in der Aquarellmalerei ist es, Erfahrungen zu sammeln. Deshalb solltest du viel üben und keine Scheu haben, Aquarellpapier zu nutzen. Ein günstiges Papier für Studien ist daher essenziell, um dir den Druck zu nehmen, etwas perfekt machen zu müssen. Hochwertiges Papier nutze ich sehr gerne, wenn ich mir für eine Illustration viel Zeit lassen kann und mir meiner Sache sicher bin.

Sonstige Tools

Ein weicher Radiergummi ist mein ständiger Begleiter. Zusätzlich dazu habe ich einige Stiftradiergummis, die mit einer sehr feinen Spitze sehr präzise Korrekturen zulassen. Die Radiergummi-Minen lassen sich bei den meisten Anbietern nachkaufen.

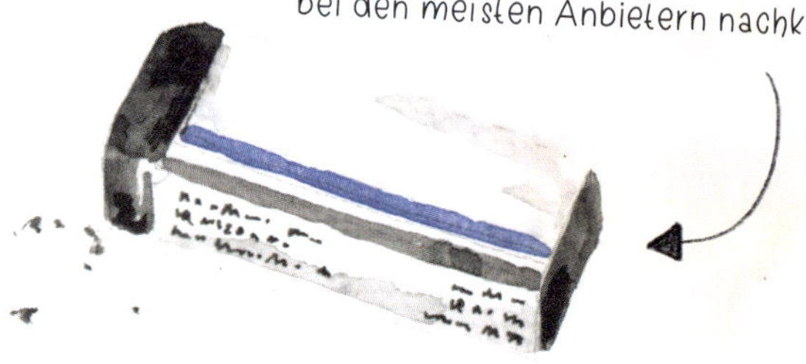

Neben Aquarellfarben, -pinseln und -papier gibt es weitere Tools, die dich beim Illustrieren unterstützen. Die wichtigsten Dinge findest du hier auf einen Blick.

BLEISTIFT

Gerade der richtige Bleistift im Umgang mit Aquarellpapier ist ein sehr wichtiger Punkt. Generell solltest du immer zu einem harten Bleistift greifen. Den Härtegrad eines Bleistifts geben die Buchstaben F bis B an. Ein harter Bleistift in F gibt weniger Grafit auf das Papier ab. Dadurch werden die Linien schön hell und lassen sich nach dem Aquarellieren im besten Fall rückstandslos entfernen. Sind die Linien dagegen mit einem weichen 2B-Bleistift gezogen, so werden die dunklen Linien eher schwer wegzuradieren sein. Lasse dich durch die Härte des Bleistifts aber nicht dazu verleiten, stärker aufzudrücken. Mit der harten Spitze kannst du die Struktur deines Papiers beschädigen, was sich später nicht mehr beheben lässt. Zeichne mit dem Bleistift daher am besten ohne viel Druck und mit einem lockeren Handgelenk.

RADIERGUMMI

Um deine Skizze auszubessern oder am Schluss zu entfernen, bietet sich ein Radiergummi an, der besonders schonend zum Papier ist. Denn auch hier gibt es große Unterschiede. So gibt es beispielsweise sehr grobe Radiergummis, die eher für robustere Papiere oder Oberflächen geeignet sind. Ein feiner Radiergummi hingegen beschädigt das Aquarellpapier nicht und Bleistift-Rückstände lassen sich damit gut entfernen.

WASSERGLÄSER

Um mit Aquarellfarbe arbeiten zu können, brauchst du eines immer – Wasser. Dabei bietet es sich an, mit zwei Wassergläsern zu arbeiten. So kannst du ein Glas für warme Farben und eins für kalte verwenden. Das hat den Vorteil, dass das Wasser nicht grau wird und deine Farben somit nicht durch einen Grauschleier verfälscht werden. Eine weitere Möglichkeit ist es, ein Glas zum Auswaschen der Pinsel zu verwenden und eins, um frisches Wasser aufzunehmen. Dadurch verhinderst du auch, dass die Farben durch das schmutzige Wasser dumpf werden.

TUCH

Ein unterschätztes Hilfsmittel ist das Küchentuch. Mit diesem kannst du nicht nur den Pinsel von überschüssigem Wasser befreien. Ich nutze Papiertücher zusätzlich, um Strukturen zu erzeugen. Ob unebene Fassaden oder Wolken am Himmel – manche Dinge bekommt man mit einem einfachen Küchentuch am besten hin.

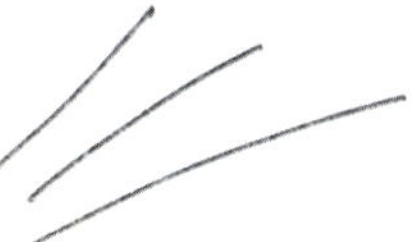

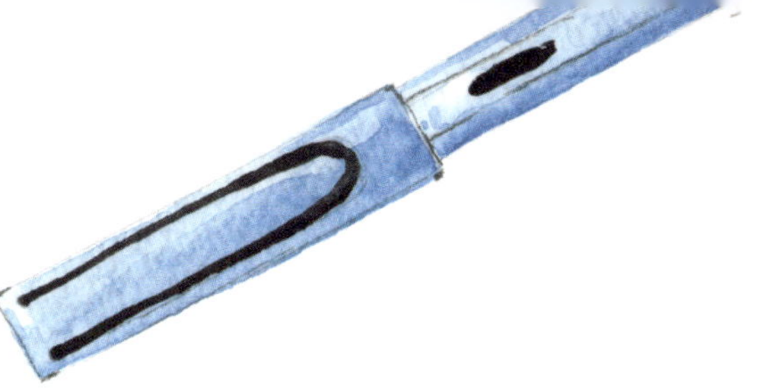

FINELINER/FÜLLER

Ein beliebtes Tool, wenn es um Urban Sketching geht, ist der Fineliner oder Füller. Mit diesem setzt du einen schönen Kontrast zu den feinen Aquarellfarben. Wichtig dabei ist nur, dass du auf wasserfeste Fineliner oder Tinte zurückgreifst. So kannst du deine gesamte Illustration mit Aquarellfarben kolorieren, ohne dass die schwarzen Linien dabei verlaufen. Möchtest du wasserfeste Tinte in deinen Füller umfüllen, so eignet sich dafür am besten ein Konverter. Mit diesem kannst du die Tinte ganz leicht aus einem Tintenfässchen aufziehen.

GRANULIERSPRAY

Wie die meisten Motive leben auch urbane Illustrationen von Strukturen und Texturen. Ein spannendes Hilfsmittel dafür ist das Granulierspray. Dieses besteht aus Ethanol und lässt Farben granulieren – sie bekommen also beim Trocknen eine körnige Struktur. Es gibt einige Farben, die von Natur aus granulierend sind. Um diesen Effekt auch bei jeder anderen Farbe zu erzielen, ist die kleine Sprühflasche perfekt geeignet. Dafür sprüht man die Flüssigkeit auf die nasse Farbe. Wie weit man die Flasche dabei vom Papier weghalten und wie oft man sprühen sollte, ist Übungssache und hängt von der Beschaffenheit des Papiers und der Farbe ab.

GRUNDIERMITTEL

Aquarellfarben lassen sich bekanntlich nur auf dem dazugehörigen Aquarellpapier richtig anwenden. Nutzt man die Farben dagegen auf anderen Oberflächen, wie zum Beispiel einer Leinwand, dann verläuft die Farbe nicht, sondern sammelt sich punktuell. Um Aquarellfarben auch auf glatten Untergründen nutzen zu können, gibt es verschiedene Grundiermittel. Leinwände oder Holz kannst du damit grundieren und anschließend problemlos mit Aquarellfarben bemalen.

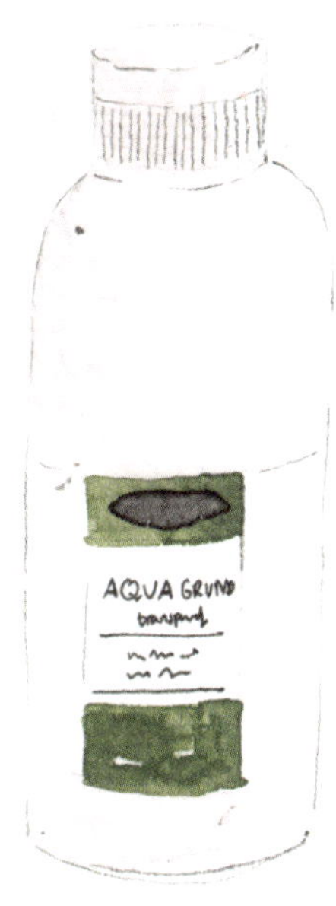

MASKINGTAPE

Um Aquarellpapier zum Beispiel am Tisch zu fixieren, ist Klebeband die beste Lösung. Dabei solltest du darauf achten, dass das Klebeband dafür geeignet ist. Zu stark klebendes Band beschädigt die sensible Papierstruktur. Deshalb gibt es spezielles Künstler-Klebeband, das dafür gut geeignet ist.

Ich nutze gerne ein gewöhnliches Malerband für sensible Oberflächen. Dieses lässt sich nach Gebrauch ganz einfach wieder ablösen und beschädigt das Papier dabei nicht.

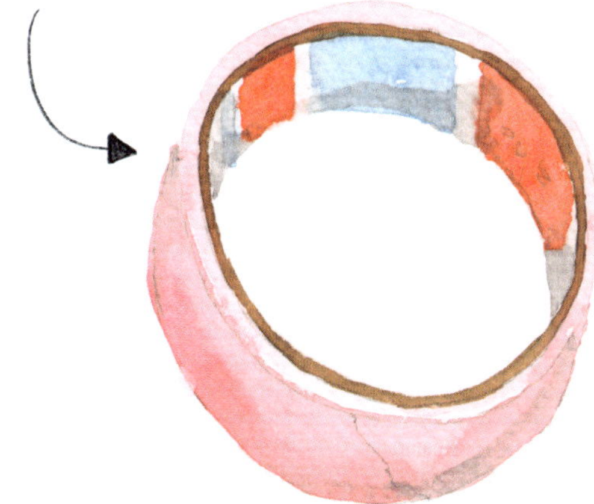

Aquarellfarben

Farben bezaubern, regen zum Träumen an und verwandeln ein paar einfache Striche in ein Kunstwerk. Mich haben Farben schon immer fasziniert. Und deshalb sind meine Aquarellkästen auch meine kleinen Schätze.

Grundsätzlich gibt es Aquarellfarben in zweierlei Form – in den sogenannten Näpfchen und in Tuben. Gerade bei Anfängerinnen und Anfängern sind die Näpfchen besonders beliebt. Mit einem nassen Pinsel können die trockenen Farben angelöst werden und sind sofort einsatzbereit. Bei den Tuben hingegen muss die Farbe zunächst in eine Palette gefüllt werden und anschließend 48 Stunden durchtrocknen. Natürlich können die flüssigen Aquarellfarben auch im nassen Zustand verwendet werden. Allerdings führt das dazu, dass mit dem Pinsel sehr viele Pigmente auf einmal aufgenommen und die Farben dadurch schneller aufgebraucht werden. Daher empfehle ich immer, zu den Näpfchen zu greifen oder die flüssigen Farben vorher trocknen zu lassen.

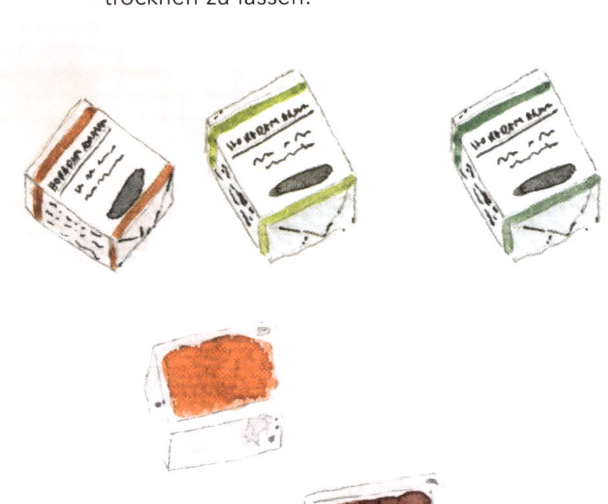

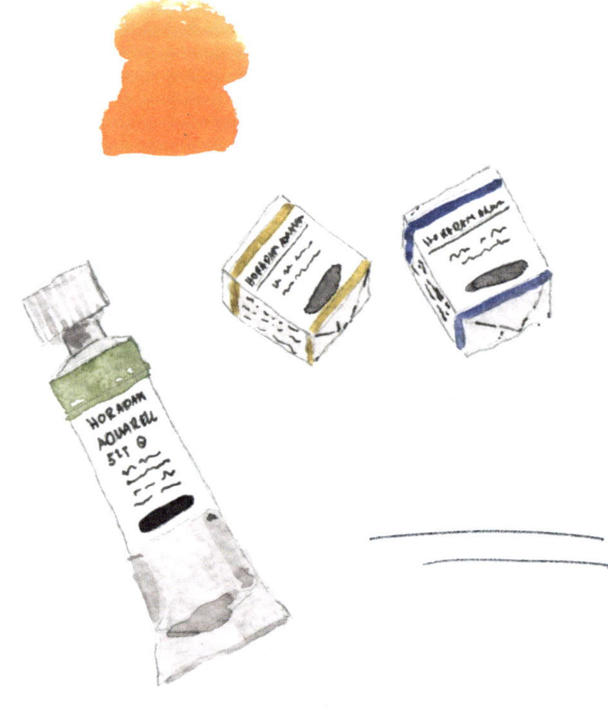

Sollte man am Anfang seiner „Aquarell-Karriere“ stehen, so ist es am einfachsten, sich zunächst einen Standardkasten zuzulegen. In so einem Kasten befinden sich in der Regel unter anderem die Primärfarben des Herstellers – also Magenta, Gelb und Blau. Aus diesen drei Farben lassen sich viele weitere Farben mischen. Oft beinhalten diese Kästen außerdem viele Ein-Pigment-Farben. Eine Ein-Pigment-Farbe besteht, wie der Name schon sagt, aus nur einem Pigment. Das bedeutet, dass nur ein Pigment bei der Herstellung verwendet wurde. Daneben gibt es Farben, die aus zwei, drei oder sogar vier Pigmenten bestehen. Die Information, wie viele und welche Pigmente in einem Farbton enthalten sind, ist wichtig, um das Mischen von Farben besser kontrollieren zu können (mehr dazu auf Seite 24). Zusätzlich findet man in einem Standardkasten einige Sekundärfarben wie Orange, Braun und Grün.

Wenn du dich schon einige Zeit mit Aquarellfarben beschäftigst und deine Lieblingsfarben bereits entdeckt hast, gibt es die Möglichkeit,

einen eigenen Kasten zusammenzustellen. Dafür kannst du dir die Näpfchen oder Tuben einzeln kaufen und so mit deiner eigenen Palette deinen ganz eigenen Farbstil entwickeln (mehr dazu auf Seite 48).

Natürlich gibt es ganz unterschiedliche Preisklassen, wenn es um Aquarellfarben geht. Der Preis richtet sich dabei meistens nach der Qualität. Günstigere Farben werden oft nur sehr kurz gemahlen, und die Pigmente sind daher etwas gröber. Dagegen werden die „Künstlerfarben" meist sehr ausgiebig und lange durch die Walzen gezogen, wodurch die Pigmente unglaublich fein werden. Man kann also sagen, dass ein hoher Preis oft gerechtfertigt ist und sich auch in deinen Illustrationen widerspiegeln wird. Nichtsdestotrotz kannst du als Anfängerin oder Anfänger zunächst auf günstigere Farben zurückgreifen. Dafür bieten einige Hersteller „Akademie- oder Schülerfarben", die deutlich preiswerter sind.

Übrigens ist der Preis von Farbton zu Farbton unterschiedlich. Solltest du also einzelne Näpfchen oder Tuben kaufen, so hängt es vom jeweiligen Pigment ab, wie teuer die Farbe ist. Das liegt daran, dass manche Pigmente einfacher zu gewinnen oder gefragter sind als andere.

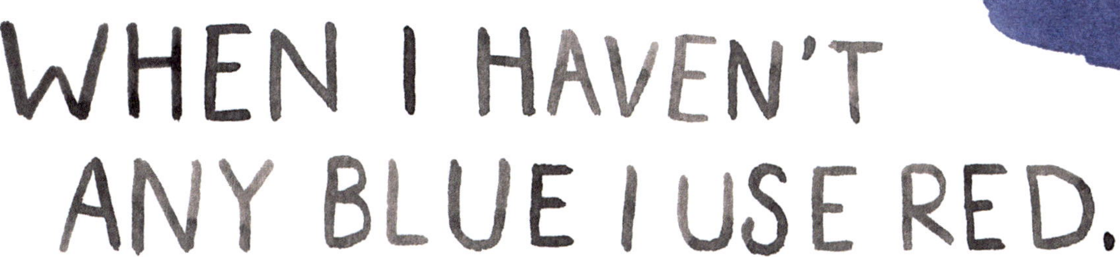

»Pablo Picasso«

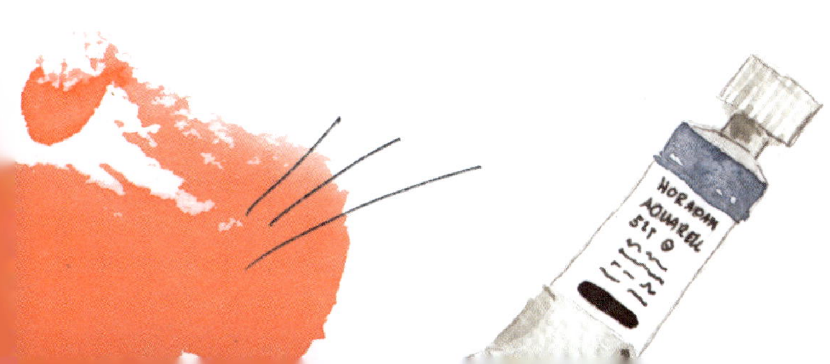

Aquarellfarben sind zunächst einmal transparente Farben. Allerdings gibt es Unterschiede, was die Transparenz angeht. Die Deckkraft der jeweilige Farbe wird vom Hersteller auf der Verpackung mit einem bestimmten Symbol angegeben. So kann eine Farbe stark deckend oder eher lasierend sein. Lasierend bedeutet, dass die Farbe sehr transparent ist und somit die darunterliegende Farbe durchscheinen lässt. Daher benötigst du bei manchen Farben mal mehr und mal weniger Wasser, um die gewünschte Transparenz zu erhalten. Andere Farbtöne hingegen sind eher kreidig, wodurch sie eine sehr cremige Konsistenz bekommen und etwas deckender sind.

Neben der Deckkraft wird auf der Verpackung einer Farbe die Lichtechtheit angegeben. Diese bezieht sich darauf, wie lange die Farbe im Tageslicht auf dem Papier bestehen bleibt. Auch hierfür gibt es bei jedem Hersteller eine Angabe in Form eines Symbols.

Eine weitere Eigenschaft, die das Verhalten einer Farbe beeinflusst, nennt man staining. Sie gibt an, wie sehr sich eine Farbe mit dem Papier verankert, wie fest sie sich also damit verbindet. Grundsätzlich lassen sich Aquarellfarben nämlich wieder mit Wasser aktivieren, nachdem sie einmal auf dem Papier getrocknet sind. Bei der Angabe non-staining gelingt das am besten. Sollte die Farbe aber mit staining betitelt sein, so ist es weitaus schwerer, die Farben nach dem Trocknen noch mal anzulösen. Diese Information wird vor allem dann wichtig, wenn du gezielt Farben vom Papier wegnehmen möchtest, zum Beispiel, wenn du Wolken durch Wegtupfen der Farbe gestaltest (mehr dazu auf Seite 92).

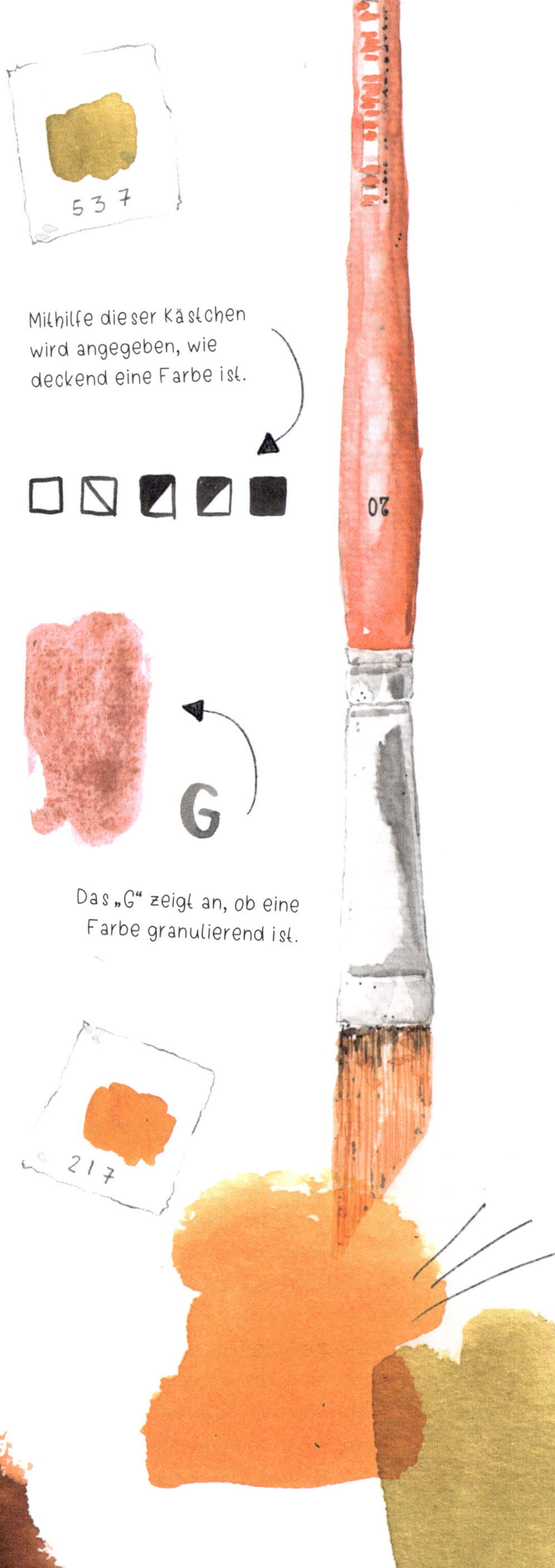

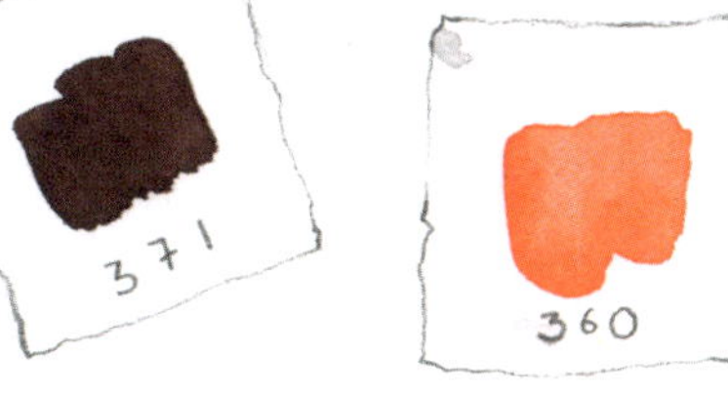

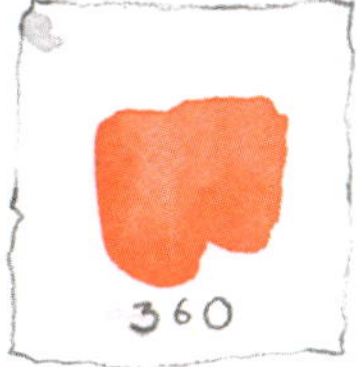

Alle Farbnummern in diesem Buch basieren auf einem Aquarellkasten, den ich selbst zusammengestellt habe (mehr dazu auf den Seiten 156–157). Er enthält meine persönlichen Lieblingsfarben, bei denen mir besonders wichtig war, dass man sie nicht untereinander mischen muss, um ein natürliches Farbschema zu erzielen.

485

Diese Symbole zeigen an, wie gut sich eine Farbe vom Papier lösen lässt (staining/non-staining).

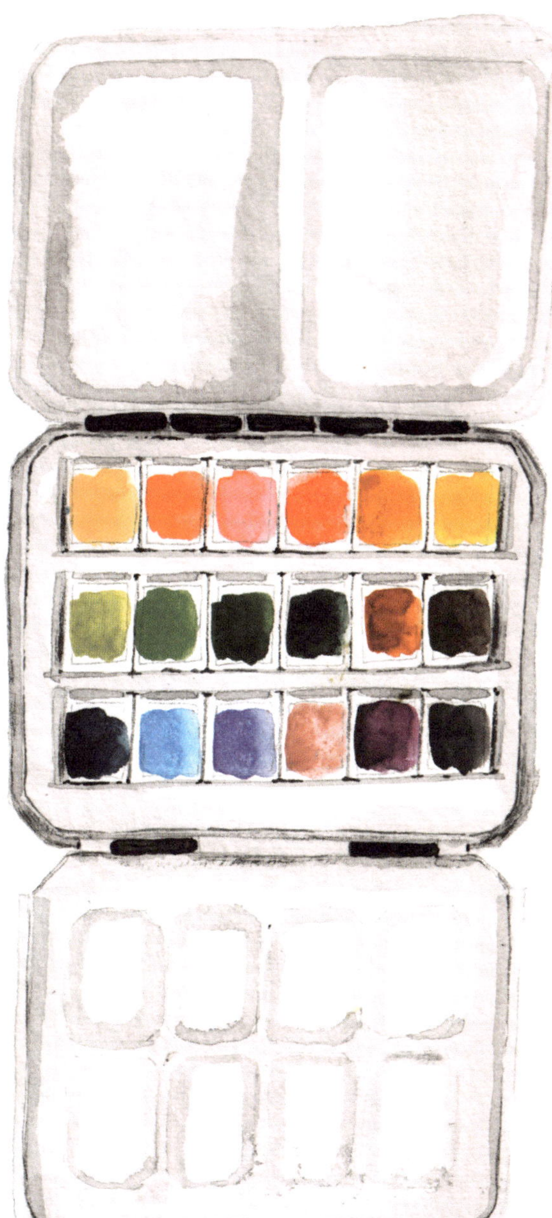

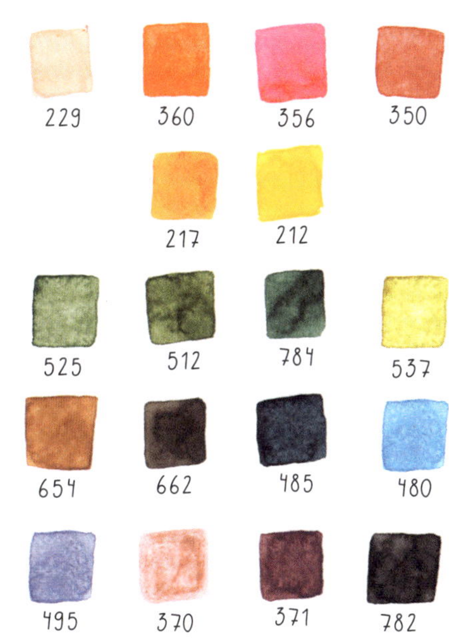

Daher sind die meisten Farben sehr erdig und natürlich gehalten. Dazwischen finden sich aber auch ein paar knallige Töne, die ich gerne verwende, um Akzente zu setzen.

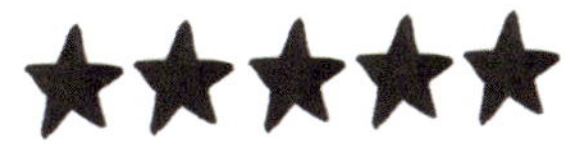

Je mehr Sterne einem Farbton zugeordnet sind, desto lichtechter ist dieser.

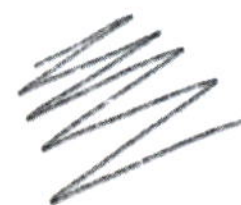

Farblehre

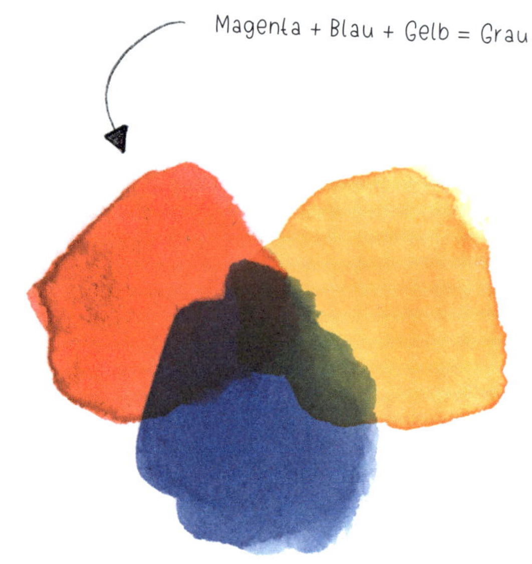

So schön und dabei so kompliziert. Der richtige Umgang mit Farben ist in meinen Augen die größte Herausforderung beim Aquarellmalen, die es zu meistern gilt. Als Betrachter nehmen wir nämlich in der Regel schöne und harmonische Farbkompositionen einfach nur wahr und bemerken dabei oft gar nicht, wie viel Feingefühl und Erfahrung in der perfekten Kombination stecken. Stärker – wenn auch unbewusst – fällt es dem menschlichen Auge dagegen auf, wenn irgendetwas im Bild nicht stimmt. Und das hat dann oft mit der Zusammenstellung der Farben zu tun.

Für mich persönlich sind und bleiben Farben immer eine Herausforderung. Selbst, wenn ich an einem Tag meine, die perfekte Farbwahl getroffen zu haben, scheint sie mir am nächsten Tag wieder nicht passend zu sein. Deshalb ist, neben der Erfahrung, mit unterschiedlichen Pigmenten umzugehen, ein allgemeines Grundwissen im Bereich Farblehre sehr hilfreich.

Beginnen wir also ganz von vorne: Alle Farben, die wir kennen, lassen sich aus drei Primärfarben mischen. Diese sind Gelb, Magenta und Blau.

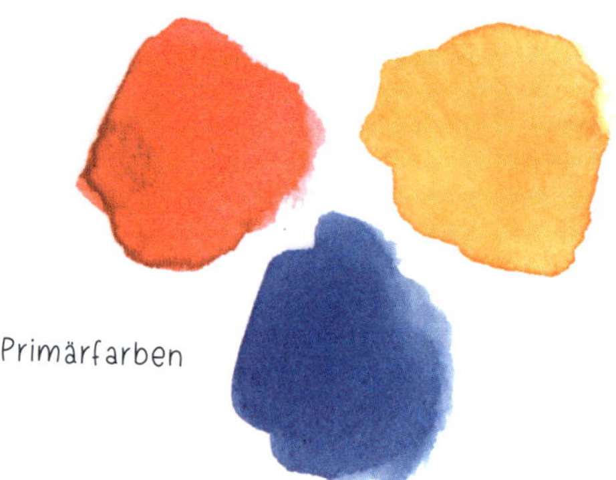

Primärfarben

Für den Laien ist oft gar nicht klar, welche Farben sich als Grundfarben eignen. Ein großer Trugschluss ist zum Beispiel, dass sich aus Rot und Blau Lila mischen lässt. Versucht man dies, so erhält man nämlich ein Braun. Und dann ist die Verwirrung meist komplett. Dieses Ergebnis hat aber einen ganz einfachen Grund, den ich dir jetzt erkläre.

Werden alle drei Primärfarben zu gleichen Teilen miteinander gemischt, dann ergibt sich daraus ein neutraler Grauton. Das bedeutet, alle drei Farben stechen sich bei gleichzeitiger Anwendung gegenseitig aus. Möchtest du also ein strahlendes Farbergebnis haben, dann solltest du vermeiden, dass sich alle drei Primärfarben in deiner Mischung befinden. Selbst, wenn nur wenig von der dritten Farbe enthalten ist, legt sich ein Grauschleier über die Mischung.

Diese Regel gilt somit auch für die Sekundärfarben, denn diese bestehen jeweils aus zwei Primärfarben. Mischst du also ein Blau

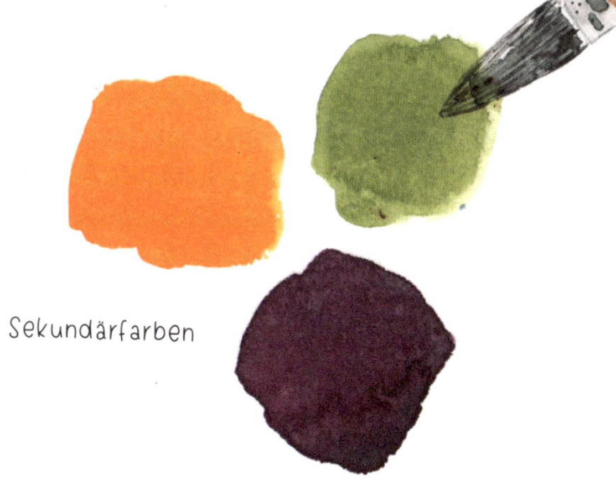

Sekundärfarben

mit einem Rot, so beinhaltet deine Mischung automatisch auch Gelb, Blau und Magenta. Denn hinter Rot verbergen sich Magenta und Gelb. Doch selbst mit diesem Hintergrundwissen ist es nicht immer leicht, das perfekte Ergebnis zu erzielen. Was man dabei nämlich bedenken muss, ist, dass viele Farben aus mehreren Pigmenten bestehen, die für das menschliche Auge nicht direkt filterbar sind. Somit ist die Wahrscheinlichkeit, dass aus Mehrpigmentfarben gräuliche Mischungen entstehen, sehr hoch. Daher ist es gerade für Anfänger ratsam, so wenig verschiedene Farben wie möglich miteinander zu mischen.

Aber Moment! Diese Empfehlung ist nur dann relevant, wenn du kräftige, leuchtende Farben mischen möchtest. In Landschaftsmotiven oder urbanen Szenen können nämlich häufig gerade gräuliche Farben die richtige Stimmung widerspiegeln. Möchtest du also gezielt weniger Leuchtkraft und ein natürlicheres Ergebnis haben, so macht es sogar Sinn, alle drei Pigmente gleichzeitig zu verwenden. In diesem Fall nutzt du also die Komplementärfarben. Diese liegen im Farbkreis gegenüber voneinander und werden durch das Mischen natürlich abgedunkelt.

Ein schönes Beispiel dafür ist ein Grünton, der aus Blau und Gelb gemischt wurde. Mir persönlich sind die Standard-Grüntöne in den meisten Aquarellkästen zu leuchtend und unnatürlich. Mir gefallen gedeckte Farben viel besser. Um ein leuchtendes Grün etwas abzumildern, kannst du ein bisschen Magenta oder Rot in das Grün mischen. Da das Grün bereits aus Blau und Gelb besteht, ergibt sich durch die dritte Komponente Magenta ein erdiger Ton. Dabei musst du allerdings darauf achten, dass der Rot- bzw. Magentaanteil nur sehr gering ist. Andernfalls wird aus der grünen Farbe ein Grau.

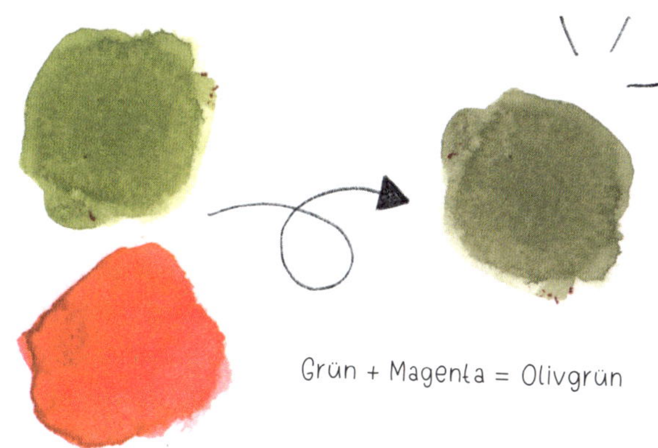

Grün + Magenta = Olivgrün

Natürlich gibt es auch die Möglichkeit, auf bereits gemischte Farben vom Hersteller zurückzugreifen. Ihr findet dort zahlreiche Farbnuancen, die sich einzeln bestellen lassen. Viele Hersteller bieten dabei meist über 100 verschiedene Farbtöne an, die keine Wünsche offen lassen.

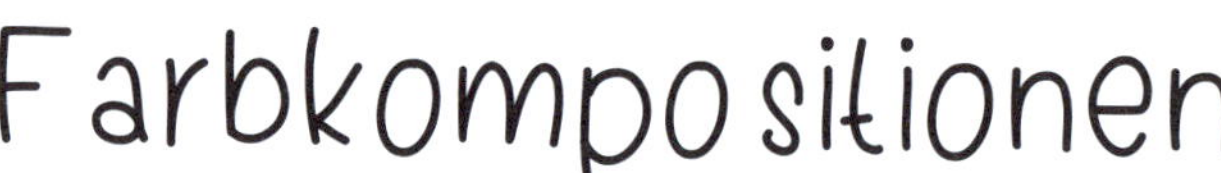
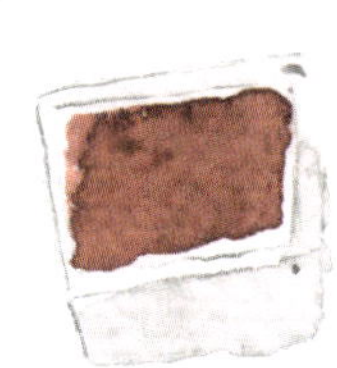

Farbkompositionen

Neben dem Farbenmischen ist die harmonische Zusammenstellung von Farben ein nicht ganz einfaches Unterfangen. Die Kombinationsmöglichkeiten bei 24 Näpfchen sind gefühlt endlos, und sich dabei nicht zu verlieren, ist manchmal gar nicht so leicht. Aber auch hier gibt es einige Tipps, die dir dabei helfen können, Farben so zu kombinieren, dass sie miteinander harmonieren.

MONOCHROMIE

Die einfachste Form der Farbauswahl ist die Monochromie, also ein einfarbiges Farbschema. Je weniger Farben du in einem Bild nutzt, desto mehr Kontrolle behältst du. Monochrome Farbwelten bestehen aus nur einem Farbton, der mit Weiß und Schwarz abgestuft werden kann. Bei Aquarellfarben nutzt man an dieser Stelle natürlich Wasser, um den Farbton aufzuhellen. Durch diese einfarbige Zusammenstellung erschaffst du automatisch eine völlige Harmonie im Bild, ohne dir groß Gedanken über passende Farbzusammenstellungen machen zu müssen.

Für ein buntes Ergebnis ist ein Farbkreis als Gedankenstütze immer hilfreich. Diesen kannst du dir entweder ausdrucken oder selbst anlegen.

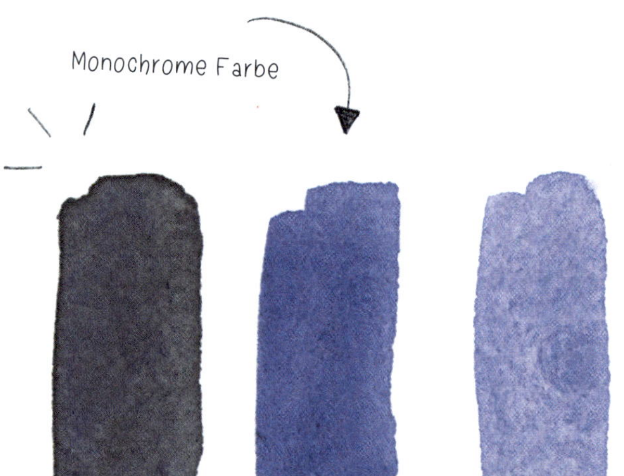

ANALOGE FARBKOMPOSITIONEN

Im Farbkreis nebeneinanderliegende Farben harmonieren miteinander. Dabei handelt es sich dann um eine analoge Farbkomposition. Diese Variante könnte man auch als Ton in Ton bezeichnen, und die Ergebnisse werden eher eindimensional und unspektakulär.

KOMPLEMENTÄRFARBEN

Farben, die sich im Farbkreis gegenüberliegen, funktionieren grundsätzlich sehr gut miteinander. Allerdings ist es ratsam, nicht beide Komplementärfarben gleichermaßen im Bild zu verwenden. Eine der Farben sollte immer überwiegen, sodass die andere für Akzente eingesetzt werden kann.

Wenn du dabei weitere Farben verwenden möchtest, kannst du dich an den Nachbarfarben der Komplementärfarbe orientieren. So kannst du beispielsweise einige Blautöne mit einem Orange perfekt kombinieren. Das Orange stellt dabei die Kontrastfarbe dar – also die Farbe, die aus einer analogen Farbgebung heraussticht und Spannung im Bild erzeugt.

DREI- UND VIERKLANG

Eine zuverlässige Methode, eine bunte, aber harmonische Mischung an Farbtönen zu erzielen, ist das Prinzip des Drei- und Vierklangs. Dafür platzierst du ein gleichseitiges Dreieck oder ein Quadrat in deinem Farbkreis und erhältst somit drei bzw. vier Farben, die sehr schön zusammen funktionieren. Die Form kannst du nun beliebig drehen und erhältst immer wieder neue Farbkombinationen.

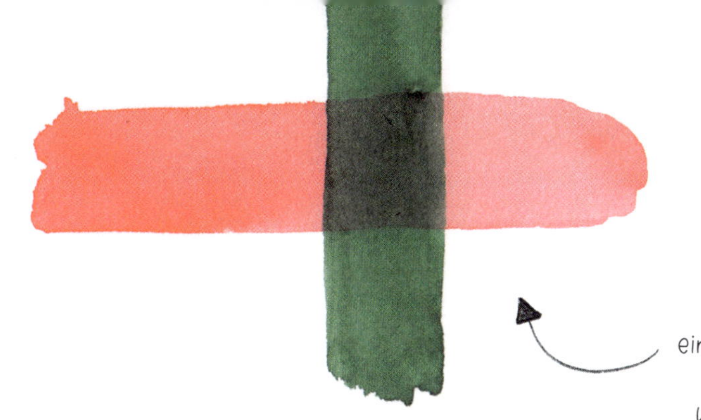

Komplementärfarben liegen im Farbkreis einander gegenüber. Für das meschliche Auge stehen sie im Kontrast zueinander, weil sie keinen Farbanteil des anderen in sich tragen.

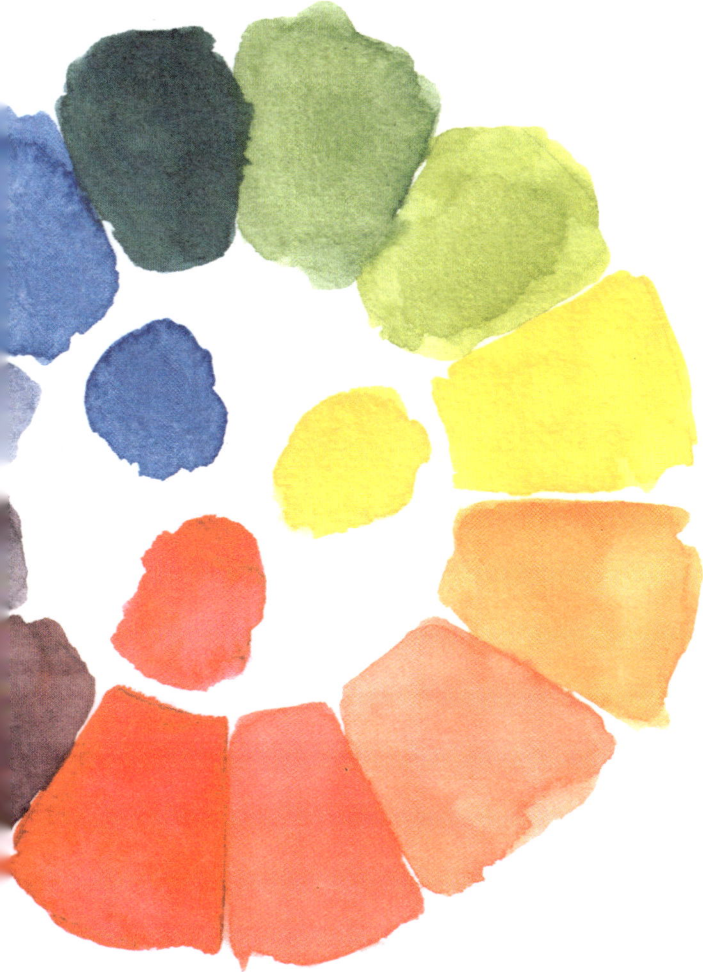

Dreiklang

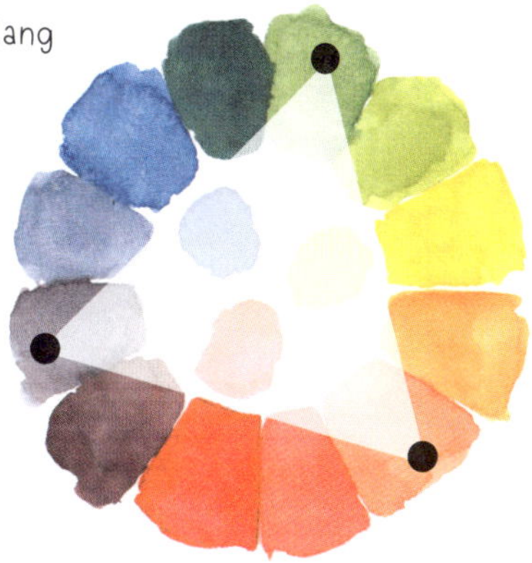

Vierklang

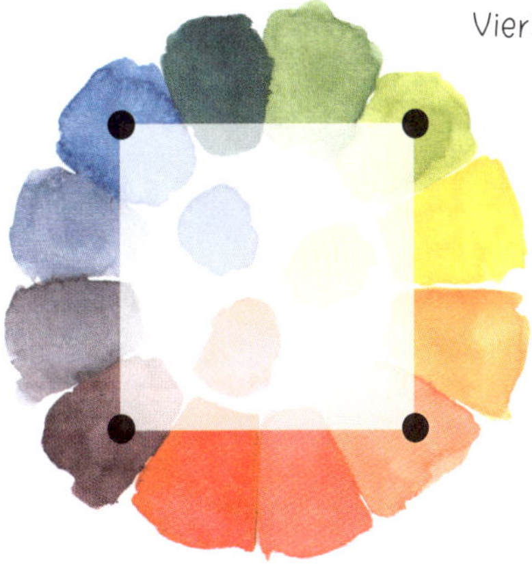

Analoge Farbkomposition

Um Farbkonstellationen auszuprobieren, male ich gerne solche kleinen Polaroids. Diese gehen schnell von der Hand, und man erkennt direkt, wie die Farben miteinander wirken.

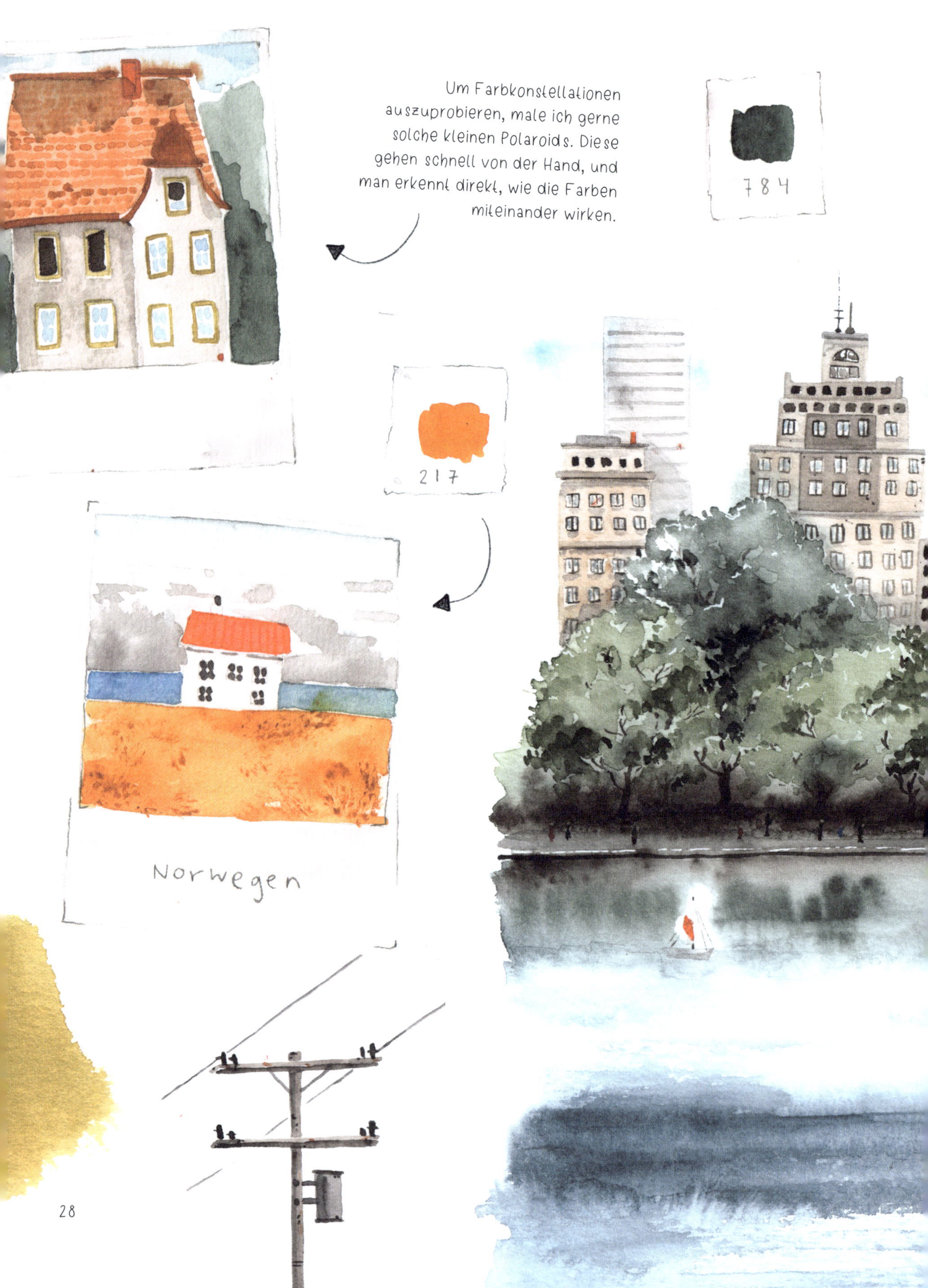

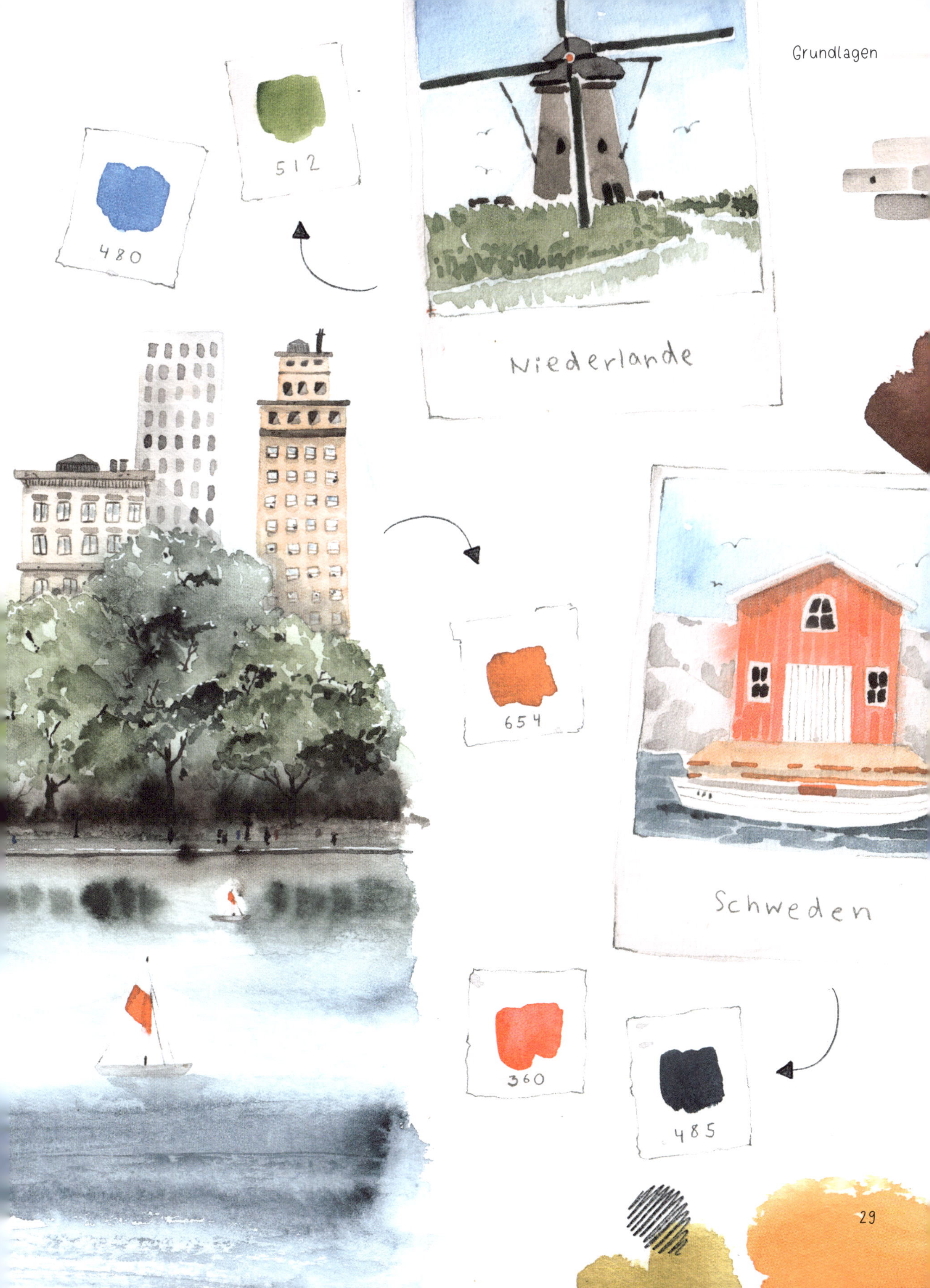
480
512
Niederlande
654
Schweden
360
485

Lavieren

Lass es fließen – beobachte es und lass dich inspirieren. In der Aquarellmalerei unterscheidet man grundsätzlich zwischen zwei verschiedenen Techniken – dem Lasieren und dem Lavieren. Darauf aufbauend lassen sich wunderschöne Effekte erzielen, die das Arbeiten mit Aquarellfarben noch spannender und vielfältiger machen.

Beim Lavieren werden Farben im nassen Zustand bearbeitet. Das hat zur Folge, dass diese ineinanderlaufen, ein Eigenleben entwickeln und kaum zu kontrollieren sind. Doch diese fehlende Kontrolle führt zu wunderschönen, spontanen Ergebnissen. Bei einer Lavur trägst du beispielsweise einen Streifen kräftiges Blau im oberen Teil deines Papiers auf. Wasche den Pinsel anschließend aus, sodass du mit klarem Wasser die blaue Farbe auf dem Papier Strich für Strich nach unten ziehen kannst. Ziel ist es dabei, einen regelmäßigen Verlauf zu erzielen. Diese Technik wird zum Beispiel häufig für Hintergründe verwendet, die von großflächigen und weichen Übergängen leben. Denn dadurch, dass die Farbe nur im nassen Zustand bearbeitet wird, sind nach dem Trocknen keine Pinselstriche oder andere Unebenheiten zu sehen.

NASS IN NASS

Die Nass-in-nass-Technik findet man unter dem Oberbegriff „Lavur". Dabei wird zunächst das Papier mit klarem Wasser bestrichen. Anschließend wird die nasse Farbe auf das nasse Papier gebracht. Das hat zur Folge, dass die Farbe auf dem Papier verläuft. Diese Technik kommt häufig zum Einsatz, wenn helle, weiche Flächen erzielt werden sollen.

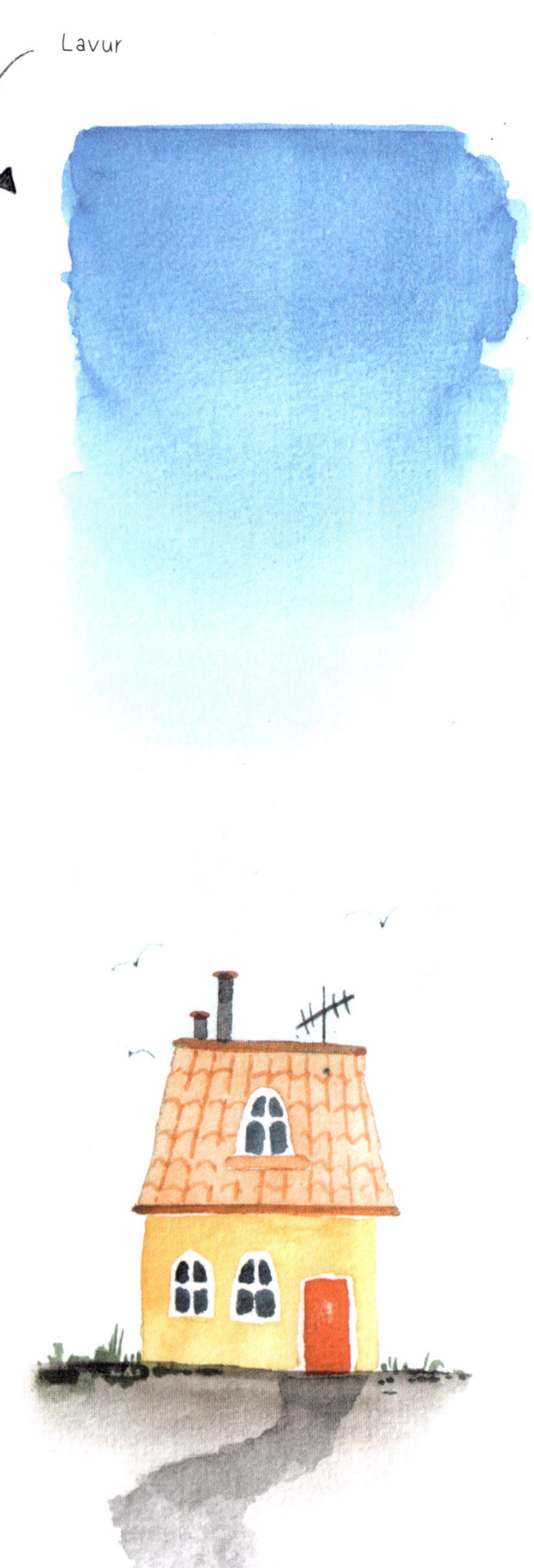

Arbeitest du mit zu viel Wasser, so verteilt sich die Farbe nicht optimal. Ist das Papier dagegen zu trocken, passiert noch weniger, denn die Farben verlaufen erst gar nicht. Also heißt es hier: üben und beobachten! Und nicht vergessen: die Farben machen eh, was sie wollen.

Generell wird diese Technik meist zu Anfang einer Illustration angewandt, um dem Bild eine Grundstruktur zu geben und klare Formen von Anfang an aufzubrechen. Daher beginne ich fast jedes Motiv mit einer Grundierung, indem ich großflächige Elemente wie Himmel oder Boden in einem hellen Ton einfärbe. So kann ich mich an das Motiv herantasten, ohne dabei Gefahr zu laufen, mit dem ersten Pinselstrich etwas falsch zu machen. Denn das nasse Papier erlaubt mir, Stellen auszubessern. Gebe ich beispielsweise einen zu dunklen Ton auf das Papier, so kann ich den Pinsel auswaschen und die dunkle Farbe mit etwas klarem Wasser strecken und damit aufhellen. Ist der Hintergrund wiederum zu hell, so kann ich mich mit mehr Farbe Stück für Stück dem gewünschten Farbergebnis annähern. Von gleichmäßigen Strichen musst du dich bei dieser Technik verabschieden – denn darum geht es nicht. Vielmehr zeigen dir die zufälligen Formen auf, was alles möglich ist. Stell dir zum Beispiel einen Wolkenhimmel vor: Wenn du hierbei versuchen würdest, akkurat einzelne Wolken mit dem Pinsel darzustellen, so würde mit Sicherheit alles etwas kalkuliert und gestellt wirken. Lässt du hingegen den Farben freien Lauf, so entstehen unverhoffte Übergänge und Wasserkränze, die automatisch an einen Himmel erinnern. Es ist also immer einfacher, als es auf den ersten Blick aussieht!

Nass in nass

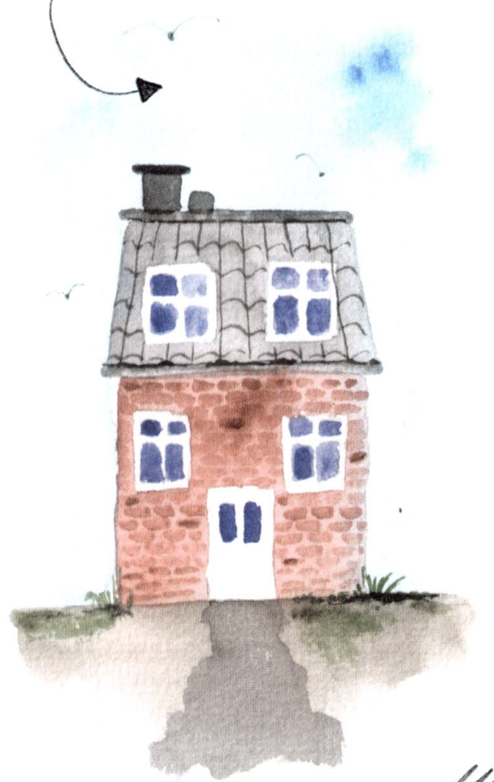

Lasieren

HIER IST SCHICHTARBEIT GEFRAGT!
Beim Lasieren ist etwas mehr Geduld gefragt – denn dabei arbeitet man immer auf trockenem Papier. Grundsätzlich geht es dabei um das Übereinanderlegen von verschiedenen Farbschichten. Dabei muss das Papier zwischen jeder neuen Farbschicht komplett trocknen, damit die Farben nicht ungewollt ineinanderlaufen.

Gerade beim Aquarellieren ist das Lasieren unglaublich wichtig – denn hier gilt: von hell nach dunkel malen. Aquarellfarben sind transparente Farben, wodurch es nicht möglich ist, dunkle Stellen nachträglich aufzuhellen. Deshalb ist es wichtig, mit den hellen Farbschichten zu starten und sich dann Stück für Stück ins Dunkle vorzuarbeiten.

Durch diese Transparenz ergeben sich außerdem indirekte Farbmischungen. Lege ich eine gelbe Fläche über eine blaue, so wird die Schnittmenge grün. Nicht, weil die Farben ineinander verlaufen, sondern, weil sie optisch addiert werden.

Das Lasieren ist eine tolle Möglichkeit, um naturalistische Szenen darzustellen. So lassen sich zum Beispiel Schatten oder Spiegelungen sehr realistisch nachempfinden. Denn dadurch, dass die unteren Schichten immer noch durchscheinen, werden bestehende Strukturen nicht überdeckt, sondern nur leicht – wie bei einem Schatten – abgedunkelt.

Durch Lasieren entstehen außerdem klare Kanten. Während bei der Lavur alles unkontrolliert ineinanderfließt, kannst du beim Lasieren sehr präzise und gezielt arbeiten. Das ist vor allem für Objekte im Vordergrund wichtig. Denn die Konturen sollten für den Betrachter scharf und klar wirken – ähnlich wie beim Fokussieren mit einer Kamera.

Aber aufgepasst! Auch hier ist der Umgang mit der richtigen Wassermenge ausschlaggebend! Ein Aquarellpinsel speichert in der Regel ordentlich viel Wasser und dieses wird

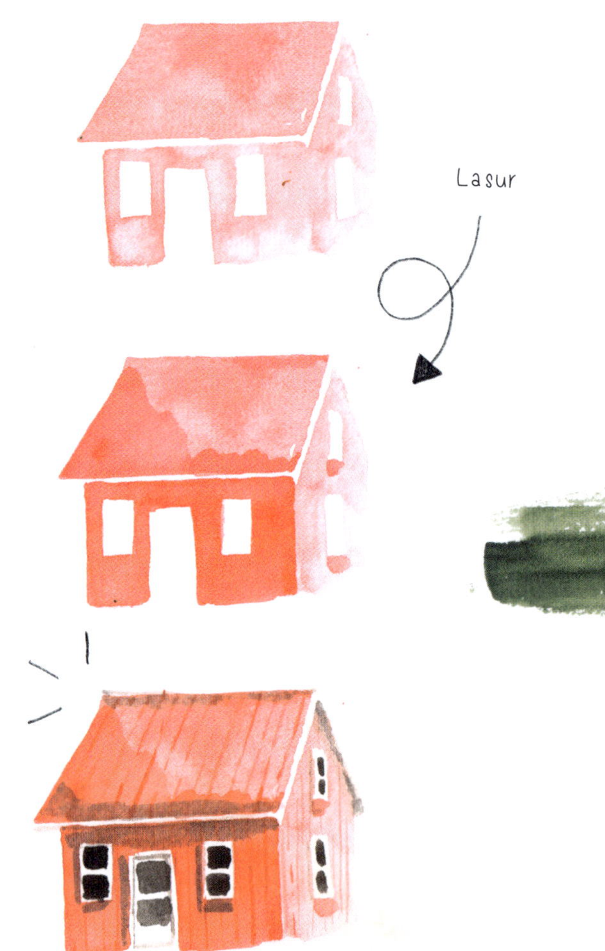

mit dem Auftreffen auf das Papier freigegeben. Du solltest also auch hier einen guten Mittelweg zwischen zu nass und zu trocken anstreben. Andernfalls lässt sich die Farbe nicht so einfach kontrollieren.

„TROCKENER PINSEL"-TECHNIK

Während ich bei der Lavur und Lasur einen guten Mittelweg zwischen zu nass und zu trocken finden muss, geht es bei dieser Technik ganz deutlich in nur eine Richtung: Denn bei der „Trockener Pinsel"-Technik möchte ich durch die Verwendung von sehr wenig Wasser bestimmte Strukturen erzielen. Wenn ein Pinsel zu trocken ist, so kann die Farbe nicht gleichmäßig abgegeben werden und es entstehen Schlieren auf dem Papier. Diese sind zum Beispiel perfekt, um dreckige Hauswände nachzuahmen. Oder ein wenig Gras in einer Landschaft anzudeuten. Auch hier gilt: Ausprobieren und sehen, was passiert.

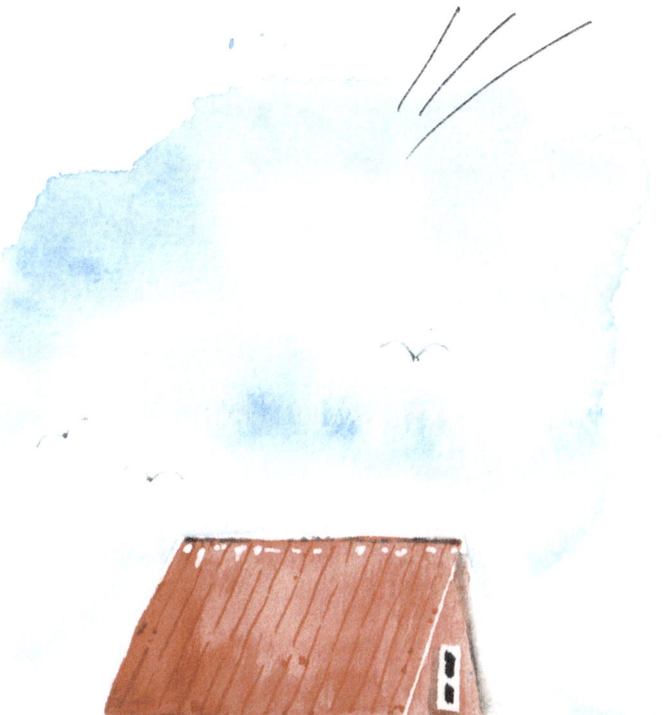

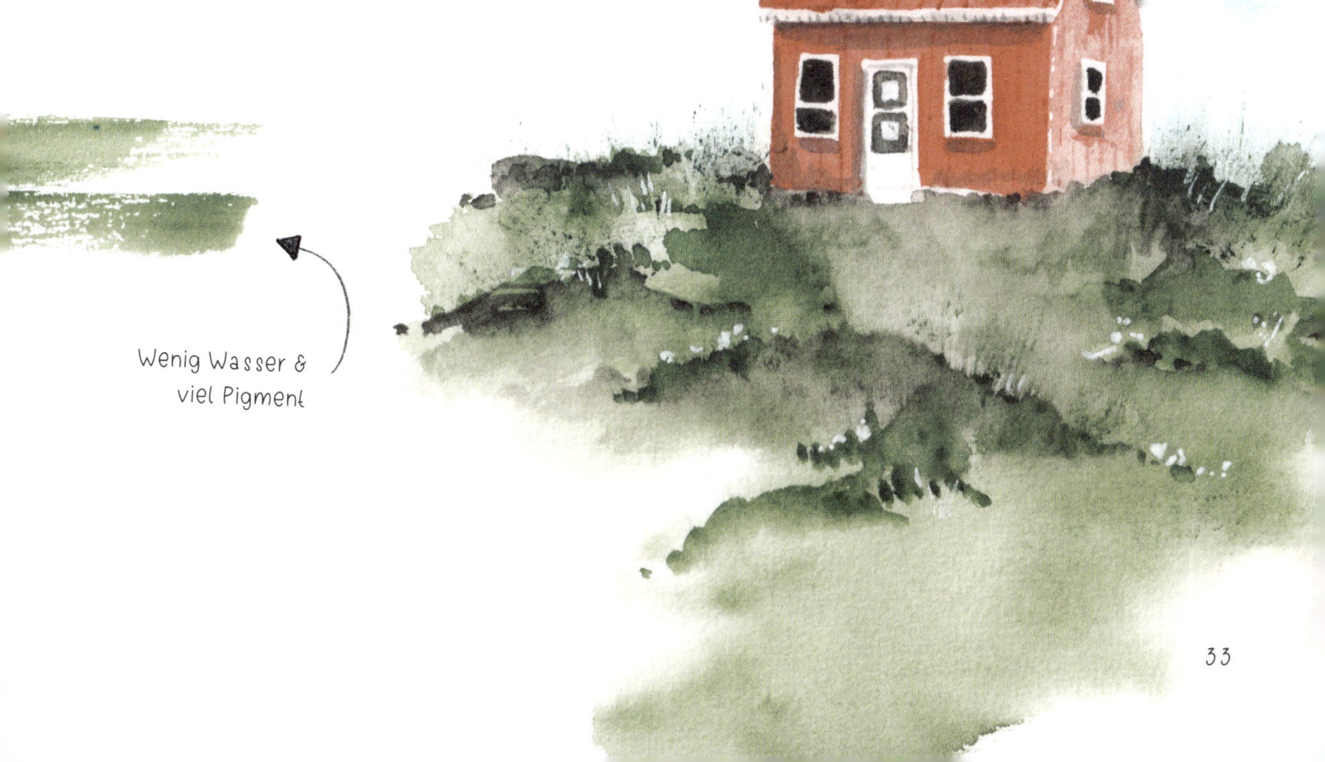

Wenig Wasser & viel Pigment

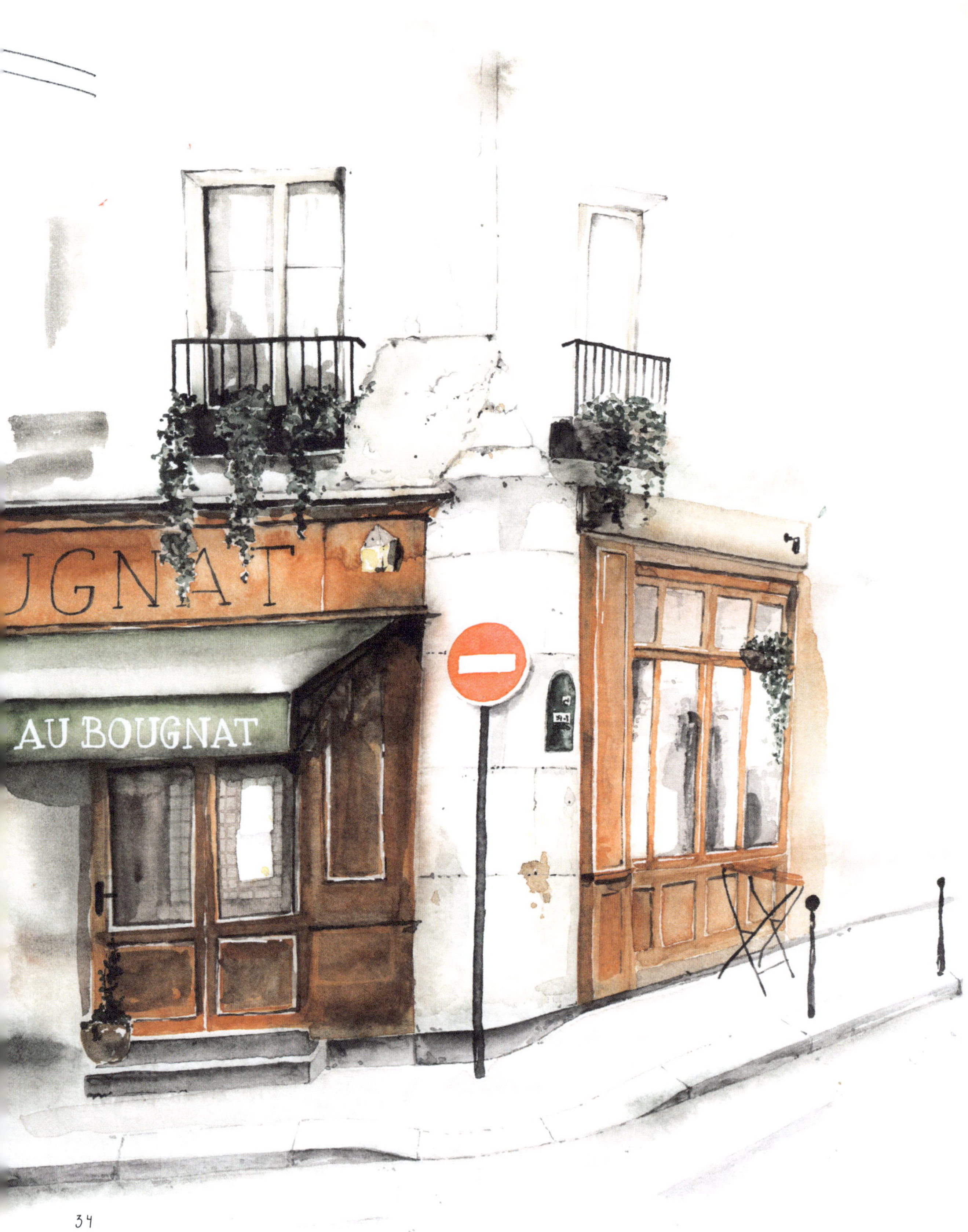

FROMSUE'20

Perspektive

Perspektive in einer Illustration zu erzeugen, ist nichts anderes, als die Dreidimensionalität in einem zweidimensionalen Medium nachzuahmen. Das Schwierige dabei ist, dass unser Auge den kleinsten Fehler wahrnehmen kann – ohne dabei die Regel selbst zu kennen. Somit ist das Darstellen von Dreidimensionalität keine leichte Aufgabe. Grundsätzlich gilt aber immer: Gegenstände, die weiter vom Betrachter entfernt sind, erscheinen kleiner, und das gilt es darzustellen. Dabei möchte ich an dieser Stelle gar nicht zu tief in die Thematik der Perspektive eintauchen – vielmehr geht es mir darum, dir ein Grundverständnis mit an die Hand zu geben.

DIE HORIZONTLINIE

Der wohl wichtigste Bestandteil beim perspektivischen Zeichnen ist die Horizontlinie. Diese gibt das Ende des Bodens und den Anfang des Himmels an. Der Horizont ist nicht immer so einfach zu erkennen und festzulegen. Denn manchmal versperren Häuser, Bäume oder andere Gegenstände die Sicht. Deshalb ist es häufig nötig, eine gedachte Horizontlinie zu definieren, an der man seine Fluchtpunkte ausrichten kann.

Die Horizontlinie befindet sich nicht immer mittig im Bild. So kann der Horizont etwas höher oder tiefer liegen – abhängig davon, wo der Betrachter steht. Sollte dieser nämlich auf einem Berg stehen und ins Tal nach unten schauen, so befindet er sich in der Vogelperspektive und der Horizont rutscht nach oben. Sollte er hingegen auf dem Boden hocken, so spricht man von der Froschperspektive und die Horizontlinie liegt ein Stück tiefer.

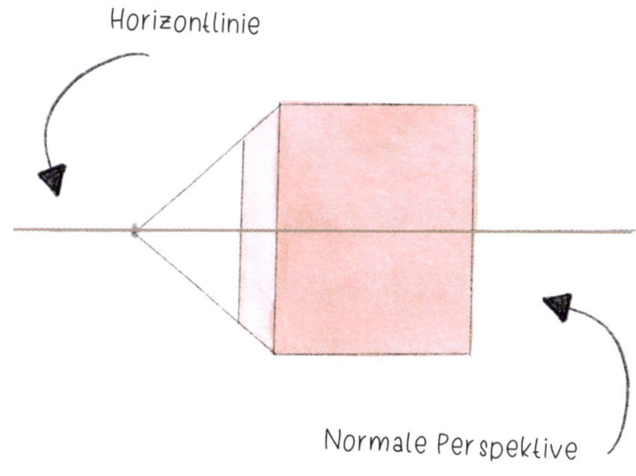

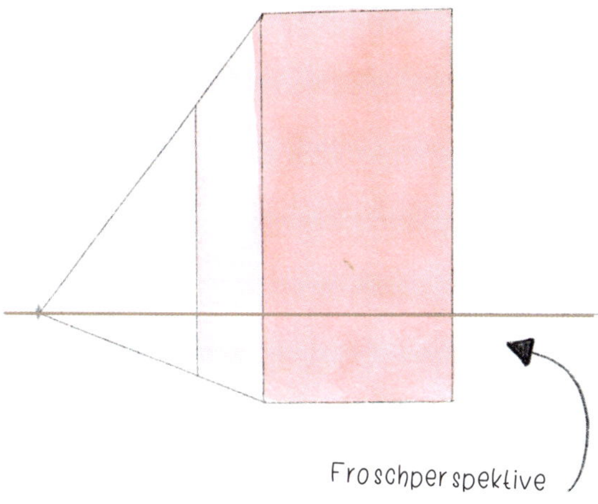

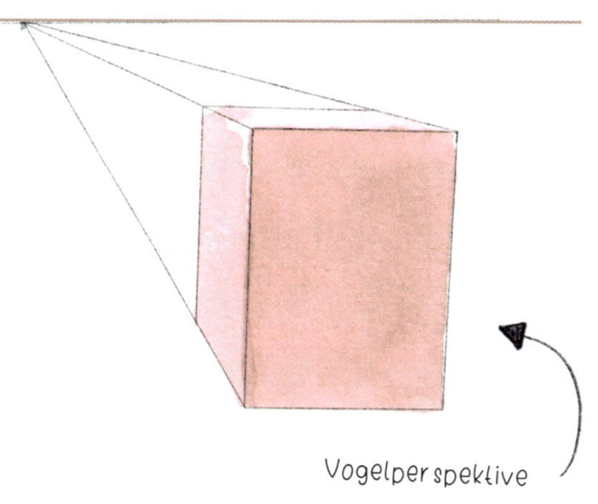

Ein Fluchtpunkt

Die rechteckige Form des Hauses wird von dir definiert. Anschließend kannst du die Eckpunkte mit dem Fluchtpunkt verbinden. Die Breite des Hauses legst du nun fest, indem du eine weitere senkrechte Linie auf die linke Seite setzt.

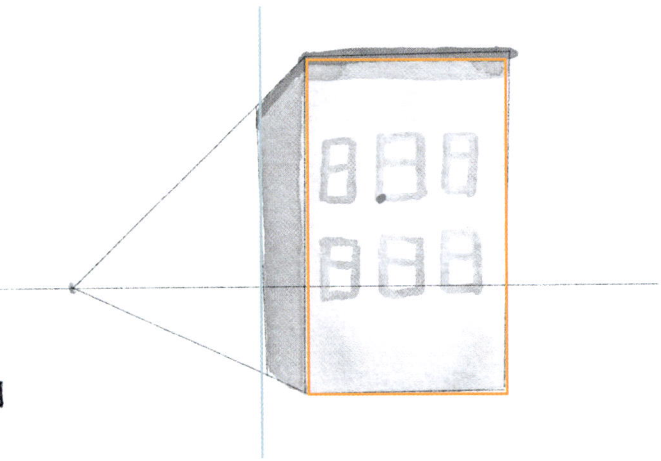

Zwei Fluchtpunkte

Um ein Haus auf einer Ecke zu zeichnen, bestimmst du zunächst die Höhe des Hauses, indem du eine senkrechte Linie einzeichnest. Anschließend definierst du zwei Fluchtpunkte links und rechts. Nun kannst du das obere und untere Ende des Hauses mit den Fluchtpunkten verbinden. Auch hier kannst du anschließend die Breite des Hauses mit weiteren senkrechten Linien definieren.

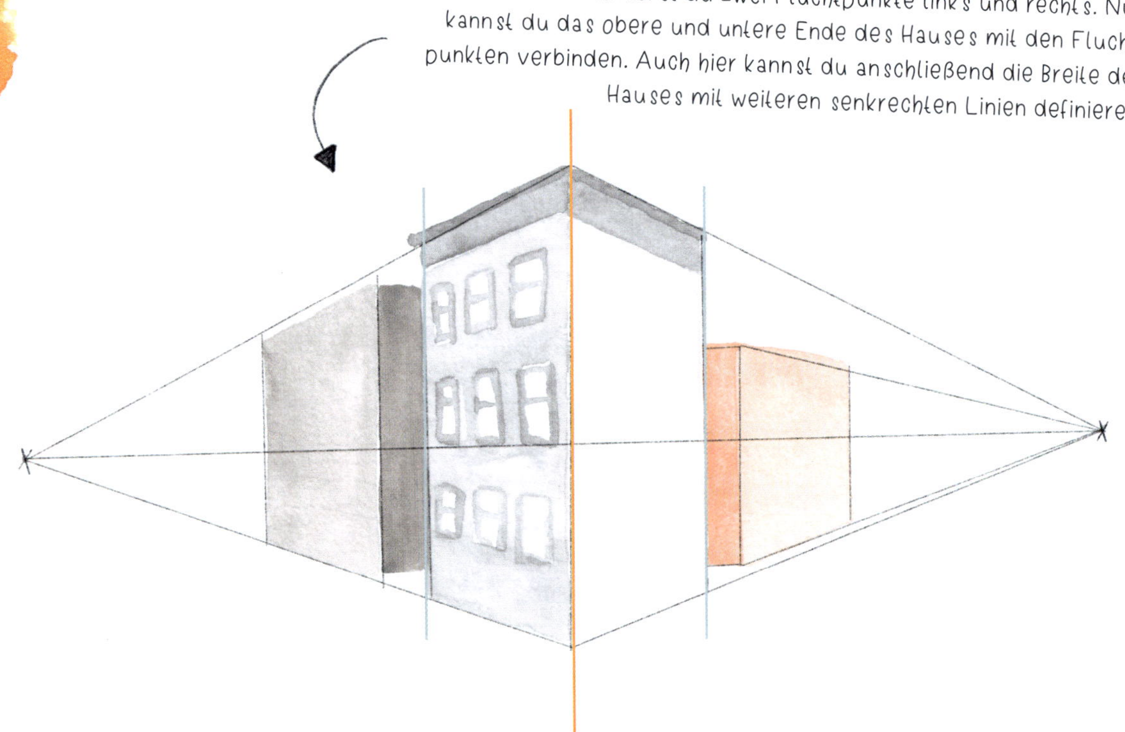

FLUCHTPUNKTE

Der Fluchtpunkt ergibt sich aus dem Standort des Betrachters. Das bedeutet: Wenn ich als Betrachter geradeaus auf den Horizont schaue, dann ist der Punkt, an dem mein Blick auf die Horizontlinie trifft, der Fluchtpunkt. Auf diesen Punkt richten sich nun alle anderen Gegenstände im Bild aus. Dafür ist es notwendig, Hilfslinien zu ziehen, die zum Fluchtpunkt laufen.

Um einen Gegenstand in der richtigen Perspektive zu zeichnen, beginnst du zunächst mit den Begrenzungen im Vorderbereich. Anschließend ziehst du eine Linie von den Eckpunkten aus bis zum Fluchtpunkt.

Doch leider bleibt es nicht immer bei nur einem Fluchtpunkt. Stehst du beispielsweise an einer Straßenecke, so benötigst du zum Zeichnen des Eckhauses zwei Fluchtpunkte. Je nachdem, ob du genau auf der Ecke stehst oder ein paar Meter links oder rechts davon, verändern sich nämlich die Fluchtpunkte. Um diese Punkte zu definieren, musst du die Hauswand links und rechts verlängern, bis die Geraden auf den Horizont treffen. Nun kannst du auch hier alle Linien nach den beiden Punkten ausrichten.

Das Ganze kann auf die Spitze getrieben werden, indem sogar drei Fluchtpunkte definiert werden. Dies ist nötig, wenn sich der Betrachter zum Beispiel in der Froschperspektive befindet. So ist ein Wolkenkratzer, der in den Himmel ragt, nicht nur nach links und rechts verjüngt, sondern auch nach oben. Der dritte Fluchtpunkt befindet sich damit auf der Blickhöhe des Betrachters. Damit das Gebäude nun nach oben hin schmaler wird, kannst du die senkrechten Begrenzungen bis zum Fluchtpunkt verlängern.

Eine perspektivische Darstellung ist im Bereich Urban Watercolor natürlich ein wichtiger Bestandteil. Die perfekte Ausarbeitung ist allerdings meines Erachtens kein Muss. Durch einen spielerischen Umgang mit Perspektiven kannst du deiner Illustration einen ganz besonderen Look verleihen (mehr auf den Seiten 50–53).

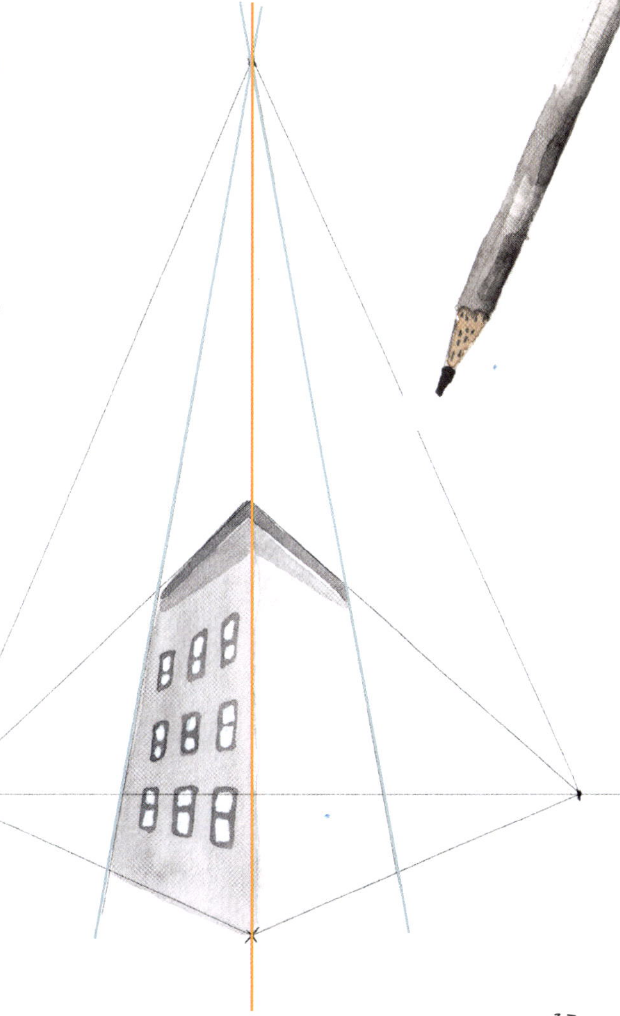

Drei Fluchtpunkte

Der dritte Fluchtpunkt liegt hierbei auf der Senkrechten, die die Hausecke definiert. Die äußeren Begrenzungen des Hauses richten sich dabei nach diesem Fluchtpunkt.

Licht und Schatten

Ein Schatten entsteht, wenn Licht auf einen lichtundurchlässigen Körper trifft. Licht und Schatten erwecken deine Illustrationen zum Leben. Durch diesen Hell-Dunkel-Kontrast wird ein Element dreidimensional und fügt sich in seine Umgebung perfekt ein.

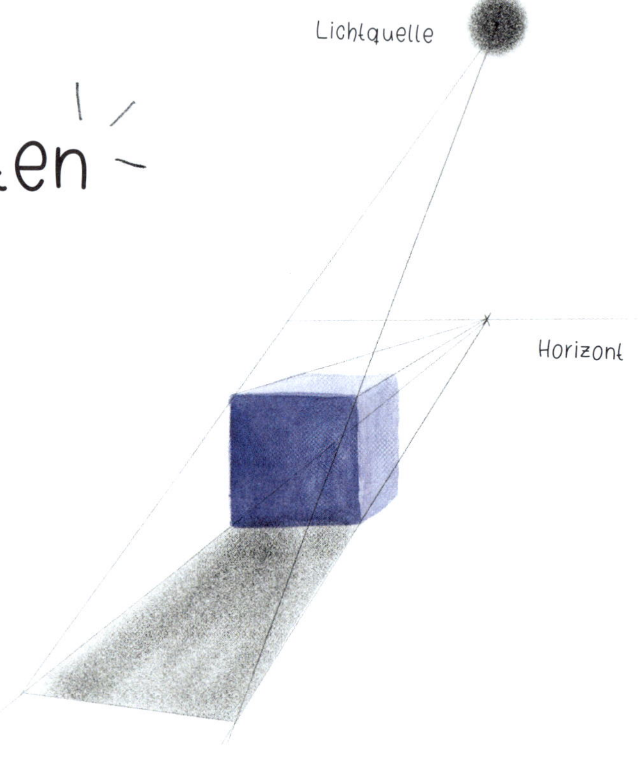

Dabei ist es wichtig, zwischen dem Schatten auf einem Objekt selbst und dem Schlagschatten, den das Objekt wirft, zu unterscheiden. Innerhalb eines Objektes gibt der Schatten nämlich Form und Plastizität vor. So kannst du zum Beispiel Rundungen perfekt darstellen, indem du den Rand eines Objektes mit einem Schatten versiehst. Ein Schlagschatten bindet das Objekt dagegen perfekt in das gesamte Bild ein. Malst du zum Beispiel einen Schlagschatten unter ein Objekt, so steht es für den Betrachter auf dem Boden. Dabei ist es wichtig, wo ich den Schlagschatten platziere. Der Winkel hängt nämlich von der Lichtquelle ab – die in den meisten Fällen die Sonne ist. Kommt die Sonne also von links, so gehört mein Schlagschatten auf die rechte Seite. Zudem ist der Winkel der Sonne entscheidend: Morgens und abends steht die Sonne nah am Horizont und trifft somit sehr flach auf das Objekt. Der Schlagschatten wird dementsprechend sehr lang gezogen. Steht die Sonne hingegen mittags fast senkrecht über dem Objekt, so ist der Schatten sehr schmal und befindet sich unterhalb.

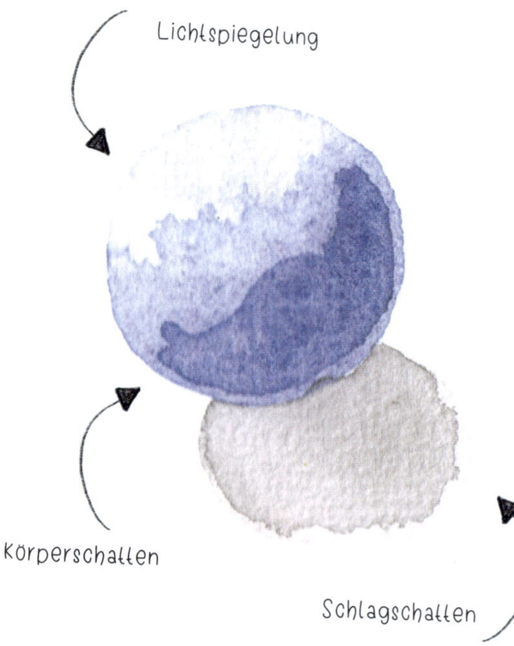

Der Schlagschatten sagt damit auch viel über die Stimmung im Bild aus. Jeder kennt dieses verträumte abendliche Licht oder die klare und starke Mittagssonne. Mit einfachen Schatten hier und da kannst du diese Assoziationen beeinflussen.

SCHATTEN MALEN

Um Schatten darzustellen, kommt die Lasur zum Einsatz. Wie bereits auf Seite 32 beschrieben, lassen sich transparente Farbschichten lasieren. Gerade bei Schatten ist diese Eigenschaft ausschlaggebend, denn wir möchten den Schatten über andere Objekte legen, ohne diese dabei zu überdecken. Die Struktur unter dem Schatten soll also auf keinen Fall verschwinden. Deshalb ist es wichtig, den Schatten nicht zu dunkel zu machen. Du solltest die Farbe also mit genug Wasser anmischen, um einen transparenten Farbton zu erhalten.

Die richtige Farbe ist für die Darstellung sehr wichtig. Ein reines Schwarz ist in diesem Fall nicht die optimale Wahl. Dieses wirkt viel zu intensiv und hart – es fügt sich nicht in die naturalistische Farbwelt ein. Deshalb nutze ich gerne die Farbe „Neutraltinte“ oder „Neutralgrau“. Diese wird aus den Primärfarben gemischt und besitzt keinen Schwarzanteil. Je nach Hersteller hat diese Farbe einen unterschiedlichen Farbstich. So kann die Farbe einen leichten Magentaton haben, wodurch sie besser mit bunten Farben im Bild harmoniert.

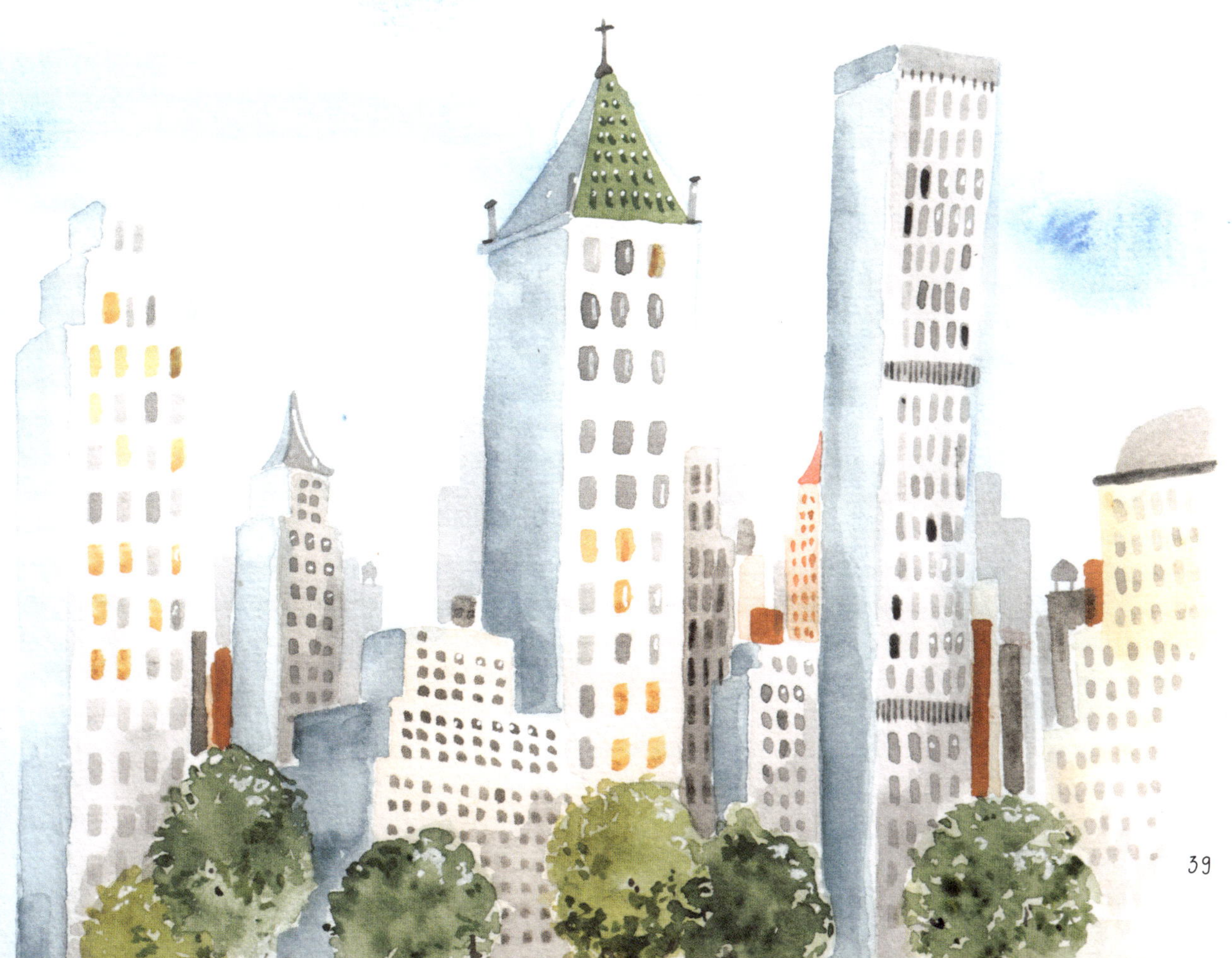

Weißräume

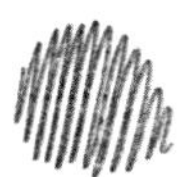

Aquarellfarben sind transparent und können daher keine Farben überdecken. Diese Eigenschaft sollten wir vor allem dann im Hinterkopf haben, wenn es darum geht, Weiß darzustellen. Anders als zum Beispiel bei Acrylfarben ist es nicht möglich, weiße Elemente später hinzuzufügen. Deshalb müssen wir das Weiß des Papiers nutzen, auf dem wir malen.

Aus diesem Grund ist es manchmal sogar ganz schön, wenn nicht alle Flächen perfekt ausgemalt sind. Denn wenn hier und da ein paar weiße Stellen hervorlugen, wirkt die Illustration gleich atmosphärischer. Diese kleinen Blitzer wirken nämlich wie Lichtreflexe und brechen eintönige Strukturen auf.

Aber manchmal ist es auch notwendig, von Beginn an gezielt weiße Stellen stehen zu lassen. Diese sogenannte „negative Illustration" kommt immer dann zum Einsatz, wenn helle Elemente besonders hervorstechen sollen. Ein sehr schönes Beispiel dafür ist eine winterliche Szene. Häuser, die vom Schnee überdeckt sind, können wir nur dann darstellen, wenn wir manche Teile des Bildes bewusst nicht bemalen. Ich male also um die weißen Flächen herum. Damit der Schnee so richtig schön zur Geltung kommt, muss der Kontrast zum Hintergrund besonders intensiv sein.

Auch hier ist es wichtig, von hell nach dunkel zu arbeiten. So beginnst du mit einer hellen Grundierung. Schon hier sparst du die weißen Stellen aus, damit sie am Ende strahlend weiß hervorstechen. Nun wirst du Stück für Stück dunkler.

Das negative Illustrieren ist für Anfängerinnen und Anfänger eine besondere Herausforderung. Denn dabei müssen wir uns vorab überlegen, welche Teile im Bild später hervorstechen sollen. Alle Schritte, die wir anschließend machen, sollten wir uns im Kopf zurechtlegen. Um diese Überlegung zu vereinfachen, ist eine grobe Skizze hilfreich. Mit dieser lassen sich helle und dunkle Stellen definieren. Dafür reicht es aus, verschiedene Farbabstufungen mit dem Bleistift darzustellen. Dabei solltest du nicht zu sehr ins Detail gehen – es geht nur um einen ungefähren Fahrplan, der als Gedankenstütze dienen soll.

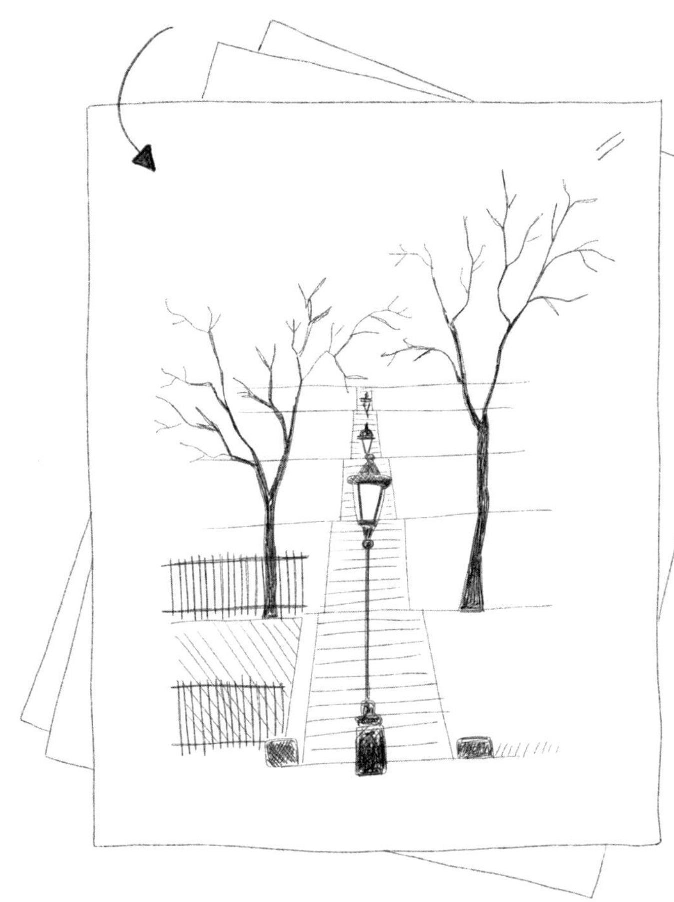

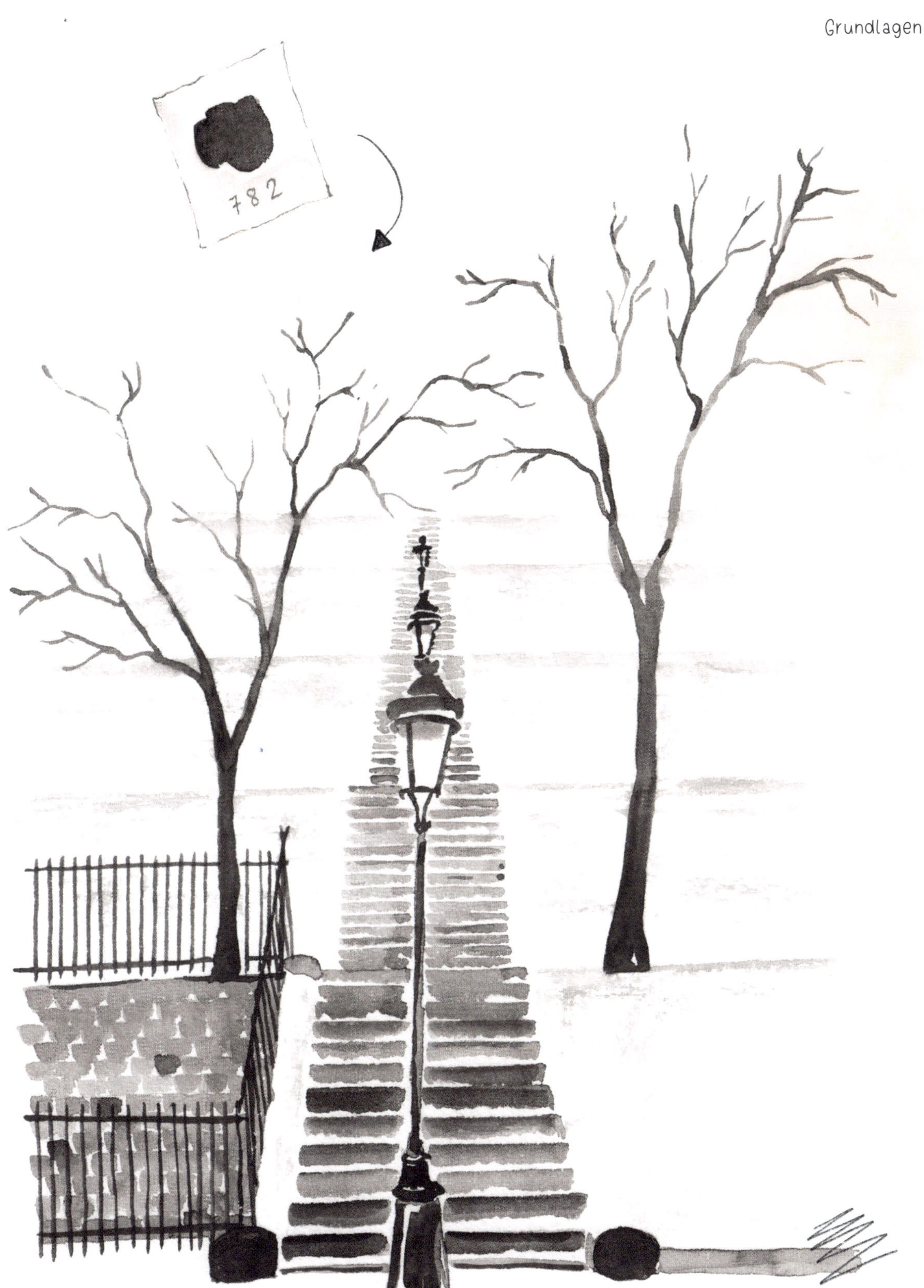
782

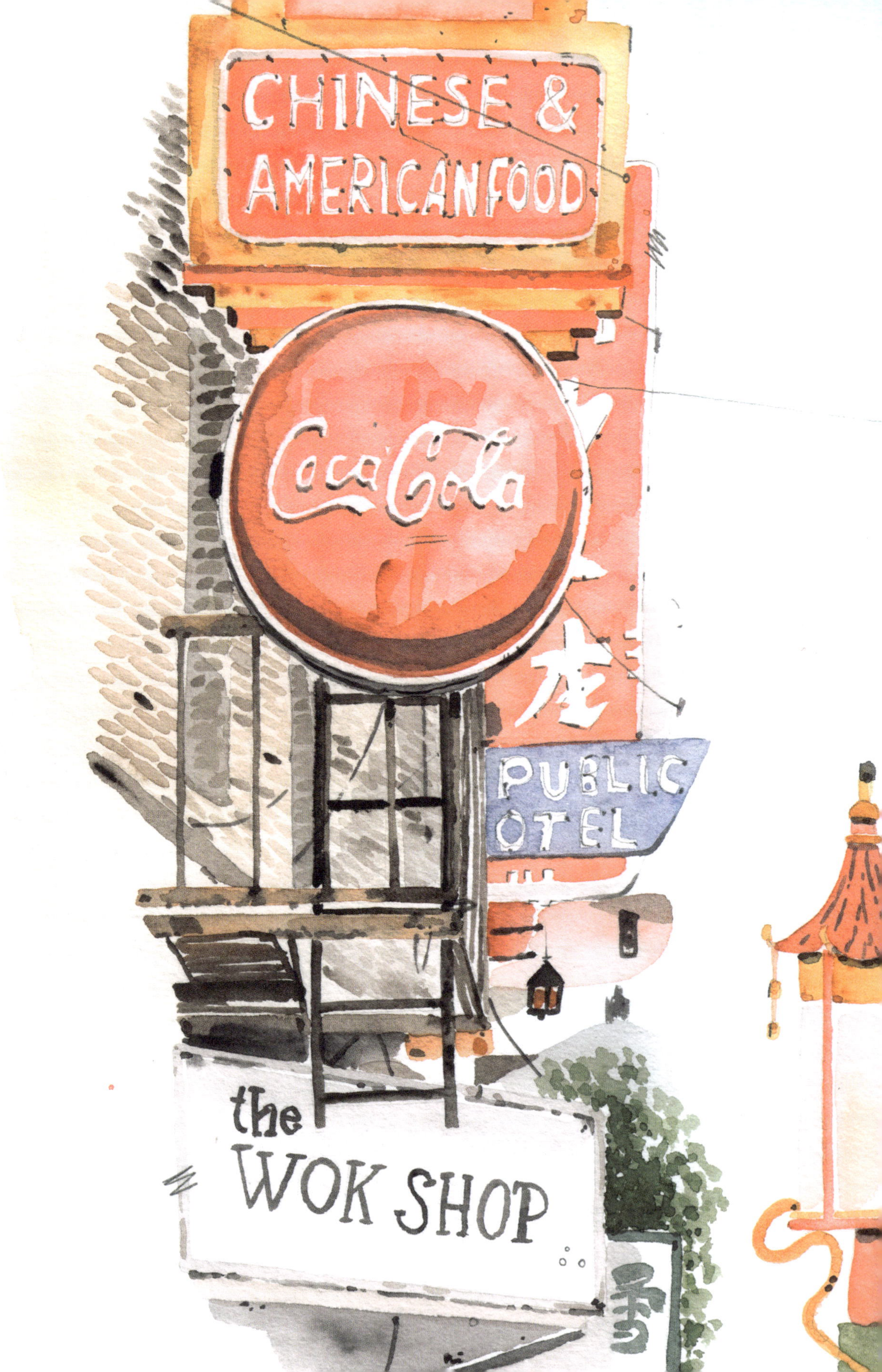
CHINESE &
AMERICANFOOD
Coca-Cola
PUBLIC
OTEL
the
WOK SHOP

MAKE UP
YOUR
OWN RULES

»Henri Matisse«

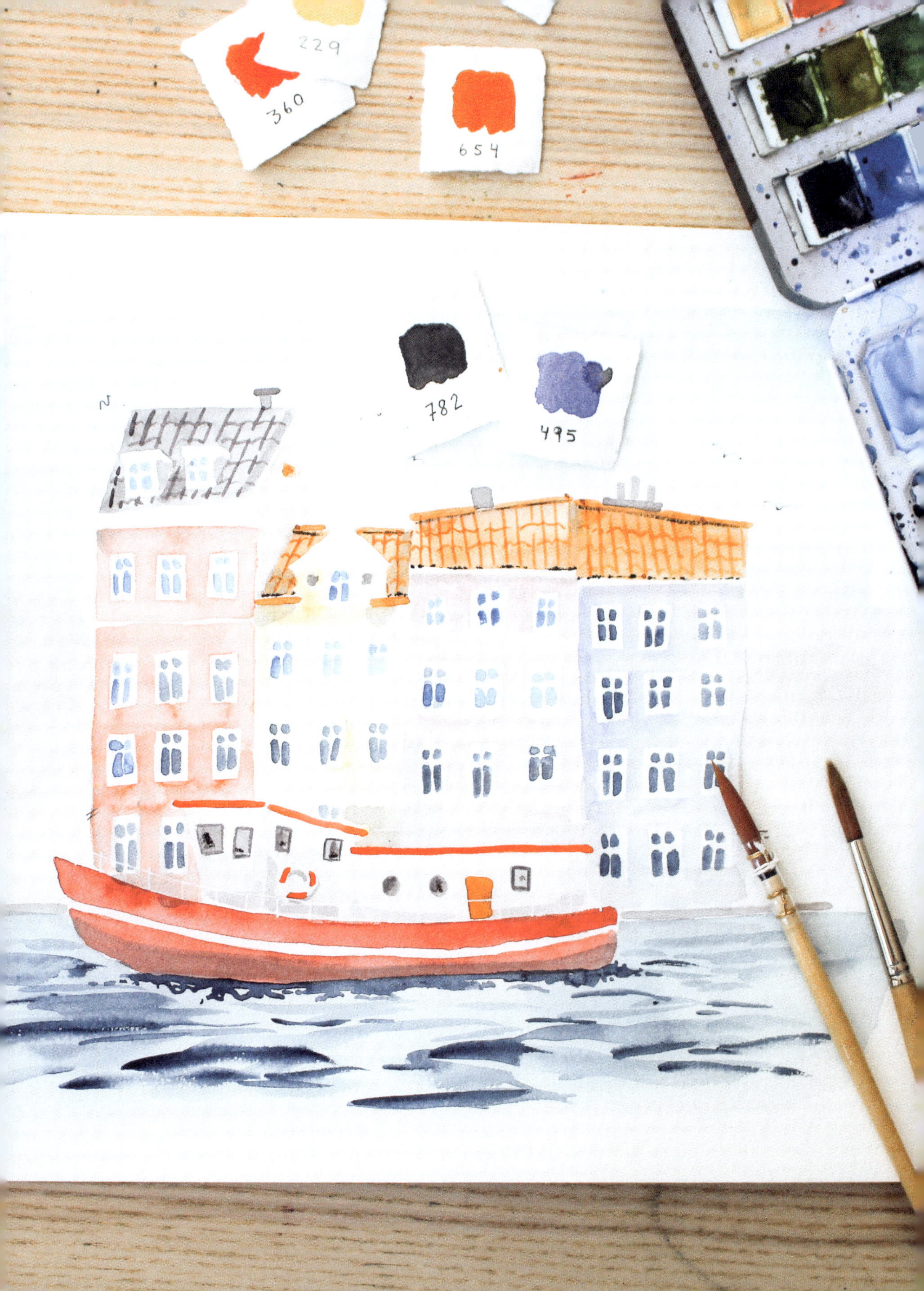
229
360
654
782
495

Dein ganz eigener Stil

Illustrationen spiegeln die Gedanken und die Gefühle der Illustratorin bzw. des Illustrators wider. So schaue ich zumindest auf Bilder von anderen Künstlerinnen und Künstlern. Oft unterscheiden sich verschiedene Stile nur marginal, und dennoch lässt sich auf den ersten Blick sagen, wer ein Werk gemalt hat.

Ein Künstler bzw. eine Künstlerin definiert sich zum Beispiel über Technik, Material oder Motivauswahl. Das Entwickeln und Finden des persönlichen Stils ist ein langer, stetiger Prozess und geschieht nicht über Nacht. Dabei geht es eigentlich nie um Perfektion, sondern darum, seine eigene Geschichte zu erzählen. Möchte man eine Szene einfach nur perfekt abbilden, so kann man genauso gut zum Fotoapparat greifen. Das Gefühl und der Ausdruck eines Werkes aber liegen in der einzigartigen Handschrift der Illustratorin oder des Illustrators. Dabei spielt Inspiration eine tragende Rolle. Denn der eigene Stil kann sich nur dann entwickeln, wenn wir Dinge sehen, die uns gefallen und die uns in der Regel dann auch inspirieren. Für mich gibt es kein schöneres Kompliment, als wenn jemand meine Illustrationen wiedererkennt, weil das zeigt, dass sie meinen individuellen Stil ausdrücken.

Seinen ganz eigenen Stil zu finden oder zu entwickeln, fällt vielen sehr schwer. Um dir einen Anstoß zu geben, welche Möglichkeiten es gibt, deinen Bildern einen unverwechselbaren Charakter zu verleihen, habe ich auf den folgenden Seiten einige Tipps und Herangehensweisen zusammengetragen.

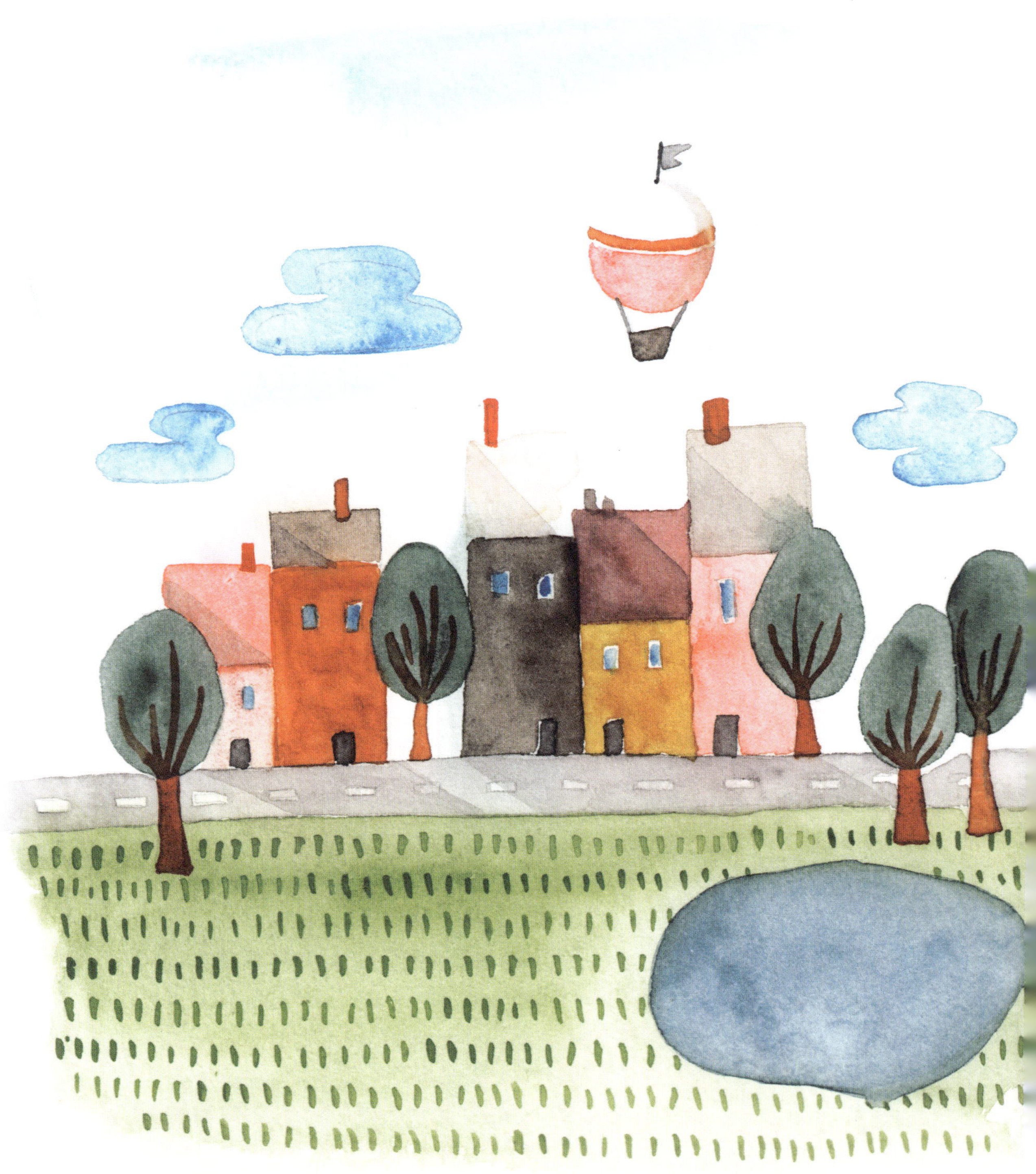

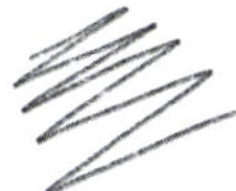

Formen

Durch Kinderaugen wirkt unsere Welt meistens ganz anders. Kinder beobachten Dinge, die für uns oft gar nicht wichtig erscheinen, und lassen im Gegenzug andere Sachen weg, die in unseren Augen essenziell sind. Ein Kind zeigt die Welt so, wie es sie sieht. Mache dir diesen Gedanken zunutze und zeige Dinge so, wie sie dir wichtig sind, wie du möchtest, dass der Betrachter deine Werke sieht.

Die Illustration auf der linken Seite veranschaulicht sehr schön, wie man diese Herangehensweise umsetzen kann. Dabei spielen die Formen eine wichtige Rolle.

Wenn Kinder einen Baum malen, dann besteht dieser meist aus nur wenigen Elementen. Eine runde Krone, ein Stamm und maximal einige Äste. Daran kannst du sehen, dass oft nur wenige Informationen ausreichen, damit der Betrachter das Motiv erkennt. Überlege dir daher für jedes Element, das du darstellen möchtest, eine vereinfachte Form. Eine Wiese kann zum Beispiel aus einer einfachen grünen Fläche bestehen, die mit ein paar Strichen versehen ist. Die Häuser haben nur zwei kleine Fenster, die sich eigentlich viel zu weit oben befinden. Für ein Kind ist diese Ansicht aber ganz logisch, da aus den Augen von jemandem mit einer geringen Körpergröße Fenster sehr weit oben liegen.

Mit den Größenverhältnissen kannst du zusätzlich spielen. So sind die Straßenmarkierungen im Verhältnis zu den Häusern viel zu groß. Insgesamt wirkt es aber stimmig, da die Straße dadurch vereinfacht dargestellt wird.

Wichtig bei der Vereinfachung ist allerdings, dass alle Elemente im Bild gleichermaßen vereinfacht sind. Ansonsten wirkt das Bild unharmonisch.

Auch wenn dir diese Herangehensweise nicht zu hundert Prozent zusagt, ist sie eine super Übung, um deinen eigenen Stil zu finden. Indem du Dinge vereinfachst und auf das Wichtigste herunterbrichst, lenkst du deine Aufmerksamkeit auf das Wesentliche. Schnapp dir doch deshalb mal dein Skizzenbuch und überlege dir, wie du Elemente wie einen Baum, ein Haus, ein Auto oder Ähnliches vereinfacht darstellen würdest.

Insgesamt finde ich, dass dieser Stil zum Träumen anregt, denn durch den infantilen Look fühlt sich die Betrachterin bzw. der Betrachter oft in ihre bzw. seine Kindheit zurückversetzt.

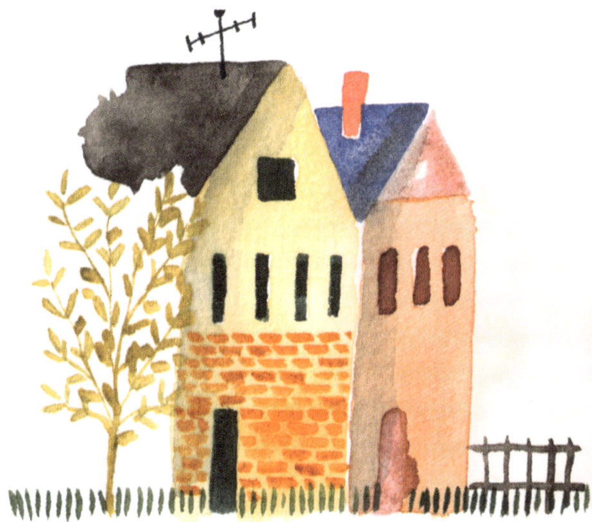

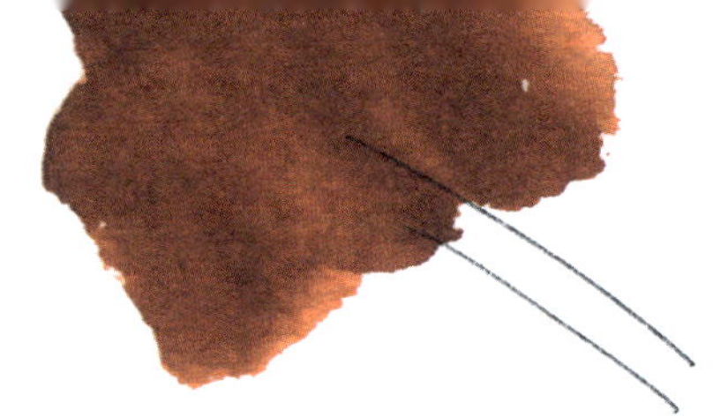

Eigene Farbpalette

Ein ganz essenzieller Punkt beim Illustrieren sind die Farben. Es gibt einige Künstlerinnen und Künstler, die ich aufgrund ihrer Farbauswahl auf den ersten Blick erkenne. Denn die Verwendung von immer wieder den gleichen Farben in verschiedenen Motiven schafft eine direkte Verknüpfung zur Urheberin bzw. zum Urheber. Dabei gibt es verschiedene Herangehensweisen, wie du deine ganz eigene Farbpalette definieren kannst.

Die einfachste ist das Malen mit nur einer Farbe – also monochrom. Hier kannst du allerdings nur mit unterschiedlichen Transparenzstufen arbeiten, um deinem Motiv Struktur und Tiefe zu geben.

Eine andere Idee ist, sich auf wenige Farbtöne zu konzentrieren. Denn je weniger Farben du benutzt, desto einfacher erkennt man deine Bilder wieder. Die Farbauswahl hängt allerdings auch stark mit den Motiven zusammen, die du am liebsten zeichnest. Deshalb solltest du dich fragen, welche Farben du immer wieder brauchst. Liebst du beispielsweise das Meer und maritime Motive, dann sollte es in deiner Palette am besten mehrere Blautöne geben. Magst du dagegen eher florale Motive, so solltest du nicht auf Grün und Rot verzichten.

Um die richtigen Farbnuancen für sich zu definieren, gibt es Farbkarten, die man beim Hersteller bestellen kann. In diesen Farbkarten sind kleine Farbtupfer enthalten, die man mit Wasser aktivieren kann. Die Wirkung von Farben ist besser zu erkennen, wenn man sie selbst auf dem Papier nutzt – Abbildungen von Farben, die man nur im Prospekt sieht, sind dagegen für mich persönlich immer etwas schwierig einzuschätzen.

Wenn du dann eine grobe Auswahl an Farben getroffen hast, kannst du dir kleine Kärtchen aus Aquarellpapier zuschneiden und auf jedes eine Farbe inklusive Farbnummer auftragen. Diese kannst du anschließend in verschiedenen Konstellationen zusammenlegen. So siehst du sehr schnell, welche Farben am besten miteinander harmonieren.

Solltest du deine finale Auswahl getroffen haben, ist es wichtig, die Farben noch mal in einen Kontext zu setzen – also einige Motive mit dieser Kombination auszuprobieren. Erst dann kannst du sicher sagen, ob die Farben für dich tatsächlich funktionieren. Die einzelnen Farben kannst du übrigens als Näpfchen oder Tuben kaufen und sie in einen Leerkasten einsetzen.

Gerade für Anfängerinnen und Anfänger ist die Farbwahl häufig eine Herausforderung. Deshalb solltest du so viele Inspirationen wie möglich sammeln. Dafür kannst du dir zum Beispiel eine Pinnwand auf Pinterest erstellen, auf der du Farbkombinationen sammelst, die dir gefallen. Dabei müssen es nicht immer Illustrationen sein – du kannst auch schöne Fotos pinnen, die dich farblich ansprechen. So bekommst du nach und nach ein besseres Gefühl dafür, welche Farben zu dir passen.

Ich lasse mich zum Beispiel oft von Hausfassaden inspirieren, die ich auf Spaziergängen

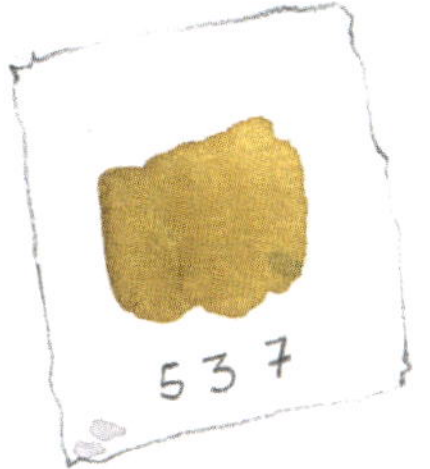

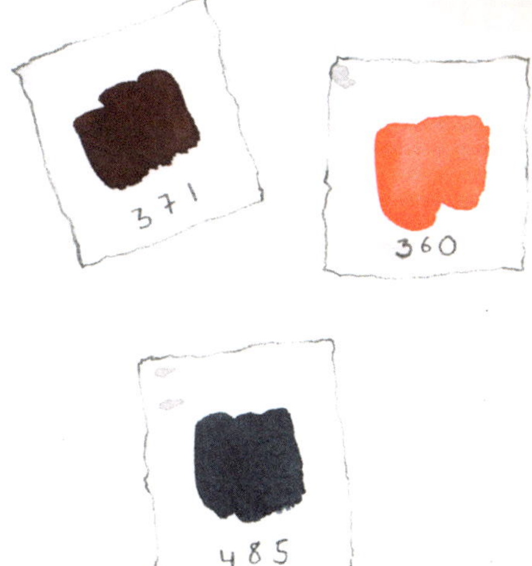

oder Reisen entdecke. Dann mache ich ein Foto und suche zu Hause die passenden Farben auf der Farbkarte heraus.

Meine eigene Farbpalette zusammenzustellen, hat mehrere Monate gedauert. Die meisten Farben haben einen erdigen Ton und wirken dadurch sehr naturalistisch. Zusätzlich habe ich aber ein Blau, ein Rot und ein Gelb definiert, die etwas knalliger sind und im Kontrast zu den natürlichen Farben stehen, um auffällige Akzente setzen zu können.

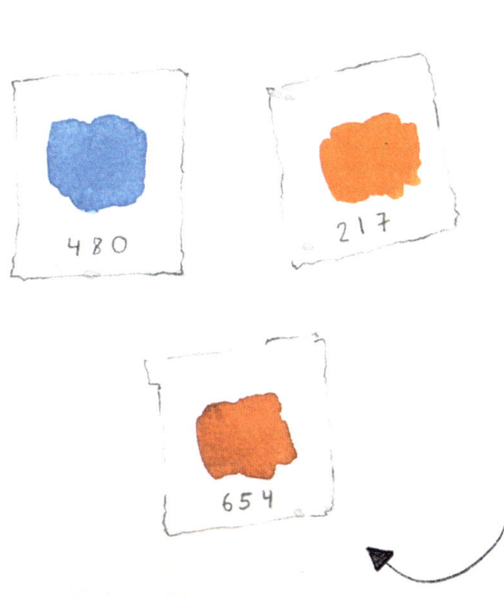

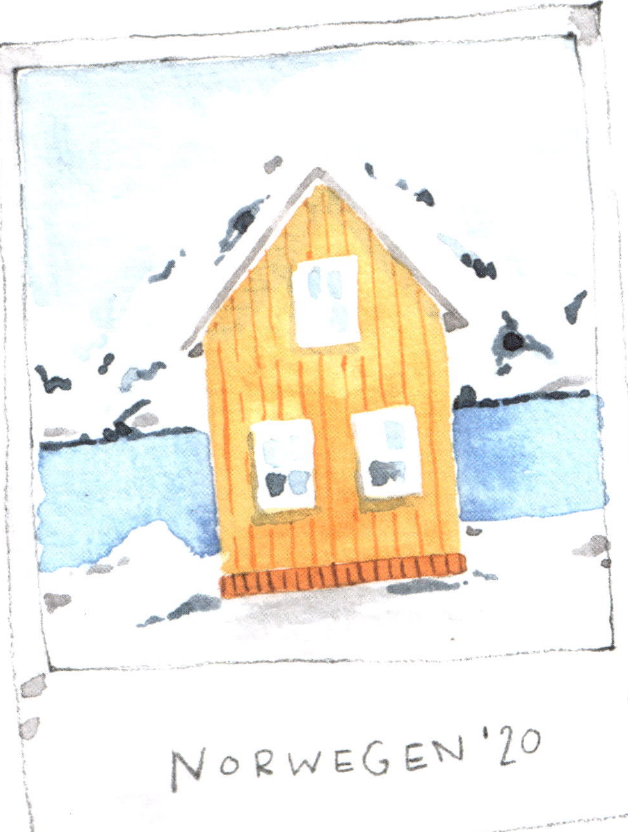

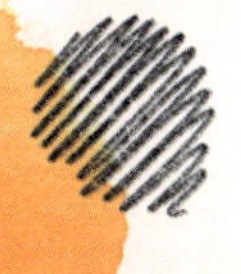

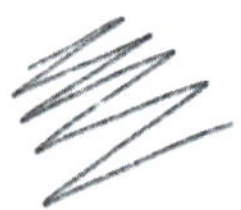

Illustrieren ohne Perspektive

Wer braucht schon Perspektive – manchmal ist weniger mehr!

Du bist der Chef, und Farben und Pinsel sind deine Angestellten. Was du aufs Papier zauberst, ist ganz dir überlassen. Genauso ist es auch bei der perspektivischen Darstellung von Objekten. Gerade, wenn es um Illustrationen von Häuser geht, fühlt man sich schnell gezwungen, alle Linien nach dem penibel definierten Fluchtpunkt auszurichten. Dabei geht es auch anders!

Eine sehr spannende und schöne Form der Illustration ist das Weglassen von Perspektive. Denn es braucht nicht immer Lineal und Maßstab, um eine spannende urbane Szene darzustellen. Du kannst auch einfach komplett darauf verzichten. Wichtig ist dabei nur, dass du das dann auch konsequent durchziehst – sprich: keine Perspektive im gesamten Bild.

Mir persönlich hat diese Herangehensweise sehr dabei geholfen, freier mit den Motiven umzugehen. Oft haben mich komplexe Darstellungen verunsichert und damit auch gehemmt, weiterzumachen. Deshalb solltest du dieses Prinzip unbedingt ausprobieren, auch wenn es am Ende nicht deins ist – es wird dich in jedem Fall weiterbringen.

Durch das Weglassen von Perspektive verleihst du deinen Illustrationen außerdem einen Stil, der keiner Perfektion bedarf. Denn durch das Fehlen von Perspektive erwartet keiner eine realistische Darstellung, und Spielereien wirken direkt harmonischer.

Die Umsetzung ist eigentlich sehr simpel: Male konsequent immer nur die Vorderseite eines Objektes. Stelle keine Elemente von der Seite dar und versuche, dein Bild immer so aufzubauen, dass du erst gar nicht über Perspektive nachdenken musst. Ein gutes Beispiel ist eine Stadt mit vielen Hochhäusern. Eigentlich wäre es sehr komplex, so viele hintereinanderstehende Häuser darzustellen. Zumal diese auch nicht alle im selben Winkel stehen. Dadurch, dass beim Arbeiten ohne Perspektive einfach alle Häuser übereinandergestellt werden, brauchst du dir darüber keine Gedanken zu machen.

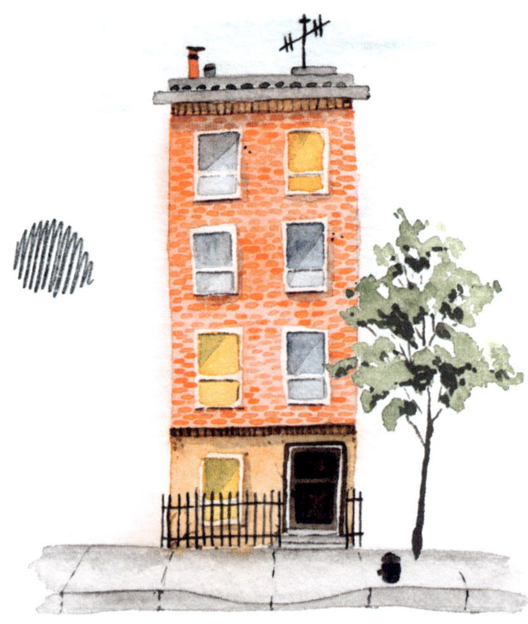

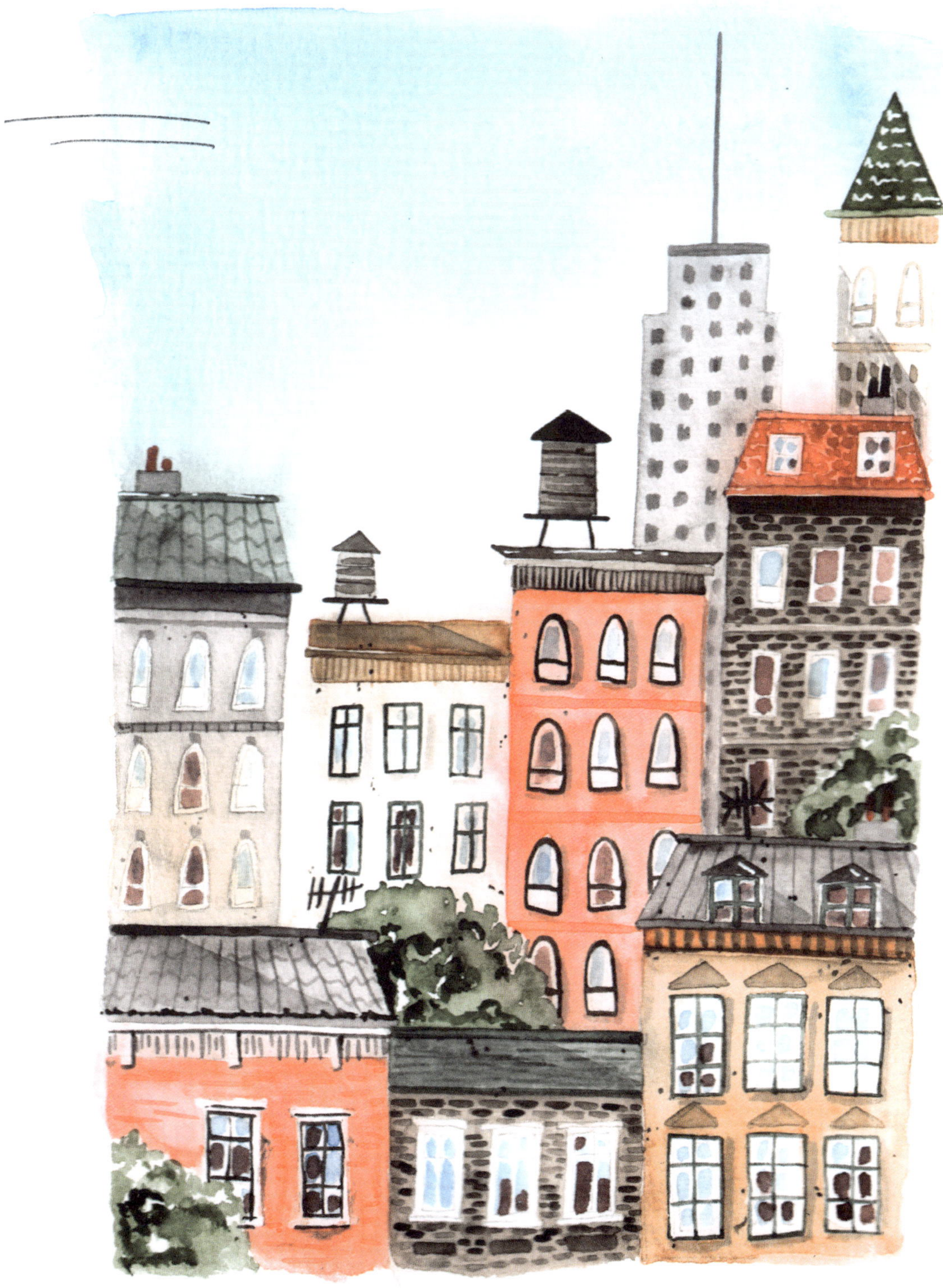

Perspektiven verfälschen

Wir klammern uns beim Illustrieren oft an der Wirklichkeit fest – wir lassen keine Fehler zu und möchten, dass alles so aussieht, wie wir es kennen. Dabei müssen wir das gar nicht. Eine Illustration lebt von einzigartigen Motiven, die eine Szene so darstellen, wie wir sie fühlen. Deshalb solltest du nicht zu sehr auf perspektivische Perfektion pochen. Vielmehr kannst du mit Blickwinkeln spielen, um der Illustration deine eigene Handschrift zu verleihen.

Die Anwendung von verschiedenen Perspektiven in einer Zeichnung schafft einen ganz eigenen Look. In dem Beispiel rechts kannst du sehen, dass die Straße von oben gezeigt wird, während Bäume und Häuser von vorne zu sehen sind. Außerdem sind einige Häuser von vorne und andere von der Seite abgebildet. Bei dieser Herangehensweise ist eine Skizze vorab sehr wichtig – wenn die Perspektiven so wild durcheinandergemischt werden, sollte der Aufbau der Illustration insgesamt ausgewogen sein. Das heißt zum Beispiel, dass man immer darauf achten sollte, dass die einzelnen Elemente mit den unterschiedlichen Ansichten gleichmäßig verteilt sind.

Dieser Gegensatz der unterschiedlichen perspektivischen Ansichten gibt der Illustration einen ganz eigenwilligen Stil und lässt den Betrachter träumen. Denn hier gelten keine Naturgesetze.

Eine andere Möglichkeit ist es, die Perspektive generell und mit Absicht zu verfälschen. Natürlich kann man sich auch strikt nach einem Fluchtpunkt richten (siehe Seite 36). Allerdings ist auch das nicht zwingend notwendig. In dieser Abbildung siehst du, dass auch eine ungenaue Perspektive stimmig aussehen kann. Wichtig dabei ist allerdings, dass die Perspektive bei allen Elementen im Bild gleichermaßen verändert wird. Ansonsten wirkt das Motiv unstimmig.

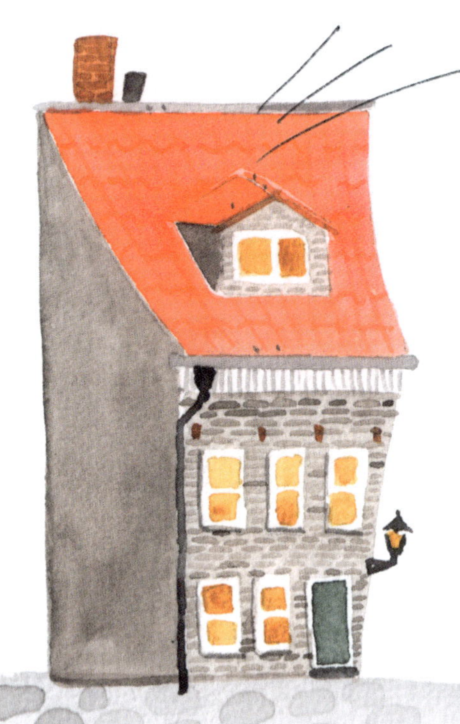

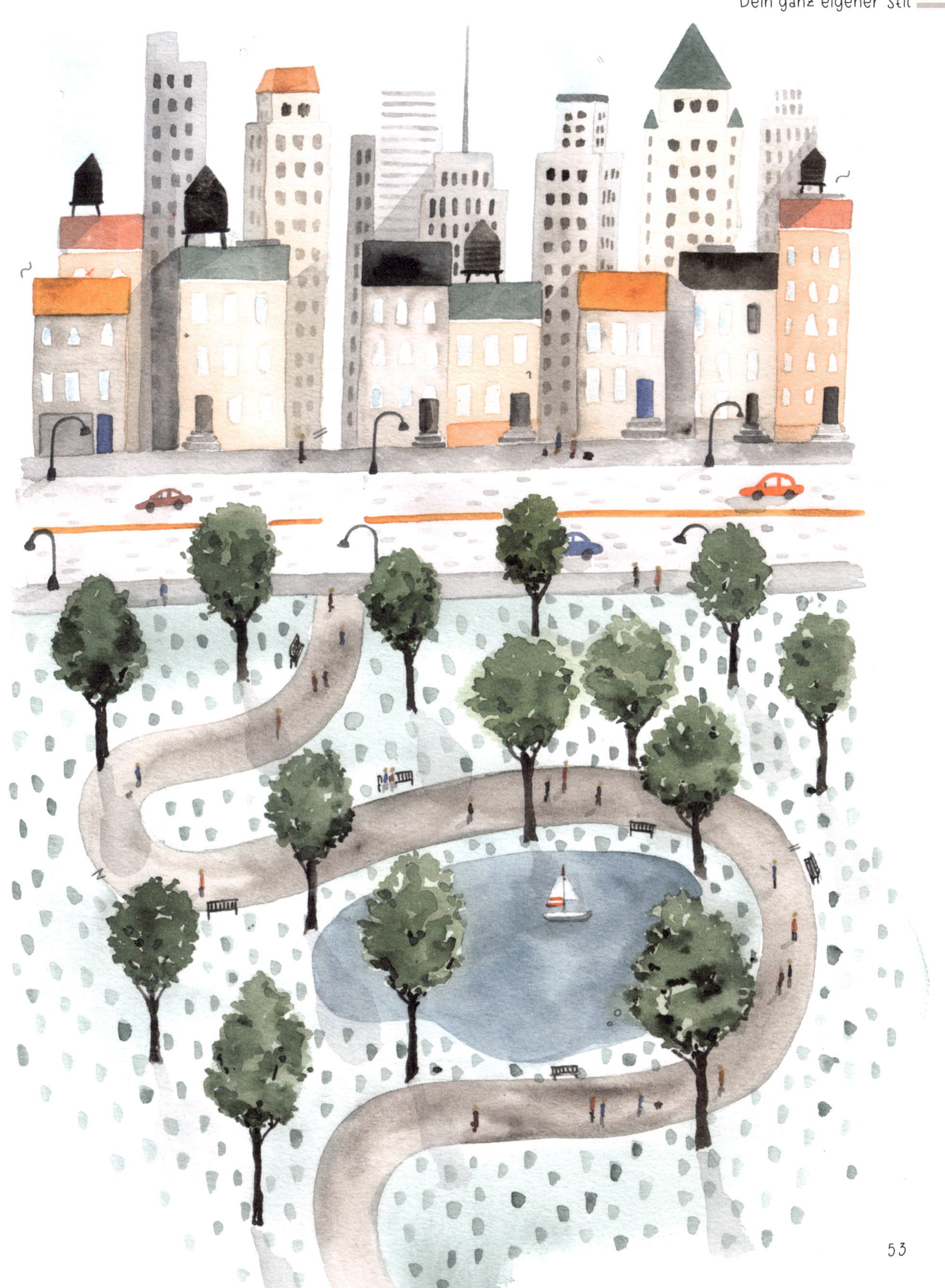

Genauigkeit vs. Ungenauigkeit

Wenn ich mir Bilder anderer Künstlerinnen und Künstler anschaue, dann bin ich oft überwältigt von deren Präzision und Geschick darin, sehr umfangreiche Szenen darzustellen. Dieses Gefühl hatte ich immer vor allem bei urbanen Illustrationen. Oft bestehen diese nämlich aus vielen kleinen Details, wie Menschen auf Gehwegen, verschiedenen Fassaden, dreckigen Straßen und einem wunderbaren Spiel von Licht und Schatten. All das wirkt in seiner Gesamtheit unglaublich schön, und als Betrachterin bzw. Betrachter fällt es sehr schwer zu glauben, dass man so etwas auch selbst zaubern könnte. Dabei übersieht man schnell, dass vieles gar nicht so genau dargestellt wird. Erst bei genauerem Hinschauen sieht man, dass die Menschen nur aus zwei Strichen bestehen oder die Häuser gar nicht richtig ausgearbeitet sind. Und das gibt Hoffnung, dass es vielleicht doch gar nicht so schwer ist, ein solches Bild selbst zu schaffen.

Gerade in der Aquarellmalerei ist das Spiel zwischen Details und Abstraktion ein wichtiger Bestandteil. Oft geht es darum, eine Balance zwischen beidem zu finden. Ein gutes Beispiel dafür sind Wolkenkratzer, die in vielen Metropolen zum Stadtbild gehören. Möchte ich ein so großes Gebäude darstellen, so kann ich nicht jedes einzelne Fenster ganz genau ausarbeiten. Deshalb setze ich stattdessen viele kleine Rechtecke nebeneinander. Anders ist es natürlich, wenn ich ein Fenster von Nahem darstellen möchte. In diesem Fall sind viele Details wichtig, um die Illustration lebendig zu machen.

Zusammenfassend lässt sich sagen, dass Details in der Ferne für das Auge verloren gehen und dieses Prinzip auch für Illustrationen gilt. So sollte ein Baum, der im Vordergrund eines Bildes steht, sehr viel detaillierter gemalt werden als eine Baumreihe am Horizont, die nur aus ein paar grünen Tupfen bestehen kann.

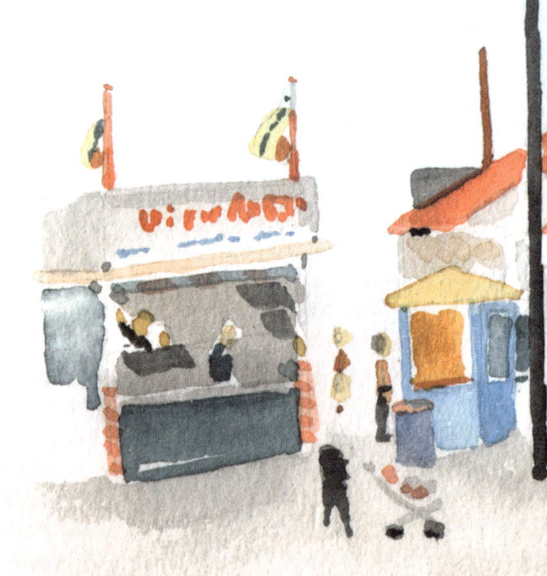

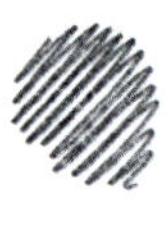

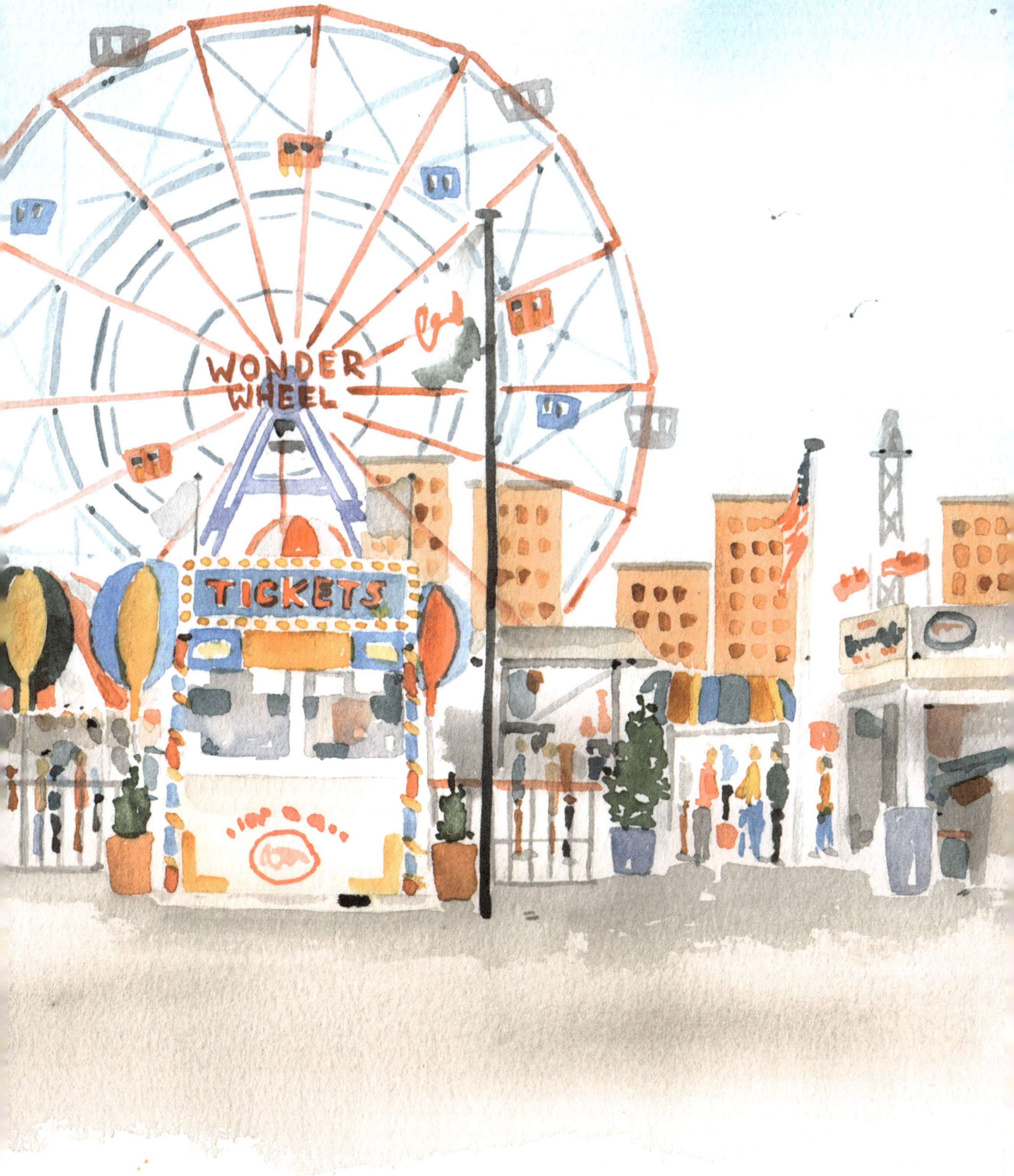

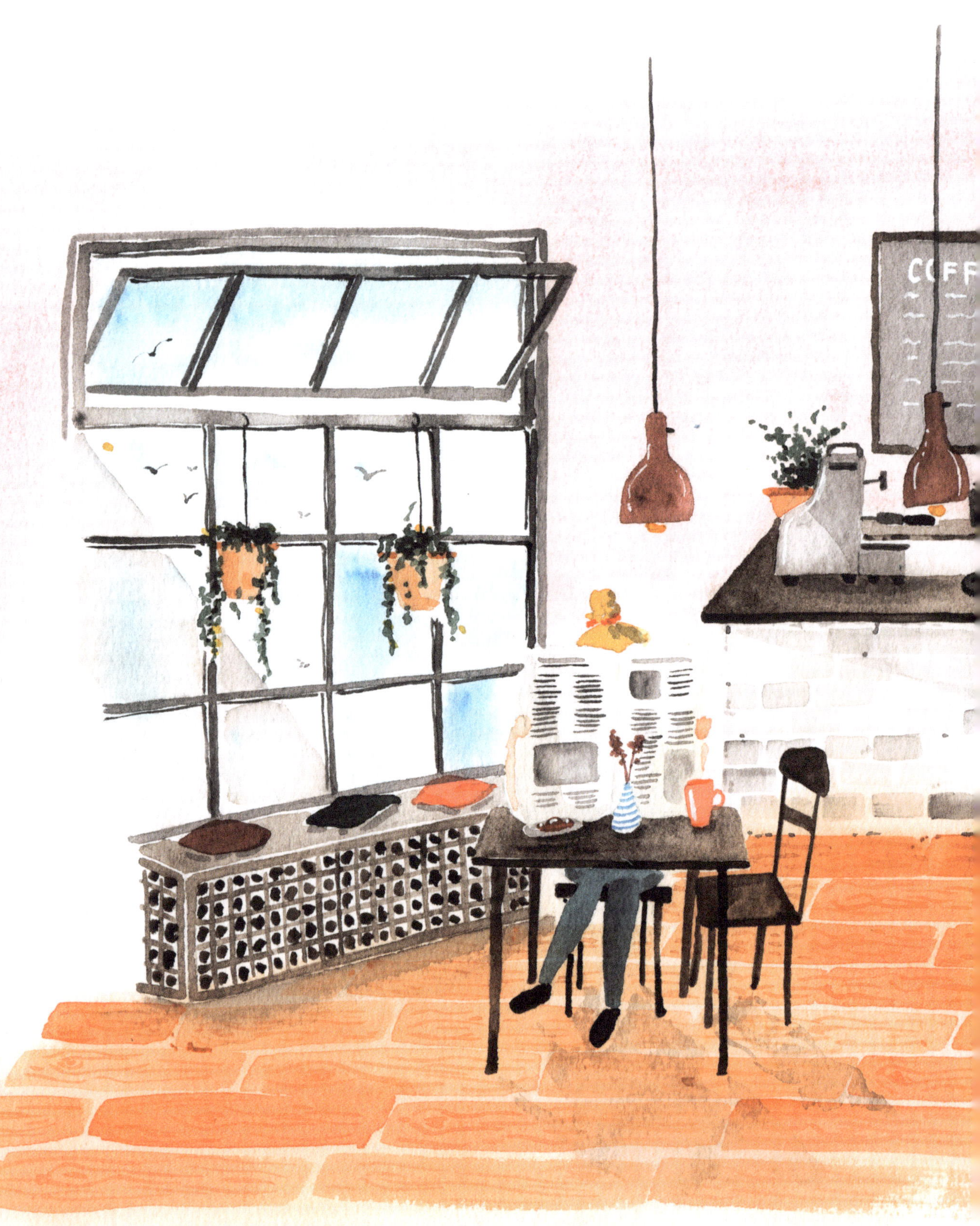
COFF

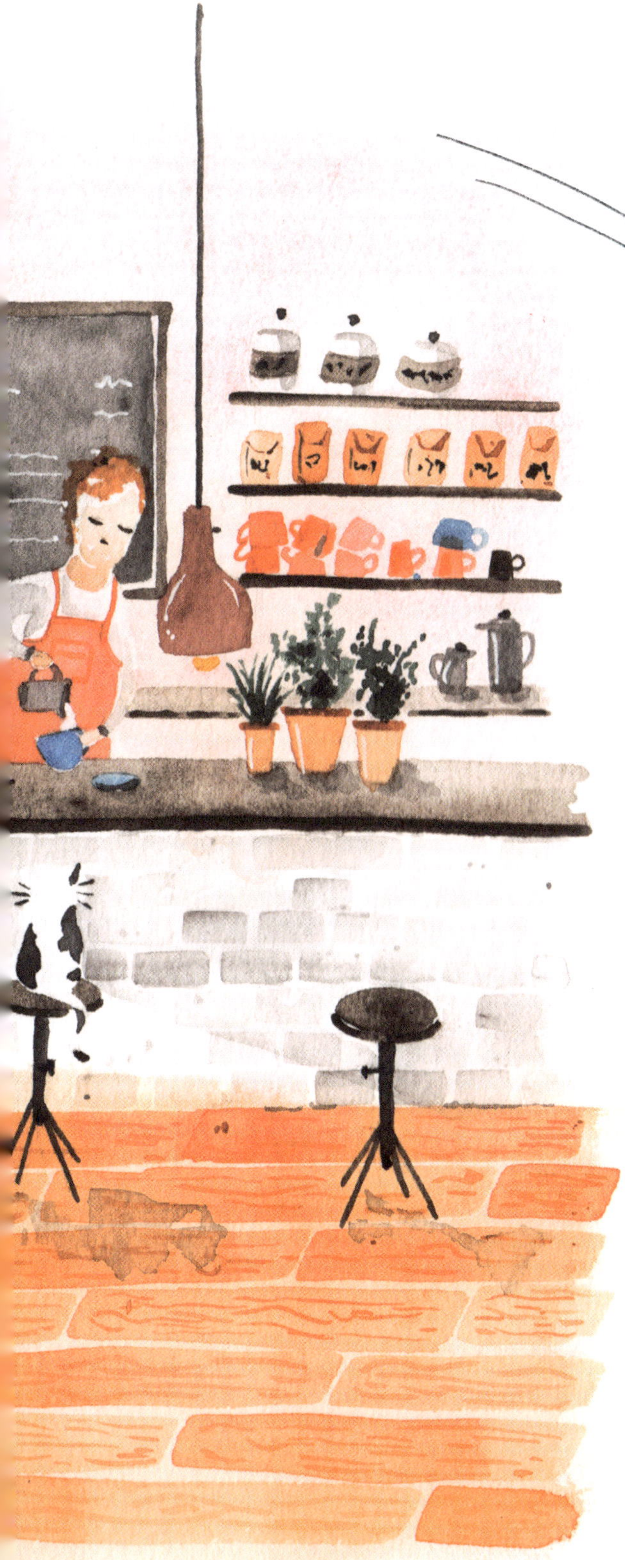

Details

Häufig ist die detaillierte Darstellung von Motiven allerdings sehr wichtig. Ein gutes Beispiel dafür ist diese Szene aus einem Café. Die Illustration wirkt nur deshalb so stimmungsvoll, weil viele kleine Elemente hier und da einen lebendigen Eindruck erzeugen. Zum Beispiel findest du hinter der Theke viele kleine Gegenstände, die für ein geschäftiges Treiben im Laden stehen. Doch nicht nur Gegenstände beleben ein Bild. Auch Oberflächen sind ein wichtiger Faktor, um der Illustration Tiefe und Textur zu verleihen. So sollest du darauf achten, dass größere Flächen nicht einfach nur einfarbig angemalt werden. So besteht die Theke beispielsweise aus hellen Fliesen, der Sitzbereich unter dem Fenster erinnert an eine Holzverkleidung und der Boden besteht aus langen Dielen. Wenn diese Details fehlen würden, würde alles sehr eindimensional und fad wirken. Überlege dir deshalb immer, wie du große monotone Flächen verhindern kannst.

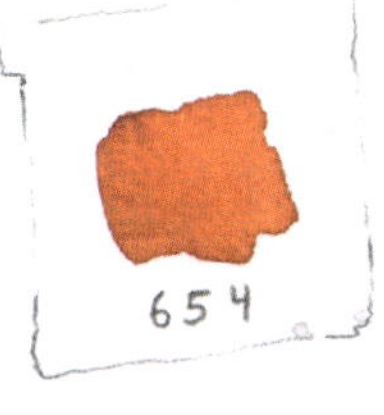

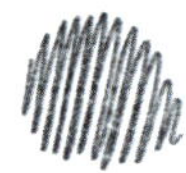

Nicht perfekt ist perfekt

Perfektion verhindert, dass man hinter die Fassade schauen kann. Wenn man ein Foto perfekt inszeniert, dann sagt es nichts über den wahren Charakter des Models aus. Genauso geht's mir bei Illustrationen. Sehr realistische Zeichnungen lösen in mir kein Gefühl aus. Dagegen können ungenaue Bilder, die weniger zeigen, viel mehr aussagen. Je nachdem, in welcher Stimmung sich eine Künstlerin bzw. ein Künstler befindet, können die Striche wilder oder zarter gemalt sein. Entsteht ein Bild unterwegs, so wird es wahrscheinlich etwas unordentlicher aussehen, als wenn ich es zu Hause von einem Foto abmale.

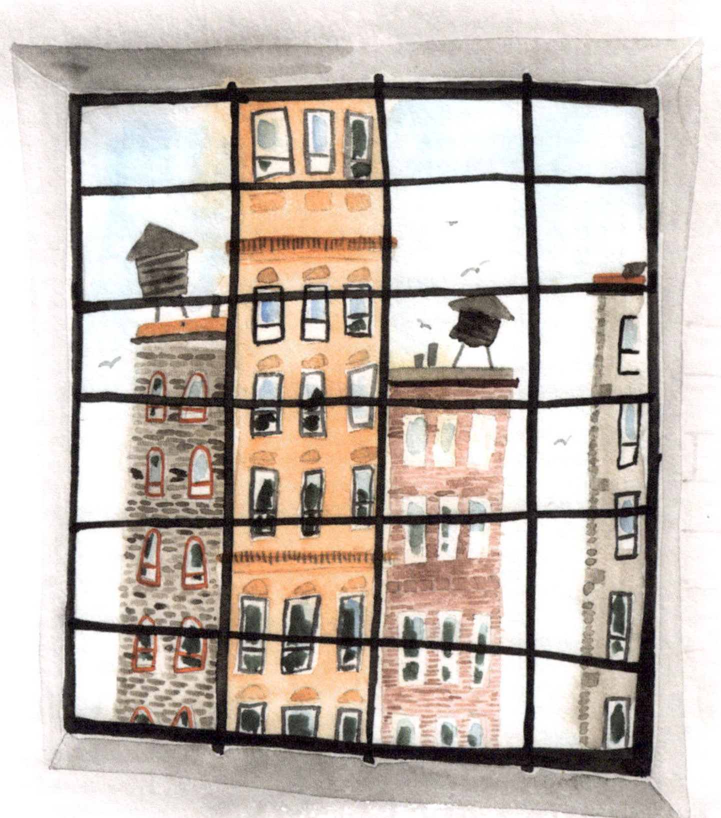

Dich von dem Druck, perfekt malen zu müssen, zu lösen, hilft dir, deinen eigenen Stil zu finden. Schnapp dir doch mal dein Skizzenbuch und male dieses Fenster mit einem Fineliner ab. Versuche dabei, den Stift so wenig wie möglich abzusetzen, und ziehe jede Linie in einem Stück durch. Wenn du dich etwas mehr herausfordern möchtest, dann benutze einfach mal deine andere Hand zum Zeichnen (also die linke, wenn du Rechtshänder bist, und umgekehrt).

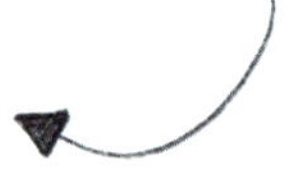

Es geht nicht immer um Perfektion. Linien müssen nicht immer gerade sein, damit das Bild stimmig wirkt. Schau dir doch mal diese Illustration genau an. Siehst du, wie unordentlich die Linien gezogen sind?

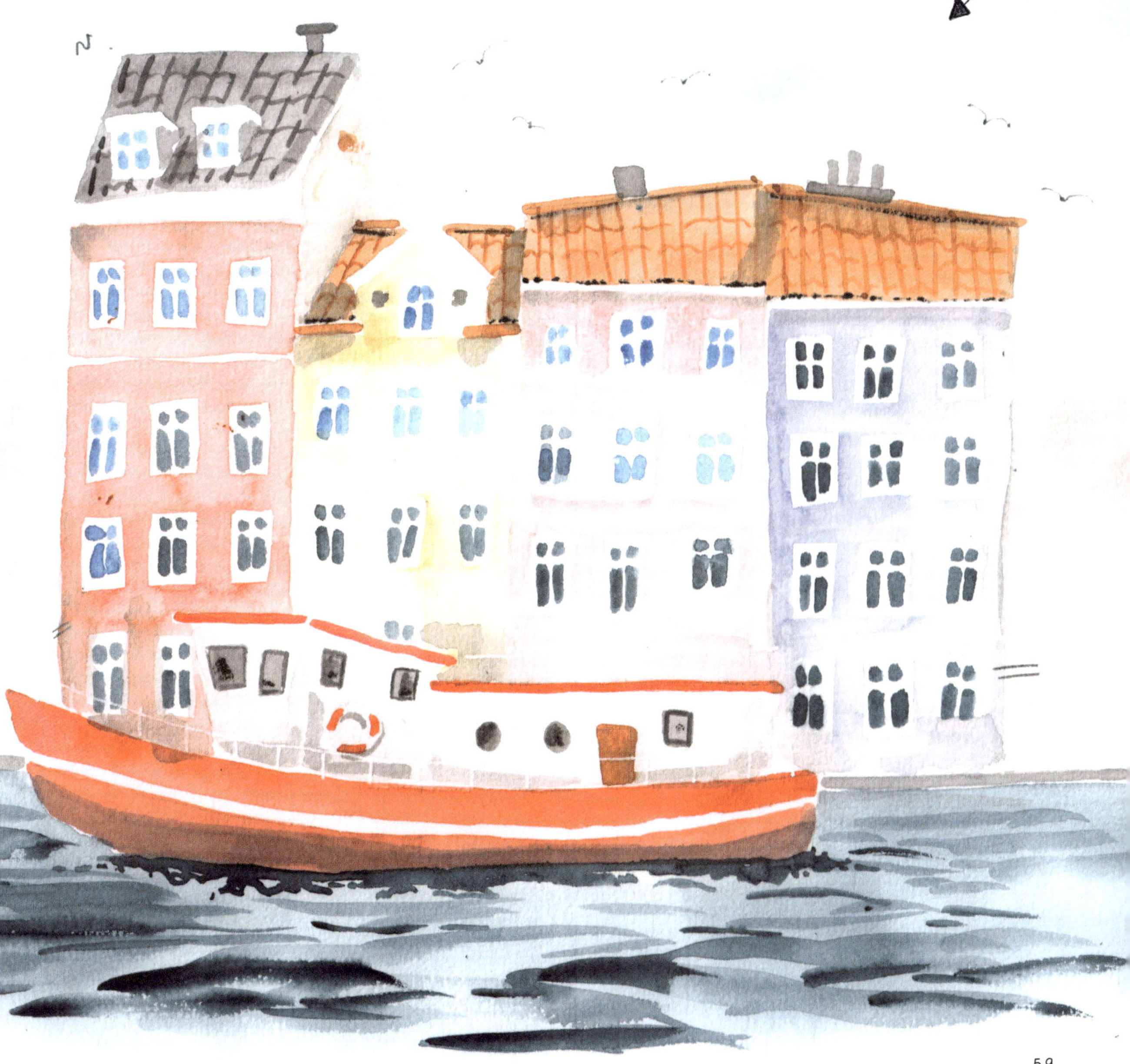

Grober Pinsel vs. feiner Pinsel

Man spricht oft vom „eigenen Strich", wenn es um den Stil einer Künstlerin bzw. eines Künstlers geht. Und dieser Begriff ist nicht zufällig entstanden.

Die Größe und Art deines Pinsels können deinen Stil beeinflussen. So werden beispielsweise Blumen, die du mit einem relativ großen Pinsel malst, eher grob und flächig. Nutzt du hingegen einen kleinen Pinsel, so werden die Linien feiner und oftmals ändert sich sogar die Textur. Genauso können die Form und Beschaffenheit des Pinsels sehr viel bewirken. So kannst du zum Beispiel ein Bild mit einem festen Breitpinsel malen, sodass es eine blockartige Struktur bekommt. Verwendest du dagegen einen sehr weichen, großen Verwaschpinsel, sind deine Linien sehr unregelmäßig und feine Details kaum möglich. Flächen werden grob dargestellt, und du konzentrierst dich automatisch auf das Wesentliche. Denn was tun, wenn die Fenster eines Hochhauses mit einem groben Pinsel nicht klein werden? Dann male ich die Fenster halt größer oder verzichte komplett darauf. So, wie es der Pinsel eben zulässt.

Dieses Prinzip funktioniert natürlich nur, wenn du die gesamte Illustration im gleichen Stil malst. Denn nur dann wirkt das Bild in sich stimmig. Wenn die Fenster der Häuser eher an grobe Kleckse erinnern, das Kennzeichen des Autos vor dem Haus aber perfekt lesbar ist, so fehlt dem Bild die Harmonie.

Hast du bestimmte Lieblingspinsel, mit denen du gefühlt jedes Bild malst? Dann schnapp dir doch mal einen Pinsel, den du sonst nie benutzt, und versuche, ein berühmtes Gebäude nur damit zu illustrieren. Versuche, die wesentlichen Züge dieses Gebäudes herauszuarbeiten. Welche Teile musst du unbedingt darstellen, damit der Betrachter das Gebäude wiedererkennt? Lass dich dabei von dem Wasser und der Pinselform treiben. Versuche nicht, Formen zu erzwingen, die sich mit dem Pinsel nur schlecht darstellen lassen. Nutze dagegen die Beschaffenheit des Pinsels, um Dinge einmal anders darzustellen.

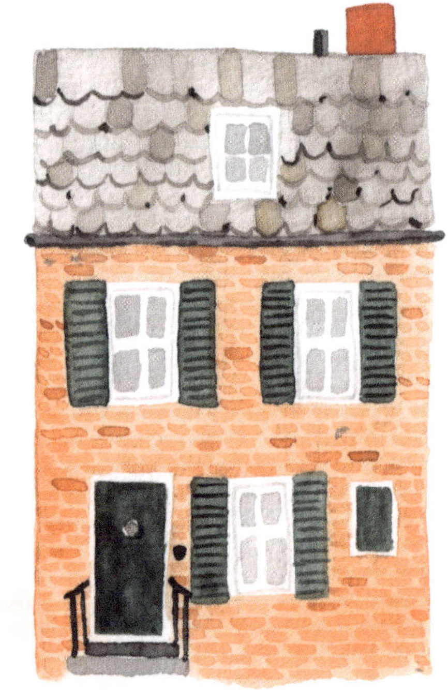

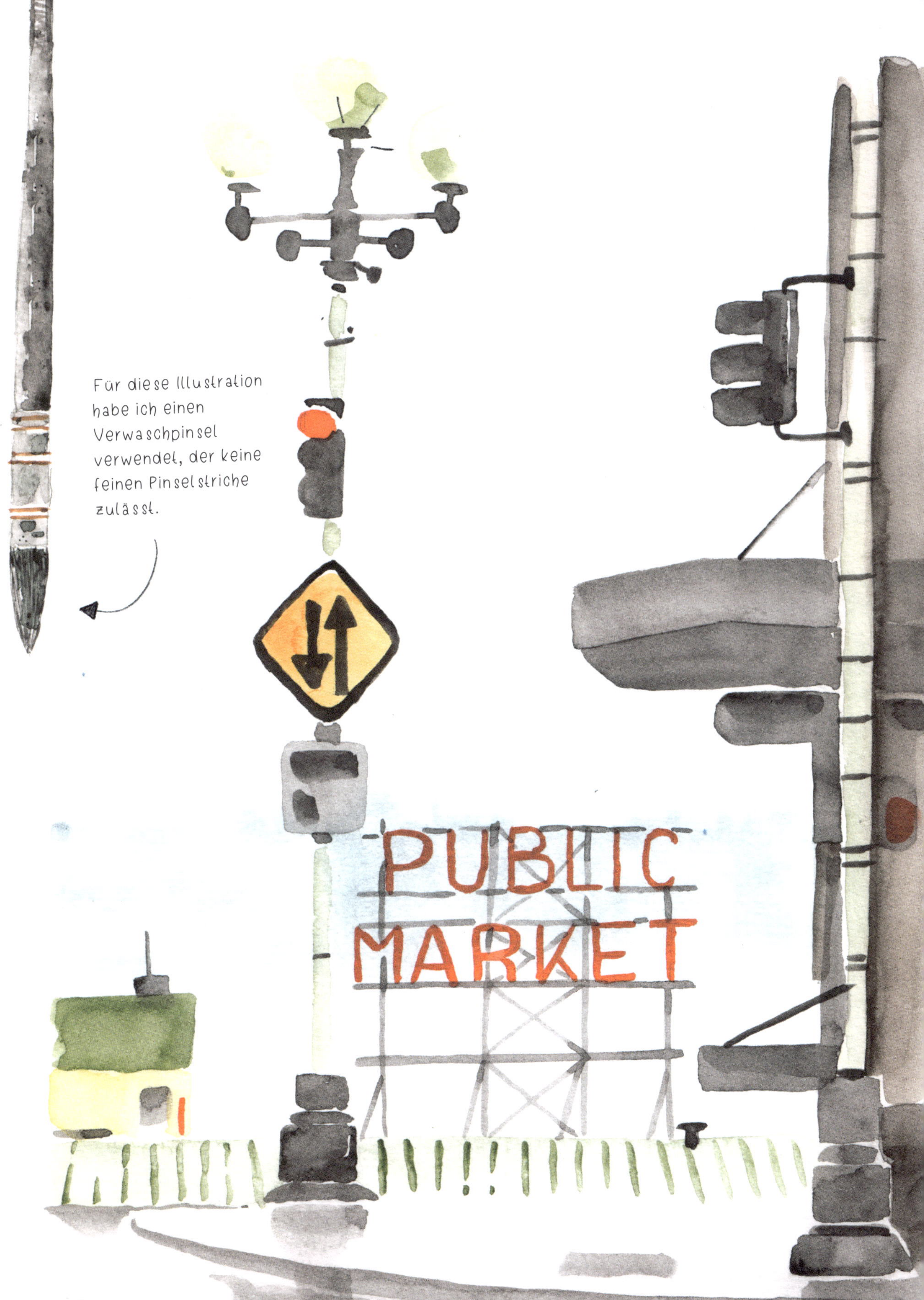

Für diese Illustration habe ich einen Verwaschpinsel verwendet, der keine feinen Pinselstriche zulässt.

Gedankenspiel

Gerade in der Vergangenheit haben Künstlerinnen und Künstler mit ihren Werken weitaus mehr bewirkt, als nur einen Raum damit zu schmücken. Vielmehr beeinflussten diese die Gesellschaft, denn meist waren die Werke sehr bedeutungsschwer. Um beispielsweise Gesellschaftskritik auszudrücken, haben einige bekannte Malerinnen und Maler Botschaften in ihren Gemälden versteckt. Mal mehr und mal weniger offensichtlich. Viele Gemälde regen also zum Nachdenken an, wobei es oft nicht ausbleibt, dass sie auch hier und da anecken.

Und das ist es auch, was Illustrationen so beliebt macht. Ob in Magazinen oder in der Werbung – mit einer Illustration lässt sich in nur einem Bild eine Aussage tätigen, die in einem Text vielleicht nie so prägnant rüberkommen könnte. Dazu kommt, dass Bilder von jedem Menschen unterschiedlich wahrgenommen werden. Je nach Herkunft oder sozialem Umfeld können Bilder unterschiedliche Reaktionen hervorrufen.

Diese Art der Kommunikation funktioniert am besten durch Übertreibung und eine unrealistische Darstellungsform – dann kannst du am besten auf deine Aussage aufmerksam machen.

Zwei Beispiele sind die beiden Illustrationen am unteren Seitenrand. Die Größenverhältnisse und Perspektiven der beiden Weltkugeln sind in keiner Weise realistisch. Und doch lässt sich die Botschaft so am besten und

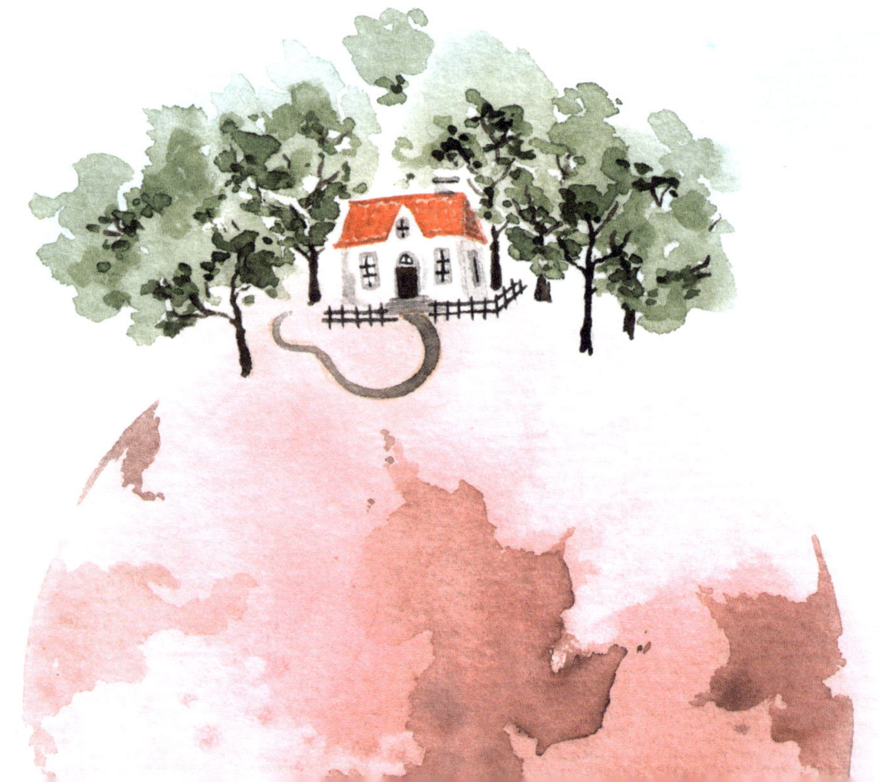

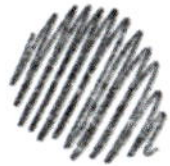

schnellsten transportieren. Durch die riesigen Wolkenkratzer wird die Situation überspitzt dargestellt. Und auch das kleine Haus mit den großen Bäumen bekommt mehr Bedeutung. Links: Individualität, Natur, Ruhe und Idylle. Rechts: Lärm, Anonymität, Beton und Chaos. Genauso gut könnten diese Bilder aber auch andere Gedanken auslösen. Links: Einsamkeit, Armut, Einseitigkeit und Langeweile. Rechts: Reichtum, Erfolg, Kommunikation und Erlebnis.

Du siehst also – es geht nicht immer darum, Dinge realistisch darzustellen. Im Gegenteil – deiner Kreativität sind keine Grenzen gesetzt. So musst du den Baum nicht grün malen oder den Himmel blau, nur weil das in der Natur möglicherweise so ist. Möchtest du mit deiner Illustration eine bestimmte Aussage unterstreichen, dann mach dich frei von allen Regeln und allem Gelernten.

Die Gebäude sind viel zu groß, und durch die schräge Anordnung wirkt es fast so, als platzt die Stadt aus allen Nähten.

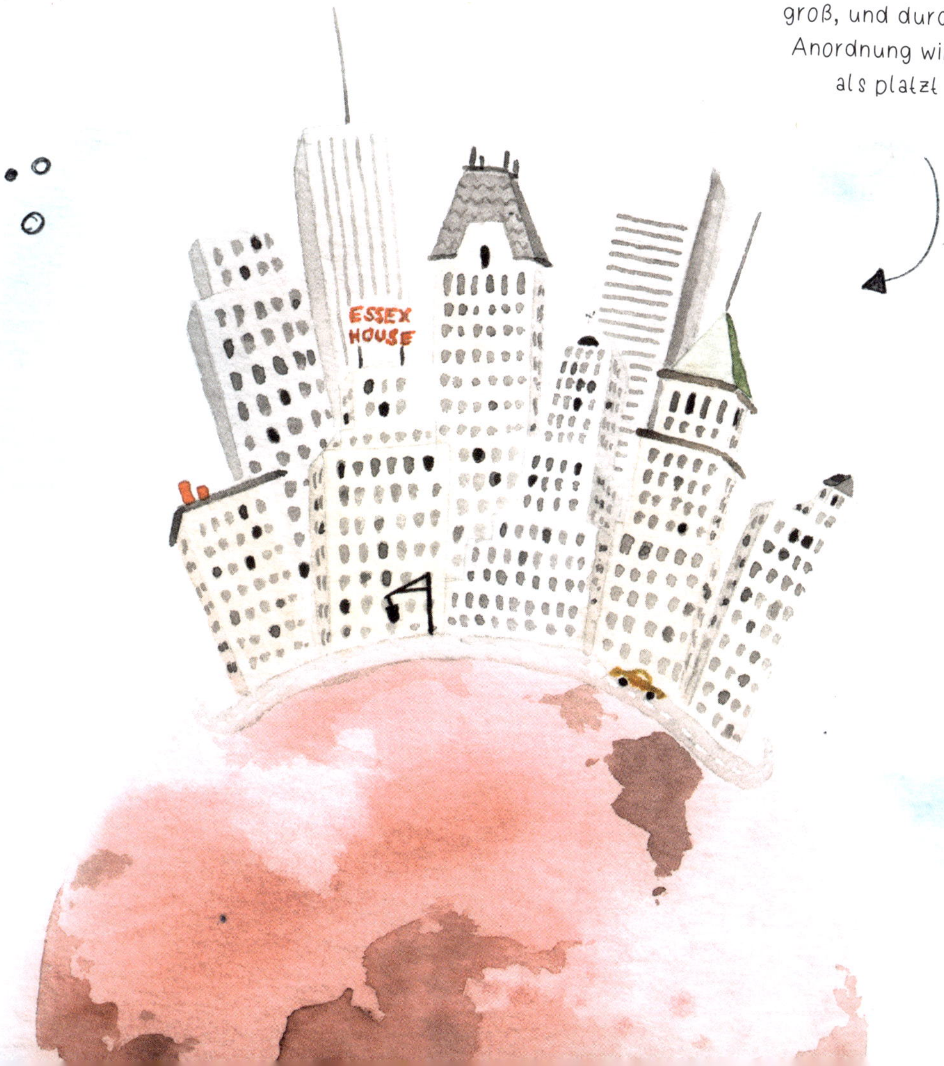

Tools kombinieren

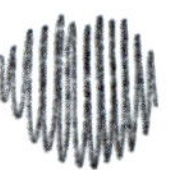

Eine direkte Verknüpfung zu einer Illustratorin oder einem Illustrator bekommt man oft auch durch das Medium. Nutzt diese oder dieser beispielsweise Aquarellfarben immer in Kombination mit Bleistift, so definieren diese Materialien unter anderem den individuellen Stil. Verschiedene Farben oder Stifte verhalten sich immer unterschiedlich und beeinflussen daher deine Bilder enorm. Sie erzielen auch immer eine andere Wirkung. Das Malen mit Aquarell zum Beispiel wirkt immer sehr leicht und sorgenfrei, wohingegen Ölfarben meist etwas Schweres an sich haben. Grafit-Zeichnungen sind oft sehr detailliert und exakt – Acryl hingegen wird häufig für abstraktere Bilder verwendet. Du siehst also – schon durch die Wahl des Mediums verleihst du deinem Stil einen bestimmten Charakter.

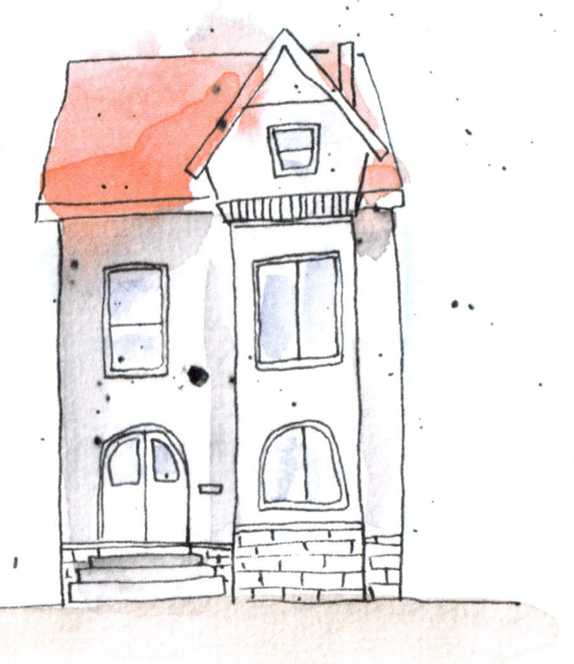

Je nachdem, welche Wirkung du dir wünschst, kannst du deine Bilder ausschließlich mit dem Medium erstellen, das dir am meisten zusagt. Eine weitere Möglichkeit ist, verschiedene Farben und Stifte zu kombinieren, um deinen Stil einzigartiger zu machen. Ich persönlich liebe die Kombination aus Aquarell und Bleistift. Die skizzenhafte Anmutung, verfeinert mit den transparenten Farben, gibt der Illustration etwas Spontanes und Unfertiges. Es wirkt dann fast so, als wäre das Bild noch gar nicht vollendet, und man fühlt sich so, als wäre man Teil des Prozesses.

Eine sehr beliebte Kombination ist auch das Zusammenspiel von Tinte und Aquarell. Ob Füller oder Fineliner – die dunklen, unregelmäßigen Konturen rahmen die zarten Aquarellfarben perfekt ein. Wichtig dabei ist nur, dass die Tinte wasserfest ist, da die schwarzen Linien sonst verlaufen.

Aquarellfarben lassen sich nicht nur mit anderen physischen Materialien kombinieren, sondern auch digital verschönern. So kannst du eine Illustration beispielsweise einscannen und sie in einem Bildbearbeitungsprogramm wie Photoshop mit grafischen Elementen kombinieren. Das können einfach nur bunte

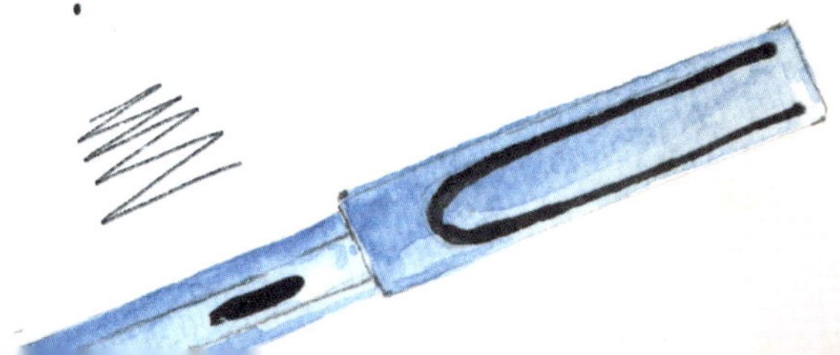

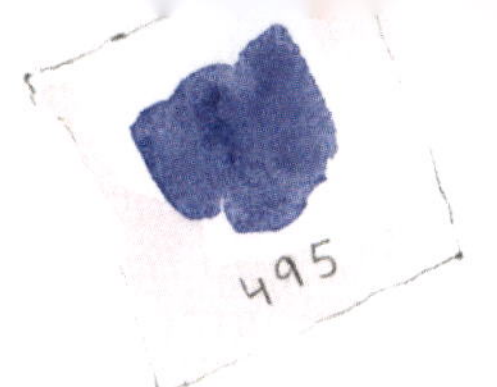

Flächen sein oder auch Texturen. Die grafische Anmutung bricht die leichte Aquarellstruktur auf, was der Illustration einen ganz eigenen Look verleiht.

Versuche doch mal, mit verschiedenen Tools zu spielen. Durch die Verwendung von verschiedenen Stiften und Farben öffnest du deinen kreativen Horizont. Plötzlich lassen sich Dinge anders darstellen und einfacher ausarbeiten. Oder du entdeckst deine Leidenschaft für Abstraktion. In jedem Fall kannst du dich durch solche Experimente weiterentwickeln und dein Auge schulen.

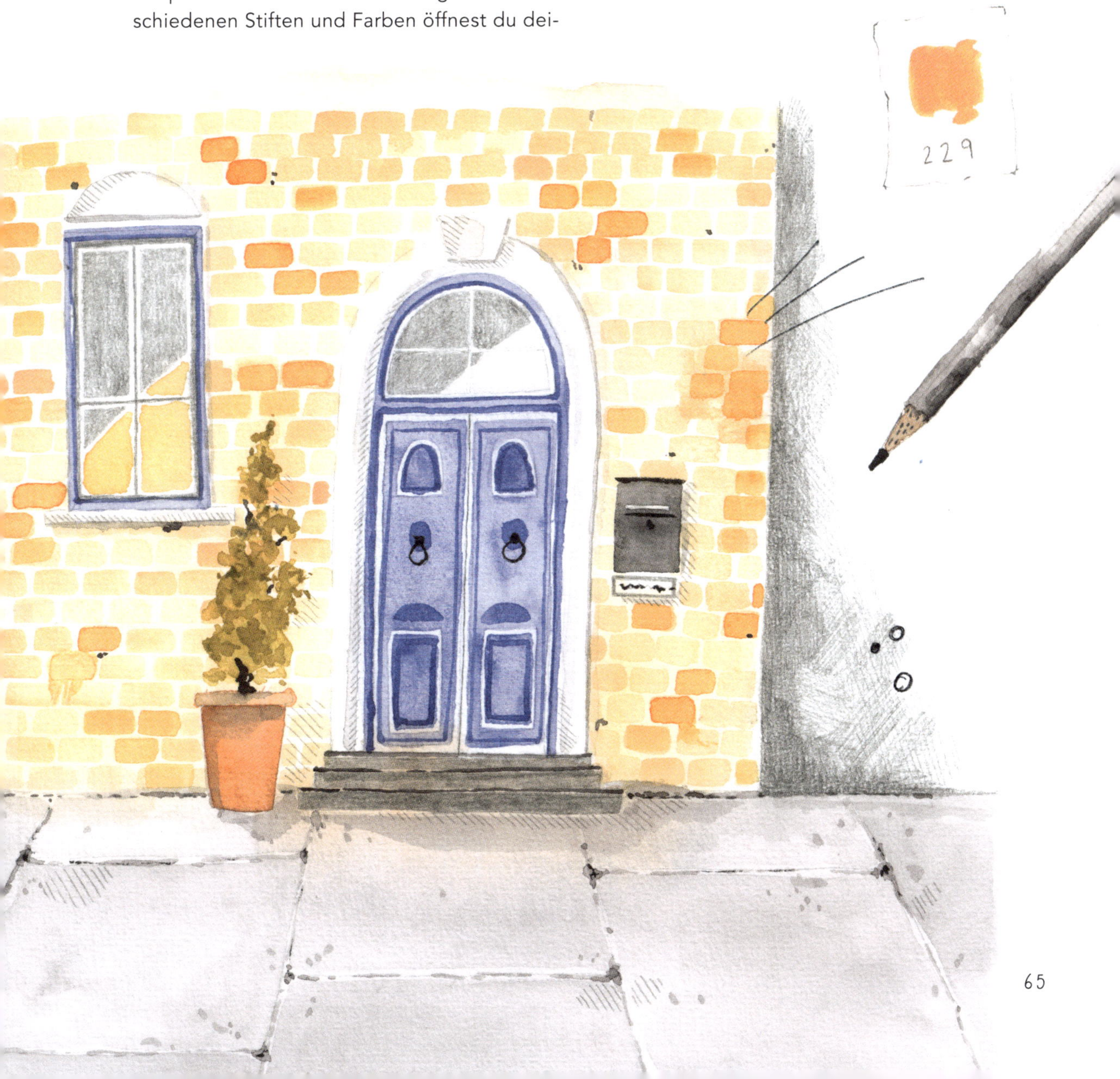

Die Beschriftungen auf den Produktschildern habe ich mit einem 0,05 Fineliner ergänzt.

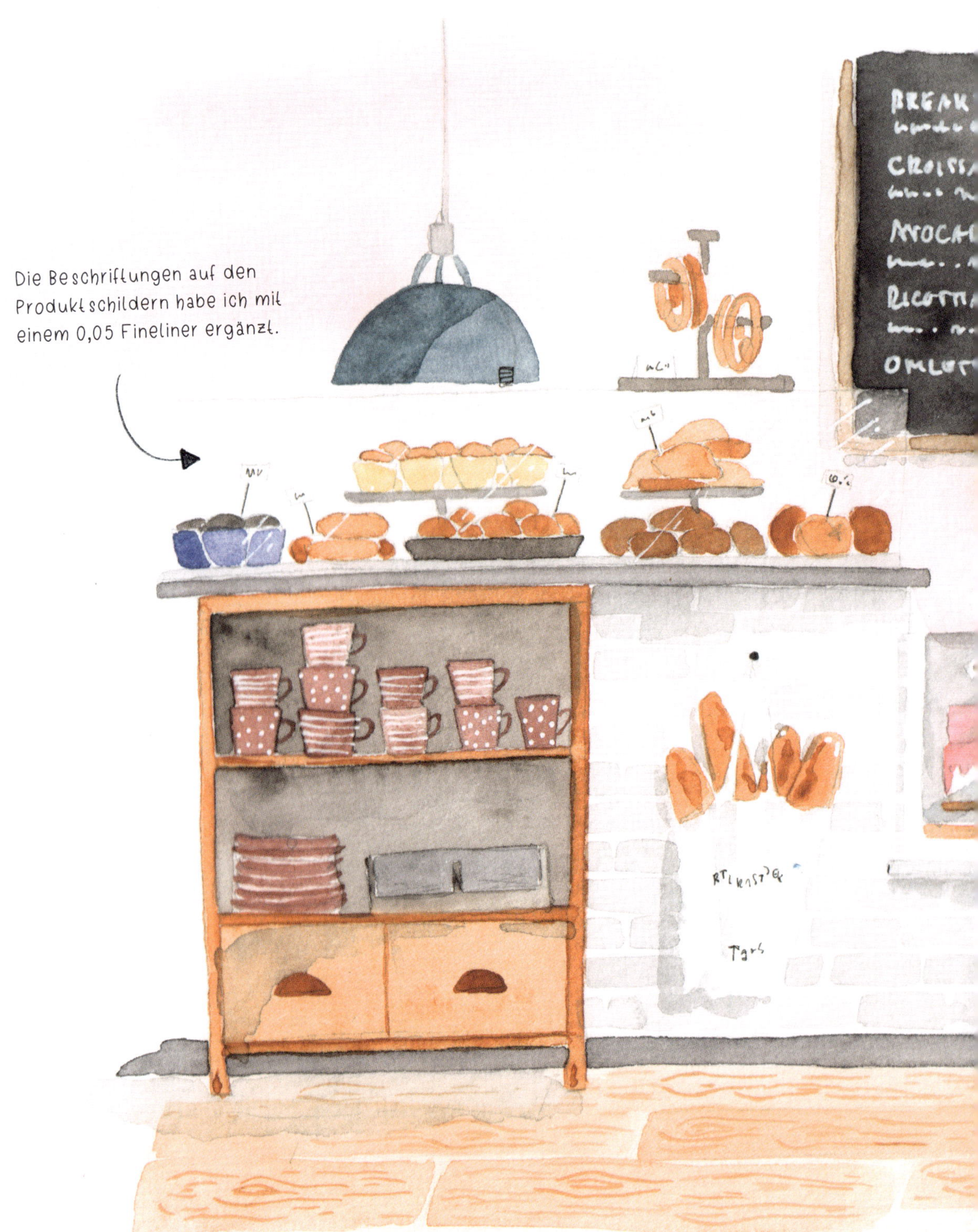

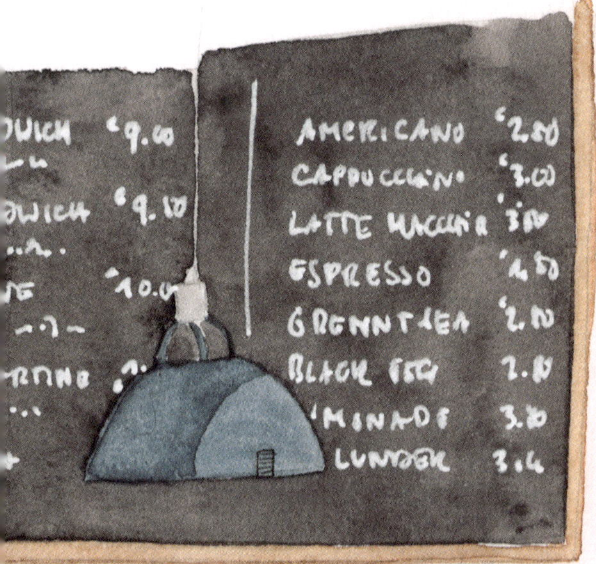

Die Schrift habe ich nachträglich mit einem weißen Gelstift hinzugefügt. Alternativ kannst du deine Illustration auch einscannen und die Tafel nachträglich digital ergänzen.

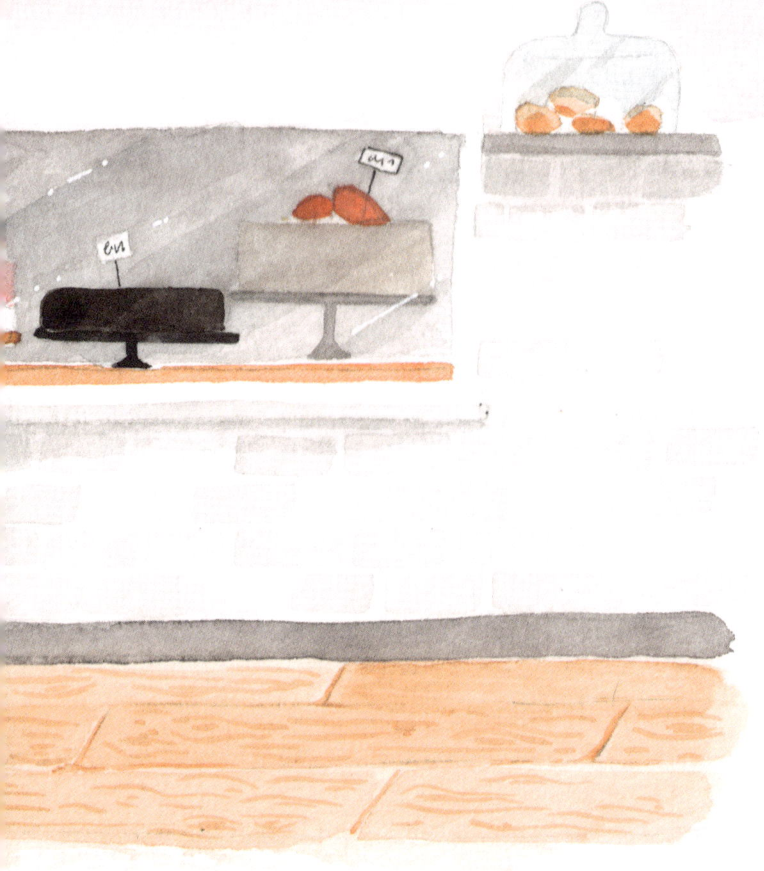

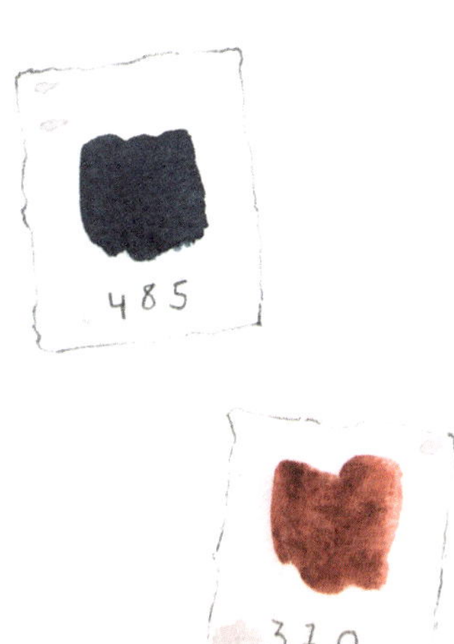

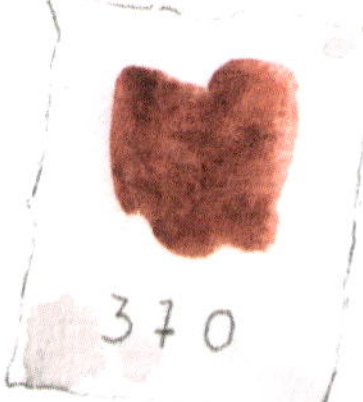

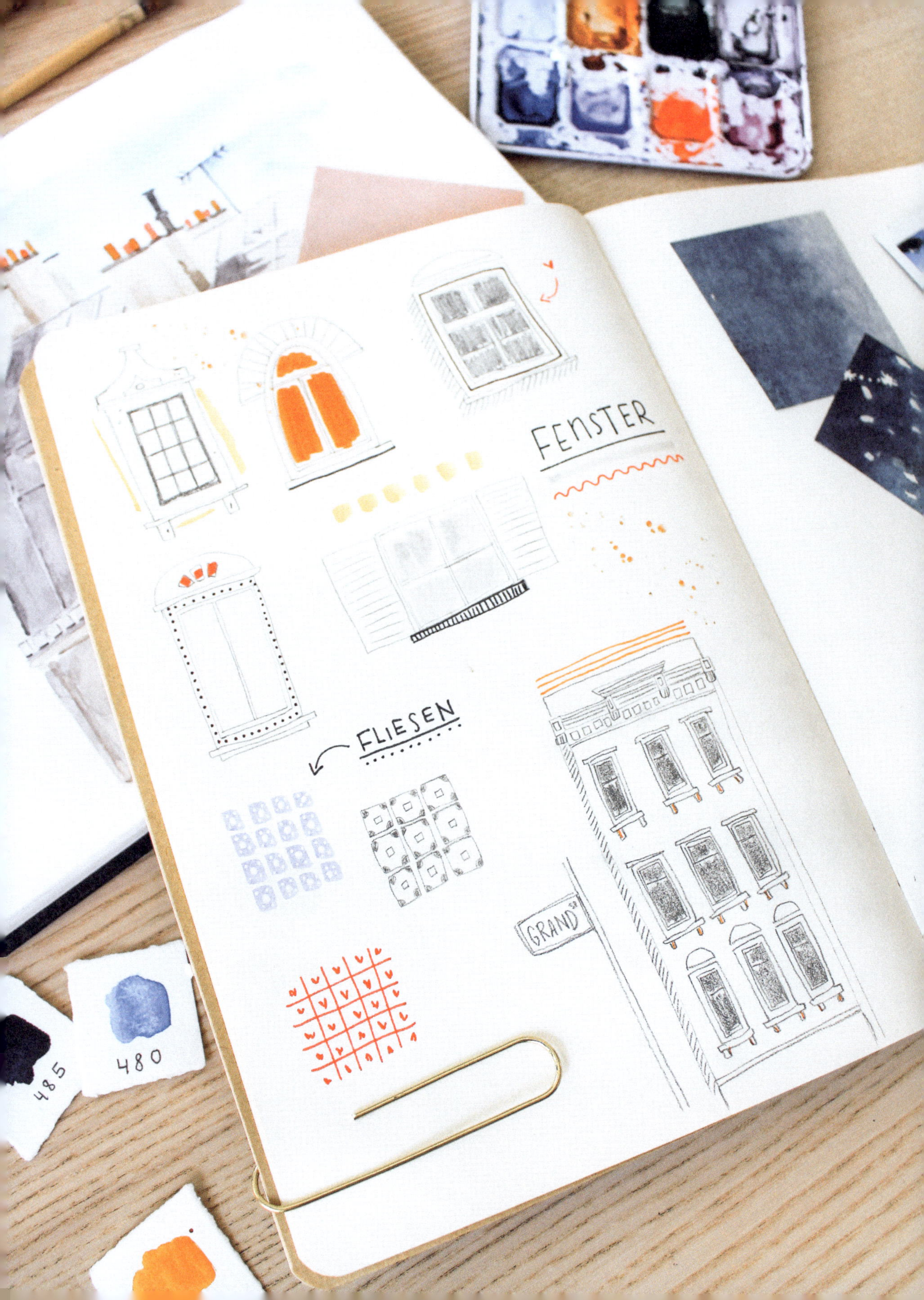
FENSTER
FLIESEN
GRAND ST
480
485

Inspirationen sammeln

Schon in der Vergangenheit haben sich Künstlerinnen und Künstler gegenseitig inspiriert, und so ist es bis heute. Wir können nur dann eigene Ideen entwickeln, wenn wir genug Input haben. Denn Kreativität bedeutet nichts anderes, als Gelerntes oder Gesehenes zu verarbeiten und in anderer Form wiederzugeben. Dabei geht es aber nicht nur darum, sich von anderen Künstlerinnen und Künstlern und deren Werken inspirieren zu lassen – Inspiration findest du überall.

Für mich persönlich sind Reisen immer besonders anregend. Neue Orte zu sehen, besondere Menschen kennenzulernen oder einfach nur den Alltag umzuschmeißen, regt meine Gedanken direkt an. Wenn ich dann abends im Bett liege, habe ich das Gefühl, vor lauter Ideen zu platzen. Ein großer Fehler an dieser Stelle wäre dann, diese Gedanken nicht sofort festzuhalten. Gerade vor dem Schlafengehen sprudelt die Kreativität oft am stärksten. Deshalb habe ich ein Notizbuch neben meinem Bett liegen, in das ich meine Ideen und Skizzen eintrage. Mir ist es nämlich schon oft passiert, dass ich mich am nächsten Morgen an nichts mehr erinnert habe.

Ganz allgemein ist es hilfreich für die Kreativität und Ideenfindung, Eindrücke und Inspirationen festzuhalten – ob Skizzen, Fotos, Farbkonstellationen, Songtexte oder ein Stück aus der Natur. Siehst du beim Spaziergang mit deinem Hund ein paar schöne Häuser – mach ein Foto davon. Gefällt dir die Farbkombination auf der Tapete in deinem Lieblingscafé – male dir die Farbe auf. Am besten achtest du dabei nicht darauf, dass dein Notizbuch am Schluss besonders schön aussieht. Das hindert dich nämlich eher daran, Ideen schnell festzuhalten. Einfach alles wild nebeneinanderkleben und -malen – und vorher nicht zu viel darüber nachdenken. Wenn du dann mal an deinem Schreibtisch sitzt und nicht weißt, was du zeichnen möchtest, hilft ein kurzer Blick in dieses Buch, um deine Ideen wieder sprudeln zu lassen.

Zusätzlich zu einer analogen Ideensammlung habe ich außerdem ein paar Pinterest-Boards, auf denen ich Bilder speichere, die mich inspirieren. Gerade, wenn es um urbane Illustrationen geht, sind Fotos, an denen man sich orientieren kann, sehr hilfreich. Denn wenn ich ein paar typische Pariser Dächer malen möchte, kann ich schlecht mal schnell nach Frankreich fahren. Neben Fotos speichere ich mir auch gerne Illustrationen ab, die mir gefallen. Der Stil von anderen Künstlerinnen und Künstlern inspiriert mich sehr, und ich bekomme immer direkt Lust, selbst den Pinsel zu schwingen. Außerdem ist Pinterest eine gute Möglichkeit, um Farbpaletten zu recherchieren. Gibst du beispielsweise „Color Palette“ ein, dann kannst du dich durch unzählige tolle Farbkombinationen klicken.

Zuletzt habe ich noch einen Ordner auf meinem Handy, in dem ich alles festhalte, was ich unterwegs so entdecke. Sowohl Fotos, die ich mache, als auch Screenshots von Bildern auf Instagram oder anderen Plattformen. Für mich ist die Kombination aus einer digitalen und analogen Ideensammlung perfekt, denn sonst würden mir im schnelllebigen Alltag viele Gedanken verloren gehen.

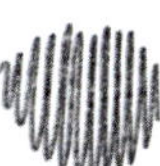

SURROUND YOURSELF WITH THINGS YOU LOVE – THEY WILL INSPIRE YOU.

»Henri Matisse«

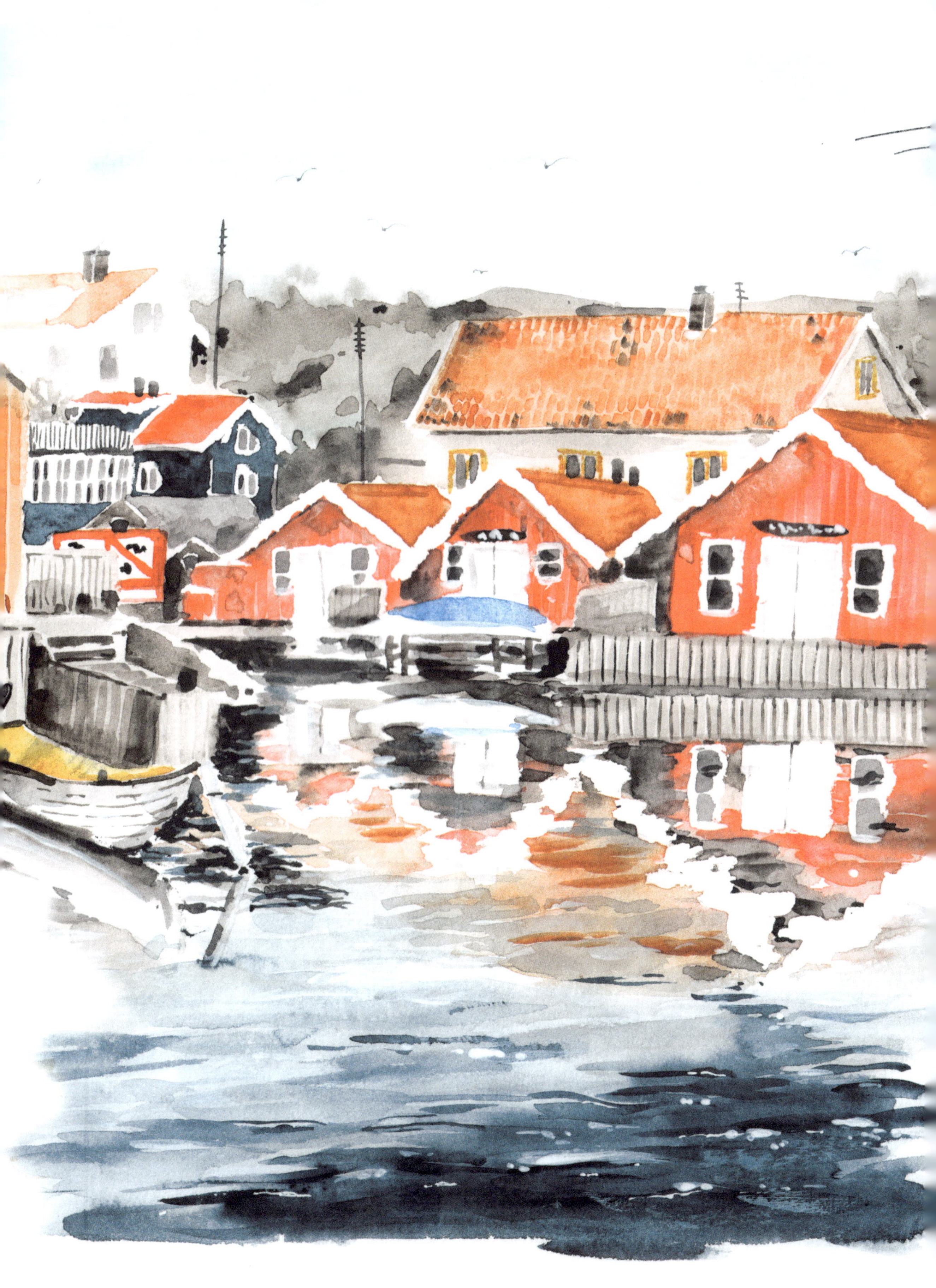

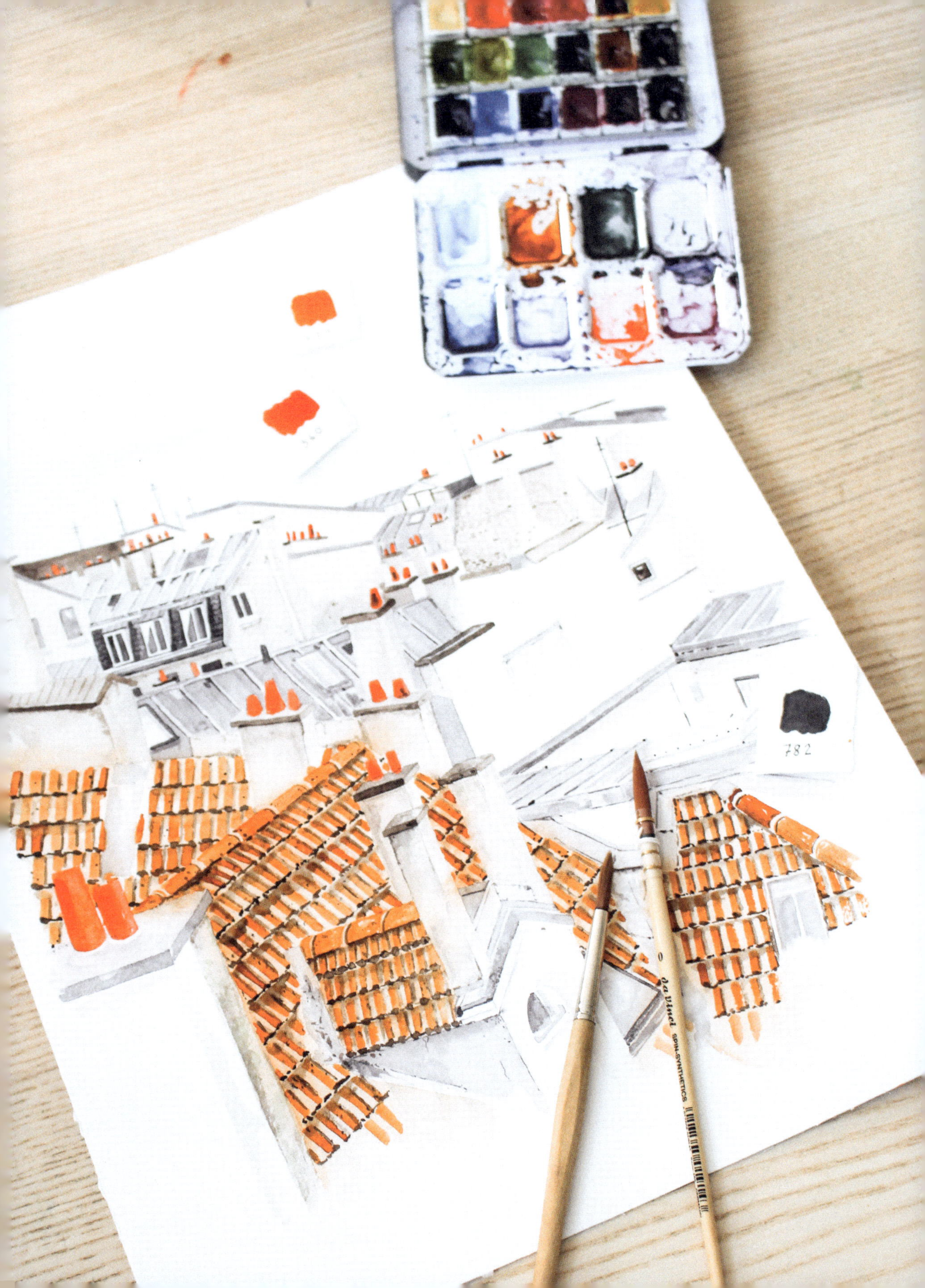
782
da Vinci SPIN-SYNTHETICS

Die Basics

Illustrationen von Gebäuden oder urbanen Umgebungen leben von Strukturen, Oberflächen und Texturen. Wenn man diese nicht beachtet, wirkt alles flach und eindimensional. Manche Oberflächen erscheinen sehr kompliziert und schrecken sicherlich viele Einsteigerinnen und Einsteiger ab, sich überhaupt an so etwas Umfangreiches heranzuwagen. Dabei gibt es für alles Tipps und Tricks, die das Darstellen von Hausfassaden, Dächern oder natürlichen Elementen leichter machen. Deshalb geht es auf den folgenden Seiten um das Illustrieren von Objekten, die im Bereich Urban Watercolor immer wieder auftauchen.

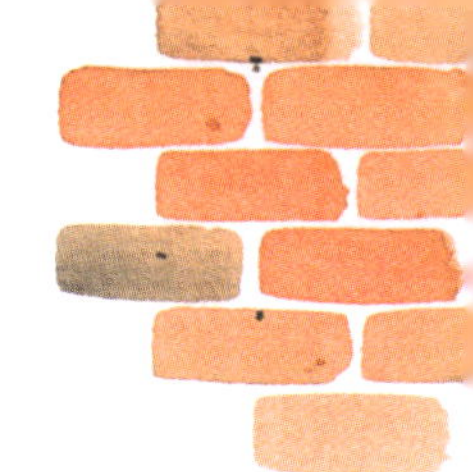

Fassaden

Hausfassaden unterscheiden sich meistens nicht nur in der Farbe, sondern auch in der Beschaffenheit. Neben glatt verputzten Wänden gibt es auch Klinkersteine, Holzvertäfelungen oder einfach alte, schmutzige Hauswände.

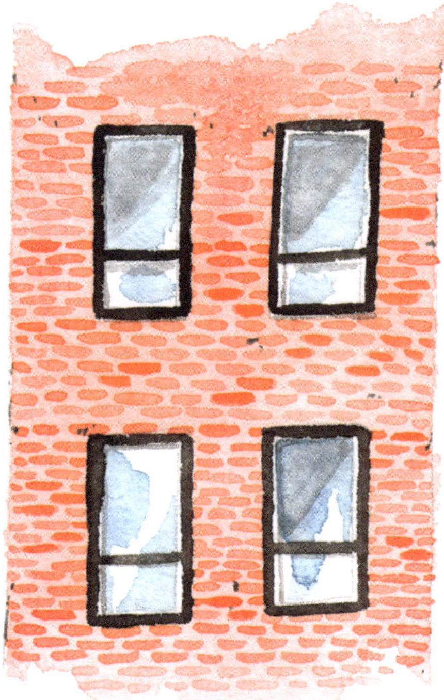

KLINKERSTEINE

Um eine Fassade aus Klinkersteinen darzustellen, bedarf es etwas Geduld. Bevor es an die einzelnen Steine geht, wird alles zunächst komplett in einem hellen Farbton grundiert. Nachdem diese Schicht getrocknet ist, kannst du nun mit einem etwas dünneren Pinsel die einzelnen Steine Reihe für Reihe anordnen. Wenn du dabei die Deckkraft der Steine variierst, erreichst du eine besonders natürliche Wirkung. Es ist nicht wichtig, dass die Steine millimetergenau angeordnet sind – vielmehr sollte das Gesamtbild stimmig sein. Je nach Größe des Hauses kannst du dafür auch einen kleinen Breitpinsel nehmen – so werden die Steine richtig schön rechteckig. Für kleinere Gebäude nutze ich einfach einen feinen Rundpinsel, um die einzelnen Steine anzudeuten.

HELLE STEINFASSADE

Auch helle Steinfassaden lassen sich gut darstellen. Da die Steine dabei weiß bleiben sollen, zeichnest du nicht die Steine an sich, sondern die Fugen. Nutze dafür am besten ein dunkles Braun oder Schwarz. Auch hier macht es Sinn, in zwei Etappen zu arbeiten: Beginne mit einem mittelstarken Farbton und fahre die Fugen unregelmäßig mit dem Pinsel nach. Unregelmäßig bedeutet dabei,

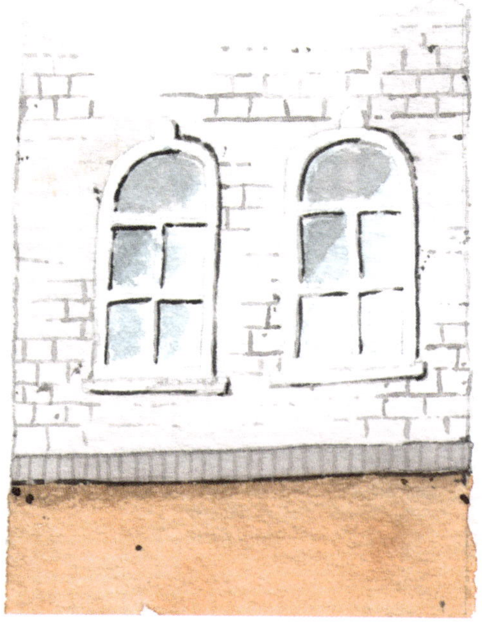

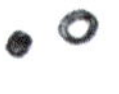

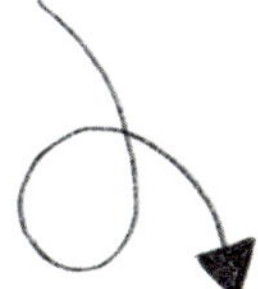

dass du hier und da den Druck auf den Pinsel variierst. Dadurch entstehen Linien, die unterschiedlich dick sind, was einer realistischen Darstellung nahekommt. Im zweiten Schritt kannst du mit einem sehr feinen Pinsel einige Stellen in den Fugen mit richtig dunkler Farbe hervorheben. Weniger ist dabei mehr – je nach Motiv reichen auch nur ein paar Flecken hier und da. Durch diese dunklen Stellen wird der Kontrast zur weißen Wand größer und das Haus wirkt dreidimensionaler.

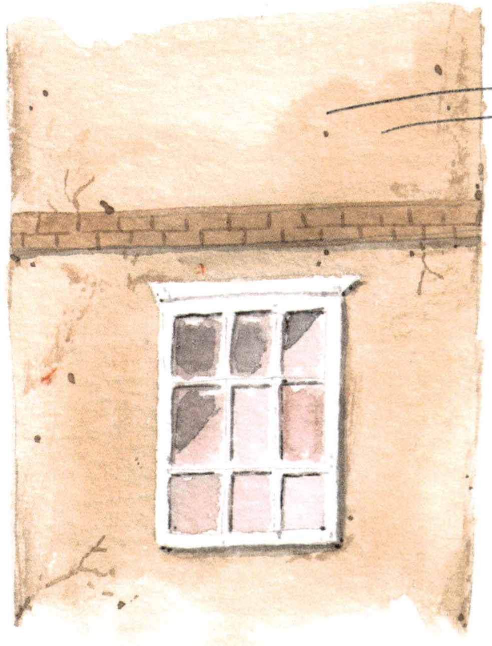

ALTE, SCHMUTZIGE WÄNDE

Um eine alte Hausfassade zu imitieren, gibt es ein paar einfache Tipps. Male zuerst die Wand in einer Farbe aus. Die Wand kann ruhig etwas unregelmäßig gefärbt sein – so verleihst du ihr direkt ein paar hellere und dunklere Stellen. Lasse die Farbe gut trocknen, bevor du weitermachst. Dann kannst du dir die „Trockener Pinsel"-Technik zunutze machen. Dafür nimmst du zunächst einen dunkleren Farbton mit dem Pinsel auf, den du anschließend an einem Küchentuch oder Schmierpapier leicht abtupfst. Wenn der Pinsel relativ trocken ist, kannst du mit der restlichen Farbe im Pinsel über einige Stellen auf der Hauswand fahren. Dabei sollten dunkle Schlieren entstehen, die an Dreck erinnern. Probiere diese Technik immer zuerst auf einem Schmierpapier aus. So kannst du besser feststellen, ob der Pinsel trocken genug ist.

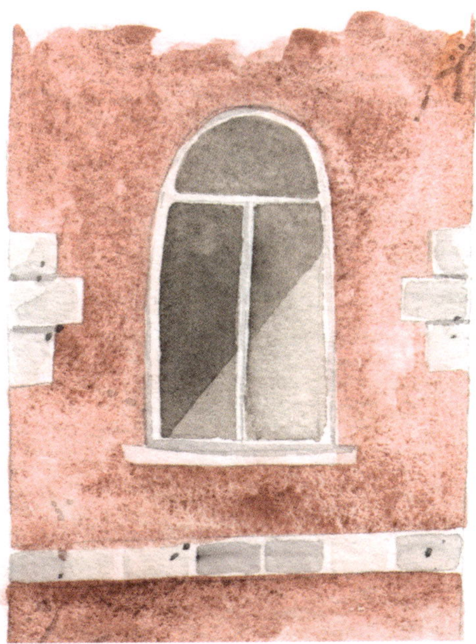

Neben den dreckigen Stellen kannst du mit einem sehr feinen Pinsel zudem dünne Risse simulieren. Diese sollten am besten immer von einer Ecke oder Kante des Hauses ausgehen und langsam auslaufen. Achte dabei darauf, dass diese Linien nicht zu dunkel sind, sonst wirkt das Ganze schnell unrealistisch.

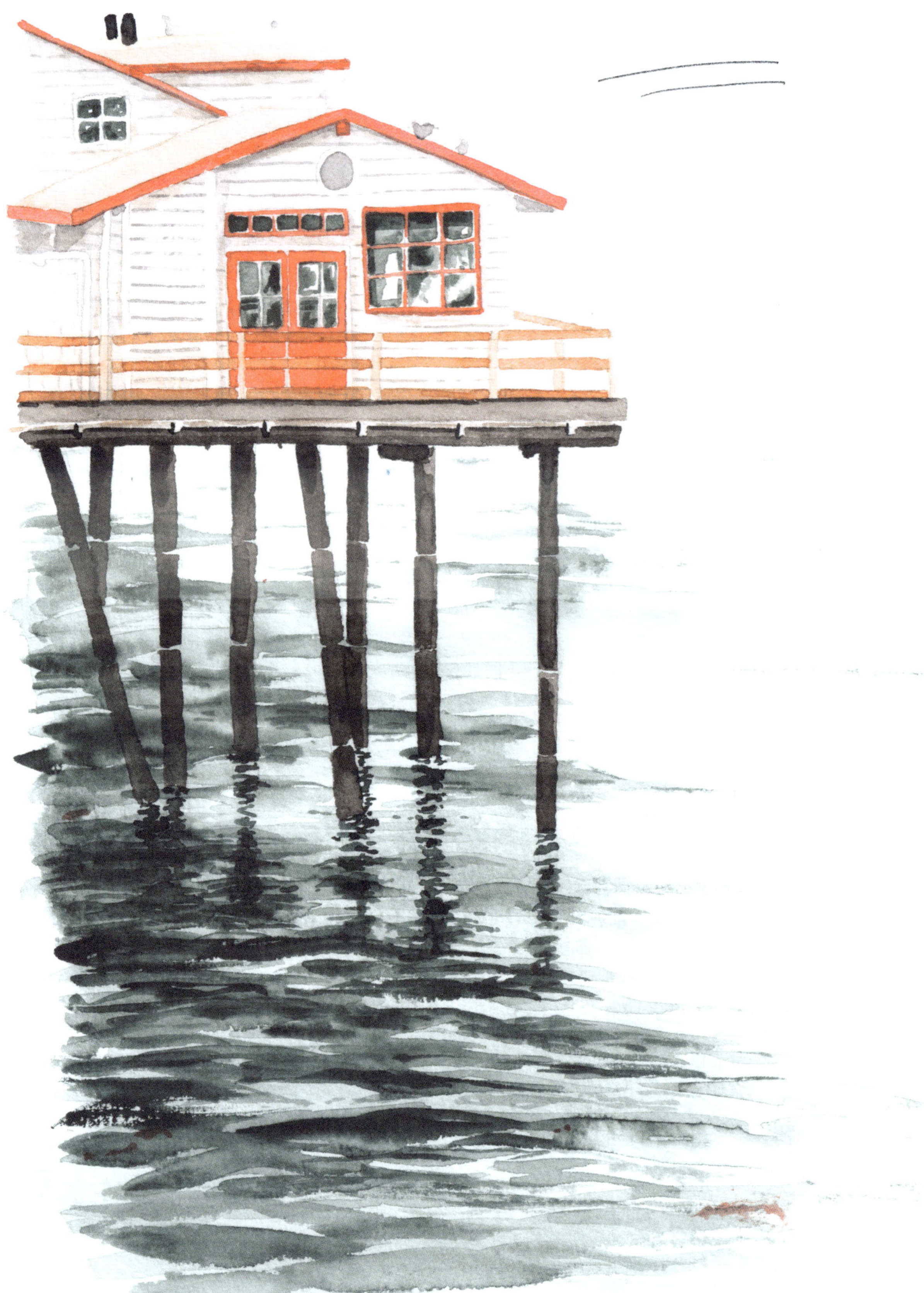

HOLZVERKLEIDUNGEN

Um Holzpaneele darzustellen, geht man ähnlich vor wie bei den Klinkersteinen. Zunächst grundierst du auch hier die ganze Fläche der Fassade mit einem hellen Ton. Wenn alles gut getrocknet ist, kannst du darauf mit einem Breitpinsel schmale, parallele Balken ziehen. Auch diese können ruhig hier und da etwas dunkler sein. Achte darauf, dass diese Striche wirklich parallel verlaufen. Als Hilfestellung kannst du dir die Balken mit Bleistift vorzeichnen. Wenn auch diese Schicht trocken ist, kannst du zuletzt die Fugen zwischen den Balken andeuten. Schnapp dir dafür einen feinen Rundpinsel und male mit einem dunkleren Ton einige dünnen Striche zwischen die einzelnen Bretter.

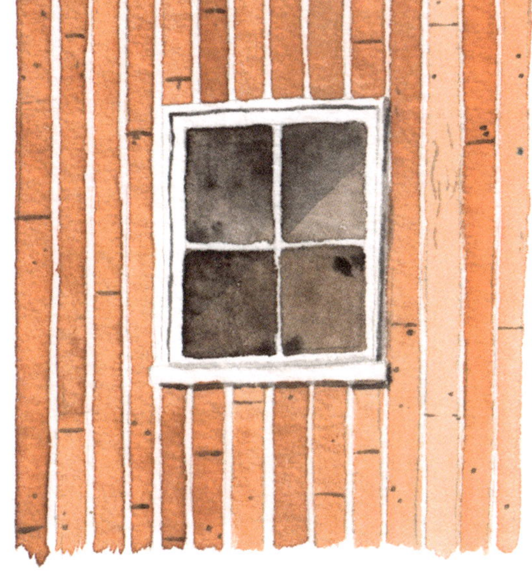

Je nach Größe des Motivs kann eine leichte Holzstruktur zusätzliche Spannung in dein Bild zaubern. Hierbei ist es allerdings wichtig, nur sehr leichte Strukturen einzuzeichnen, da das Muster auf dem Holz sonst schnell unrealistisch aussieht. Arbeite daher mit einem hellen Farbton und male eine grobe Holzstruktur auf die einzelnen Bretter.

Oft reichen nur wenige Striche und ein paar Punkte hier und da, um Holzbretter anzudeuten.

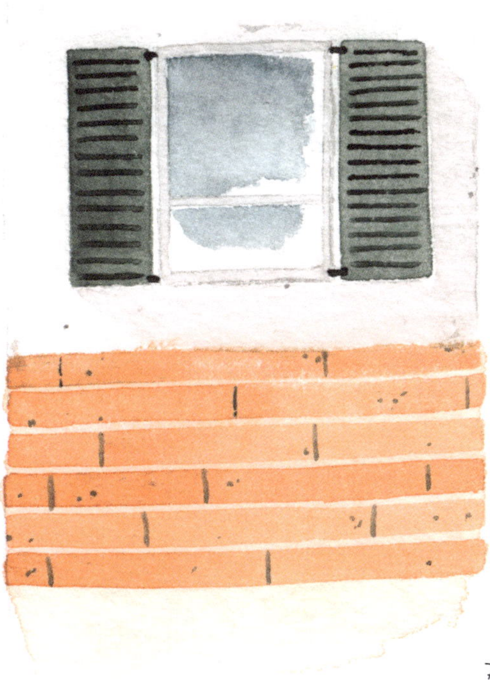

Dächer

Dächer wirken auf den ersten Blick oft ziemlich komplex. Dabei ist es lediglich wichtig, die Grundmerkmale zu übernehmen und sich an die richtige Perspektive zu halten.

Wie exakt man die Dächer darstellt, hängt von der Größe ab. Möchte ich eine ganze Stadt mit vielen kleinen Häusern malen, so werden die Dächer nur schemenhaft ausgeführt.

Dachpfannen lassen sich in einer kleinen Größe ganz einfach illustrieren. Dafür malst du das gesamte Dach zunächst aus. Wenn die Farbe getrocknet ist, kannst du mit einem feinen Rundpinsel ein Muster ergänzen, was an die Struktur von Dachpfannen erinnert. Diese Struktur muss dabei gar nicht exakt aufgemalt werden. Oft sieht es sogar realistischer aus, wenn du hier und da mit dem Pinsel abhebst und die Linien unterbrichst.

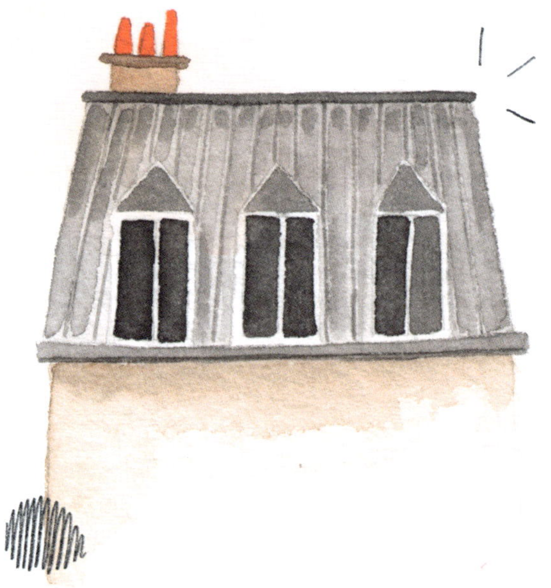

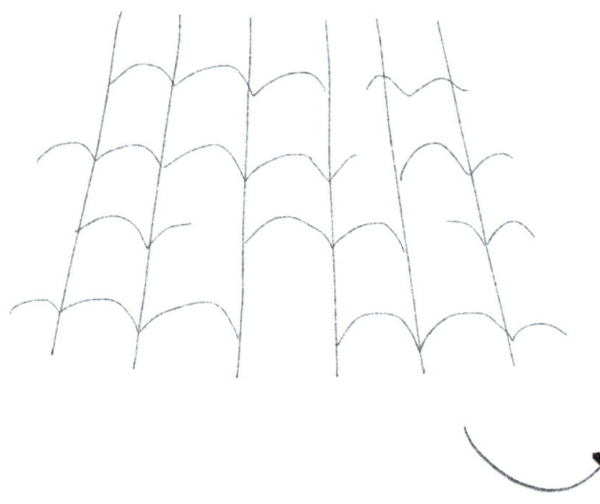

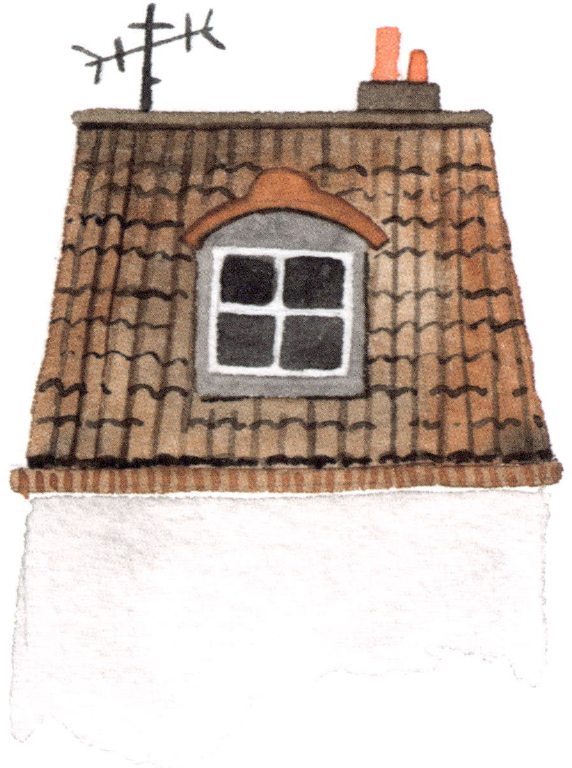

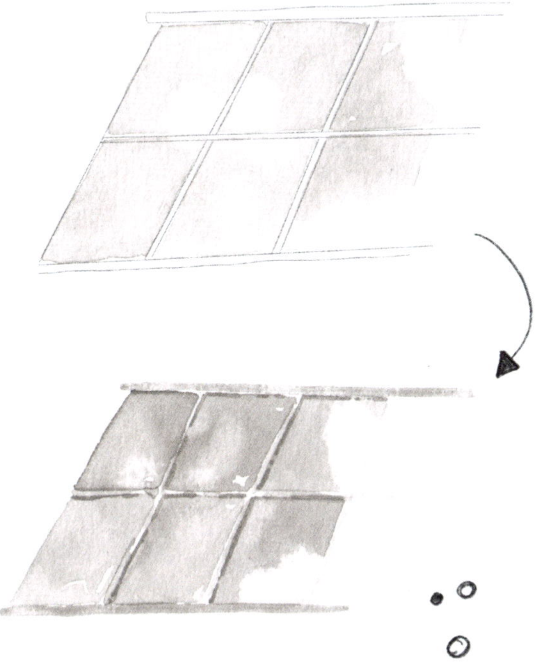

Sobald du ein Motiv von Nahem illustrieren möchtest, solltest du dich intensiver mit dessen Struktur beschäftigen. Lass dich dabei nicht verunsichern, sondern versuche einfach, Schritt für Schritt vorzugehen. Um ein Dach mit Blechpaneelen detaillierter darzustellen, beginnst du mit einer genauen Vorzeichnung. Schnapp dir dafür einen Bleistift und zeichne die Struktur des Daches genau ein. Daraufhin kannst du mit einem sehr hellen Grauton die einzelnen Bleche ausmalen. Während alles noch nass ist, kannst du mit einem Tuch hier und da etwas Farbe abtupfen. So entsteht eine unregelmäßige Oberfläche, auf der auch Lichtreflexe zu erkennen sind. Versuche, zwischen den einzelnen Paneelen etwas Platz zu lassen. Diese Zwischenräume sollen später nämlich die Übergänge darstellen, die nach oben abstehen. Um diesen Effekt zu erzielen, kannst du mit einem feinen Pinsel dünne Schatten neben die Lücken setzen. Diese sollten natürlich bei jedem Blechstück an derselben Seite liegen. Kommt die Sonne von links, so platzierst du den Schatten auf der rechten Seite. Bei Licht von rechts kommen die Schatten auf die andere Seite. Um dem Dach noch mehr Textur zu geben, kannst du hier und da mit einem relativ trockenen Pinsel einige Flecken hinzufügen, die an Schmutz erinnern sollen.

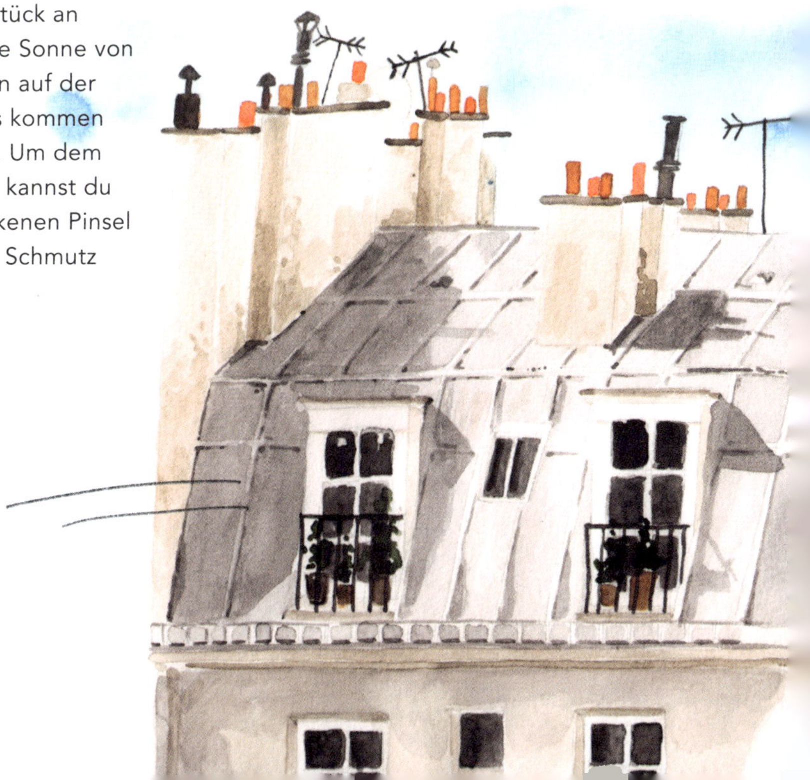

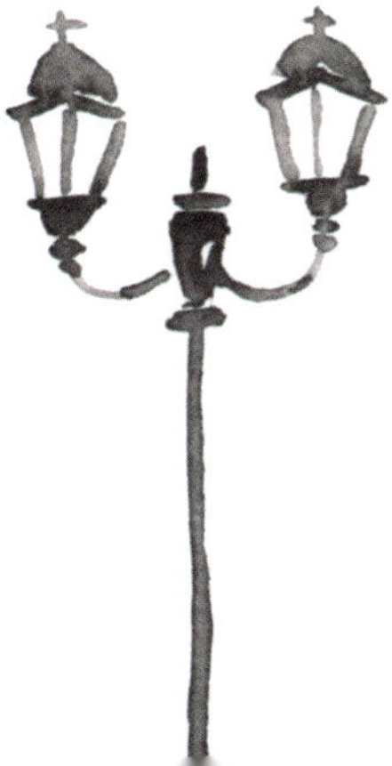

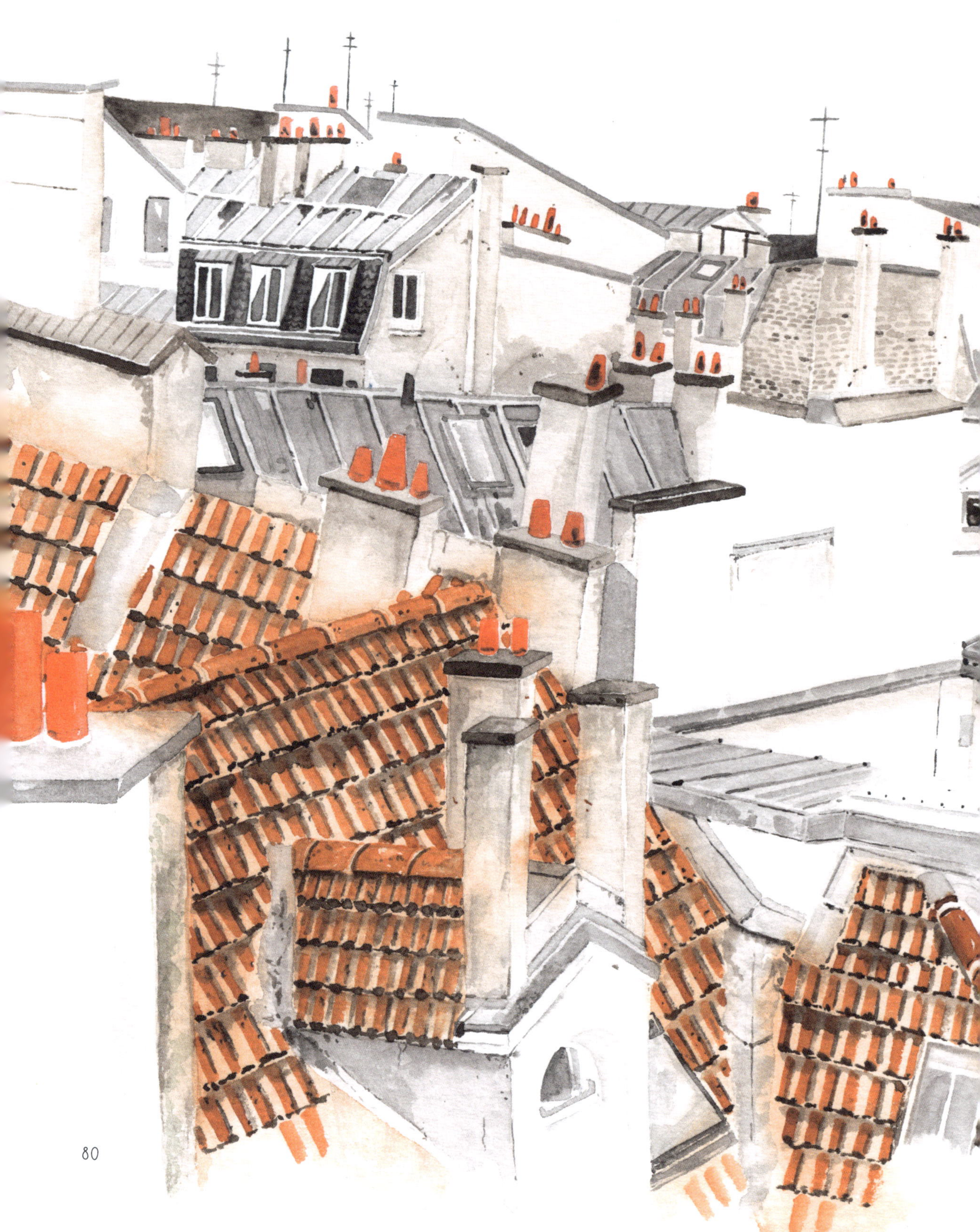

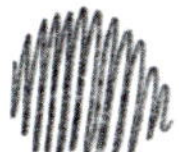

Einen sehr komplexen Aufbau haben typische Dachpfannen. Wenn man diese eins zu eins realistisch darstellen möchte, dann wäre man wahrscheinlich Wochen beschäftigt. Deshalb brechen wir diese Struktur in ihre wichtigsten Bestandteile auf. Beginne zunächst, mit Bleistift gleichmäßige horizontale Linien einzuzeichnen, um die einzelnen Reihen voneinander abzugrenzen. Grundiere danach das gesamte Dach in einem hellen Farbton. Anschließend mischst du dir einen etwas dunkleren Ton an. Mit diesem setzt du nun in gleichmäßigem Abstand parallele Balken, die im besten Fall auch immer im gleichen Winkel zueinander stehen. Danach fügst du jeweils an einer Seite der Balken einen dunklen Schatten hinzu. Auf welcher Seite der Schatten ist, hängt davon ab, von welcher Seite das Licht kommt. Was jetzt noch fehlt, ist der Schatten unter den Dachpfannen. Dafür kannst du an der unteren Kante der Pfannen eine Linie ziehen. Sollten die Dachpfannen gewellt sein, so sollte diese Linie unregelmäßig und hügelig sein. Wenn die Pfannen hingegen flach aufeinander aufliegen, so sollte der Schatten nur aus einer feinen geraden Linie bestehen.

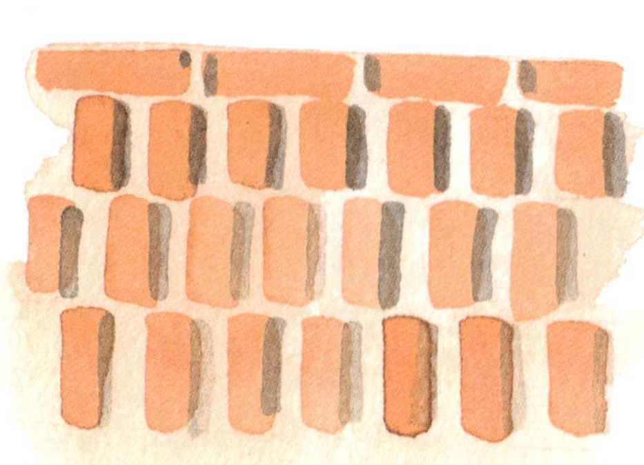

Und schon steht die Grundstruktur. Um dem Ganzen einen noch realistischeren Look zu verleihen, kannst du auch hier mithilfe der „Trockener Pinsel"-Technik ein bisschen Schmutz auftragen. Außerdem sind kleine unregelmäßige Punkte immer gut geeignet, um Makel wie Löcher oder Verfärbungen an den Dachpfannen darzustellen.

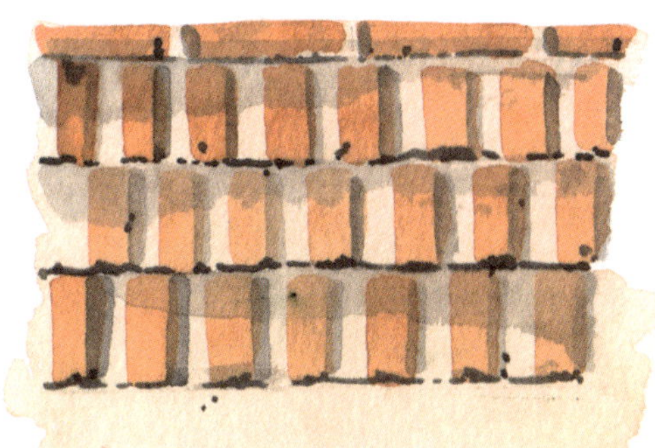

Fenster und Spiegelungen

Eine große Herausforderung in der Aquarellmalerei sind Spiegelungen auf glatten und durchsichtigen Oberflächen. Gerade bei urbanen Motiven finden wir quasi in jedem Fenster eine Spiegelung. Ignorieren wir diese komplett, so wirkt unser Bild am Schluss eindimensional und unlebendig. Allerdings lassen sich Spiegelungen nur schwer darstellen, da man oft kaum erkennen kann, was sich genau in der Scheibe spiegelt. Meist sind das nämlich undefinierbare Flecken. Deshalb sollte man bei den Spiegelungen so abstrakt wie möglich arbeiten.

Bei kleineren Fenstern bzw. Fenstern in weiterer Ferne reichen oft wenige Flecken aus, um eine Spiegelung anzudeuten. Dafür male ich die Fensterscheibe zunächst in einem Farbton aus. Nachdem diese Schicht getrocknet ist, gehe ich mit einem dunkleren Ton hinterher und streiche mit dem Pinsel nur einmal unregelmäßig über die Scheibe, indem ich den Druck auf den Pinsel leicht variiere. Die Formen, die dabei entstehen, sind zufällig und suggerieren der Betrachterin bzw. dem Betrachter, dass die Oberfläche lichtdurchlässig und spiegelnd ist.

Möchte ich hingegen ein Fenster von Nahem zeigen, so muss ich etwas genauer auf die Spiegelung eingehen. Wenn ich eine Fotovorlage als Referenz habe, dann versuche ich, die Spiegelungen schemenhaft nachzumalen. Das bedeutet, ich übernehme die Formen und Farben der Spiegelung und tupfe diese mit dem Pinsel ganz grob nach. Achte dabei darauf, dass du dich nicht darin verlierst. Am besten funktioniert es, wenn du mit einem größeren Pinsel arbeitest, damit die Formen nicht zu kleinteilig werden. Eine ganz abstrakte Darstellung reicht aus, um eine lebendige Umgebung zu suggerieren, die sich in dem Fenster spiegelt.

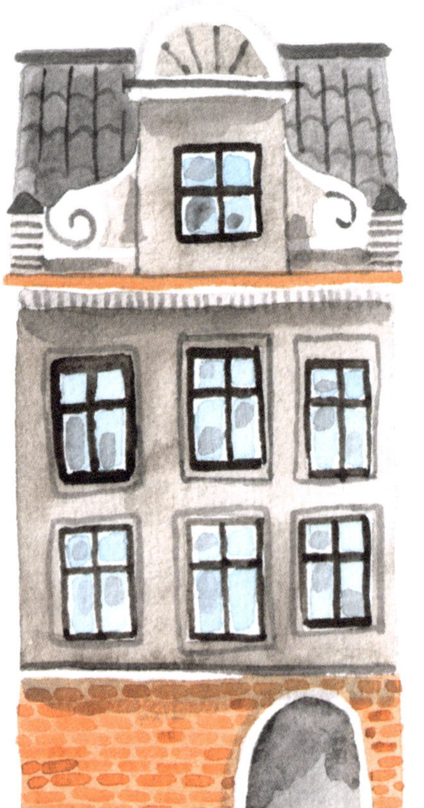

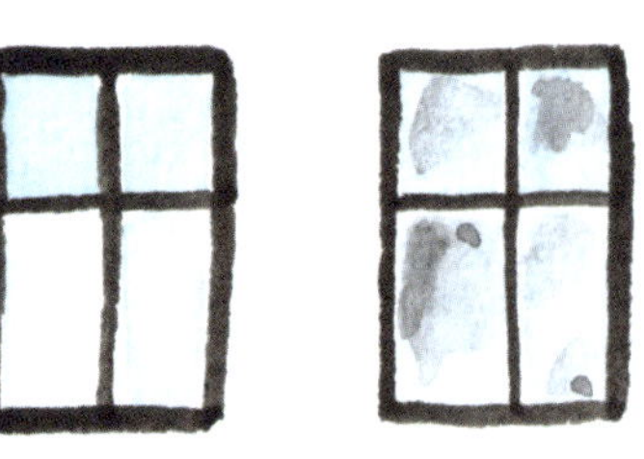

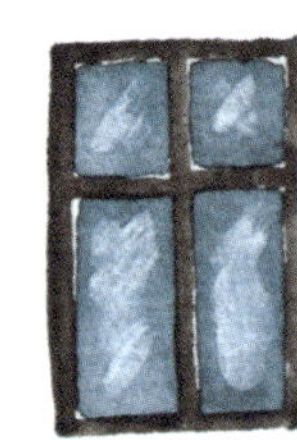

Solltest du die Fensterscheiben sehr dunkel gemalt haben, so kannst du alternativ helle Lichtreflexe mit einem weißen Gelstift hinzufügen.

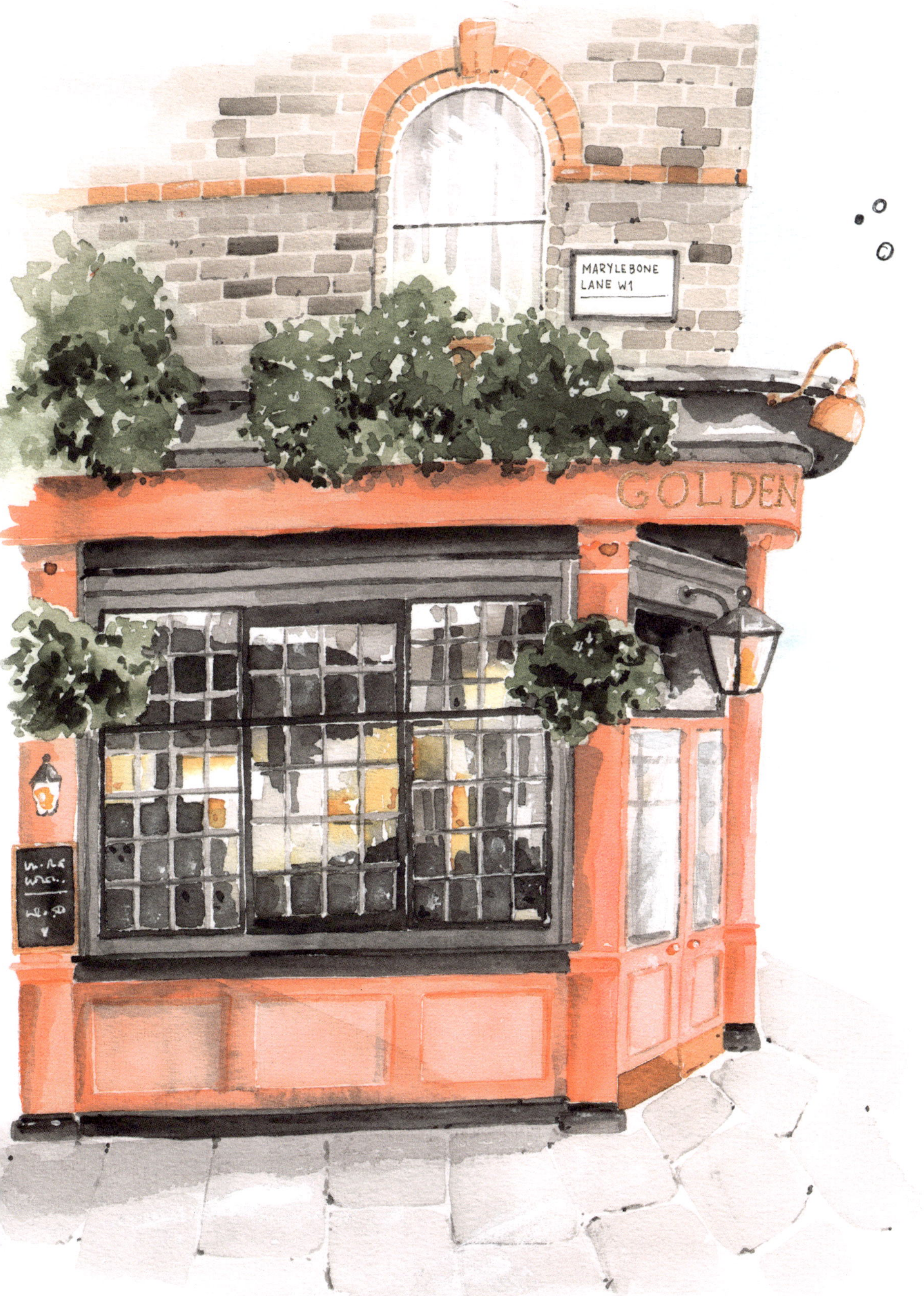
MARYLEBONE
LANE W1
GOLDEN

Menschen und Proportionslehre

Das Zeichnen von menschlichen Körpern gehört für mich zu den größten Herausforderungen. Irgendwie stimmt immer irgendetwas nicht und nur kleine Fehler machen die Figur direkt unrealistisch. Wenn es um Urban Watercolor geht, dann kommt man allerdings nicht drum herum, auch mal Menschen zu zeichnen. So wirkt beispielsweise ein leeres Café nicht halb so authentisch wie ein gut besuchtes. Da diese Personen allerdings nur sehr klein dargestellt werden müssen, ist es gar nicht so kompliziert.

Hier reicht es eigentlich aus, die grobe Struktur eines menschlichen Körpers einzuhalten – also die richtigen Proportionen zu beachten. Dafür ist der sogenannte Griechische Kanon eine gute Hilfe. Dieser gibt die genaue Aufteilung eines Körpers vor, wodurch es viel einfacher wird, diesen mit nur wenigen Strichen darzustellen.

Der Griechische Kanon besagt, dass der menschliche Körper in acht Teile aufzuteilen ist. Dabei sollte immer mit dem Kopf begonnen werden, denn dieser gibt das Maß für den restlichen Körper vor. Der gesamte Körper ist dann immer achtmal so groß wie der Kopf.

Der Mittelpunkt befindet sich ungefähr auf Schritthöhe. Die Beine inklusive der Füße sollten also genauso lang sein wie der gesamte Oberkörper inklusive Kopf. Neben der Länge der Beine sollte vor allem auch die Länge der Arme stimmen. So sollten die Fingerspitzen ungefähr bis zur Mitte des Oberschenkels gehen.

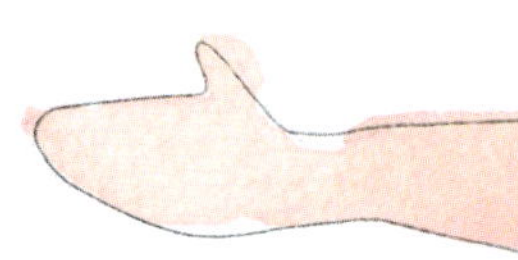

Mit diesen einfachen Regeln ist es dir schon möglich, einen Menschen schemenhaft darzustellen. Allerdings gibt es darüber hinaus noch einige weitere Vorgaben, die alle anderen Proportionen bestimmen.

So gibt die Breite zwischen den Schläfen die Breite einer Schulter vor. Und wenn die Schultern erst mal stehen, kann auch direkt die Hüfte bestimmt werden – die ist nämlich genauso breit wie die Schultern. Die Taille dagegen beträgt nur zwei Drittel der Schultern. Auf Höhe der Taille befinden sich die Ellenbogen, und die Handgelenke finden sich auf Schritthöhe wieder. Die Oberschenkel sind genauso lang wie die Unterschenkel inklusive Füßen.

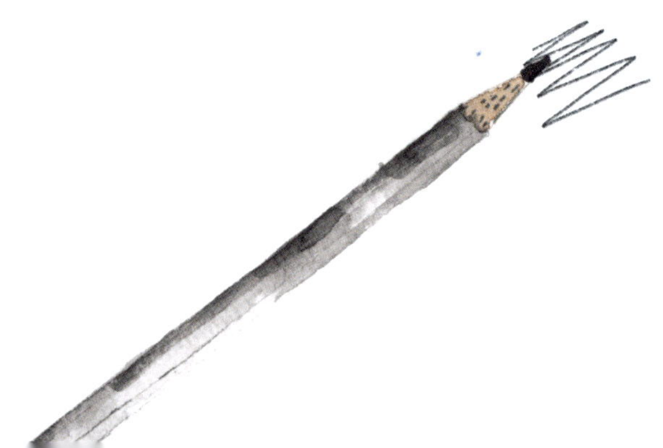

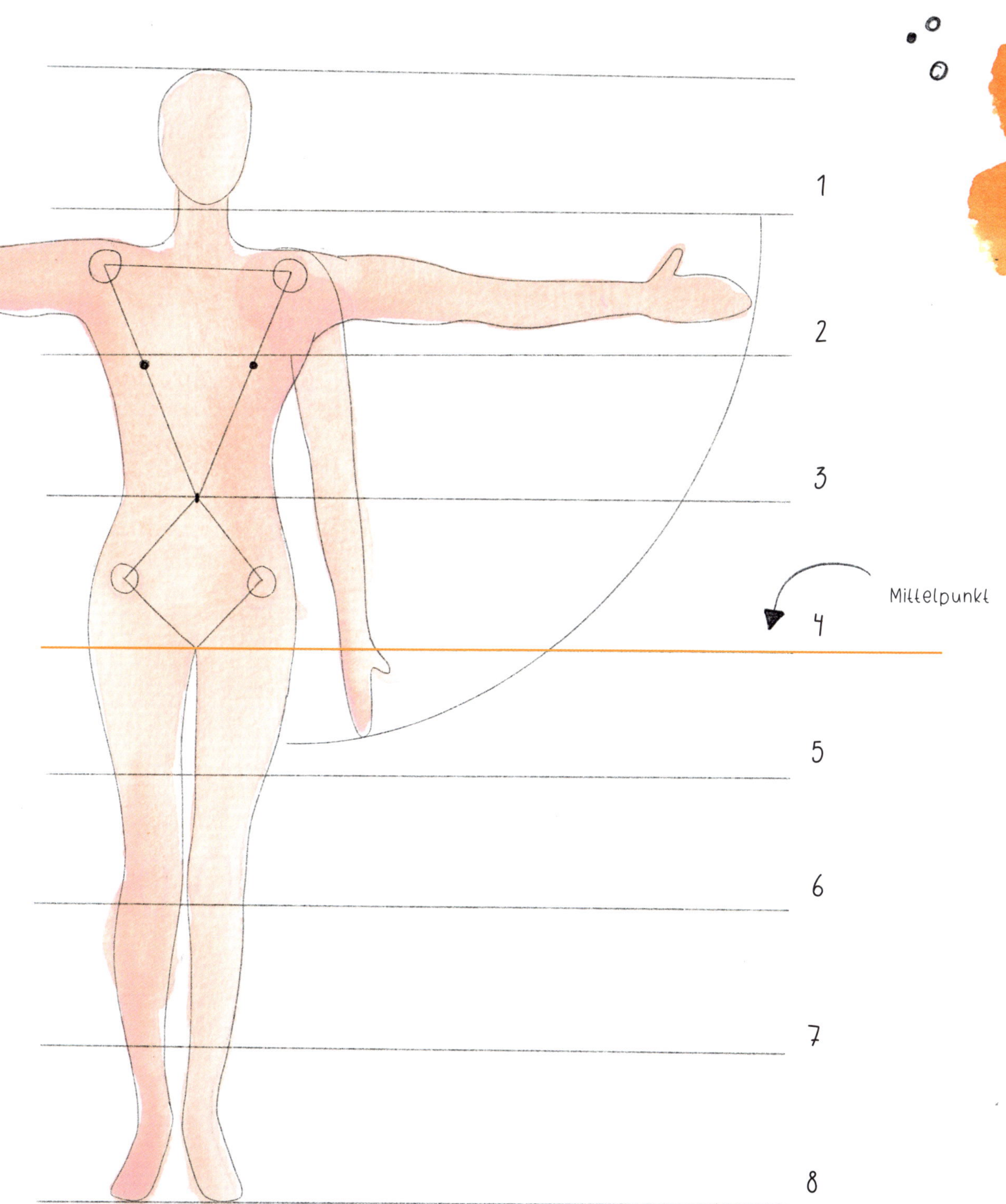
1
2
3
Mittelpunkt
4
5
6
7
8

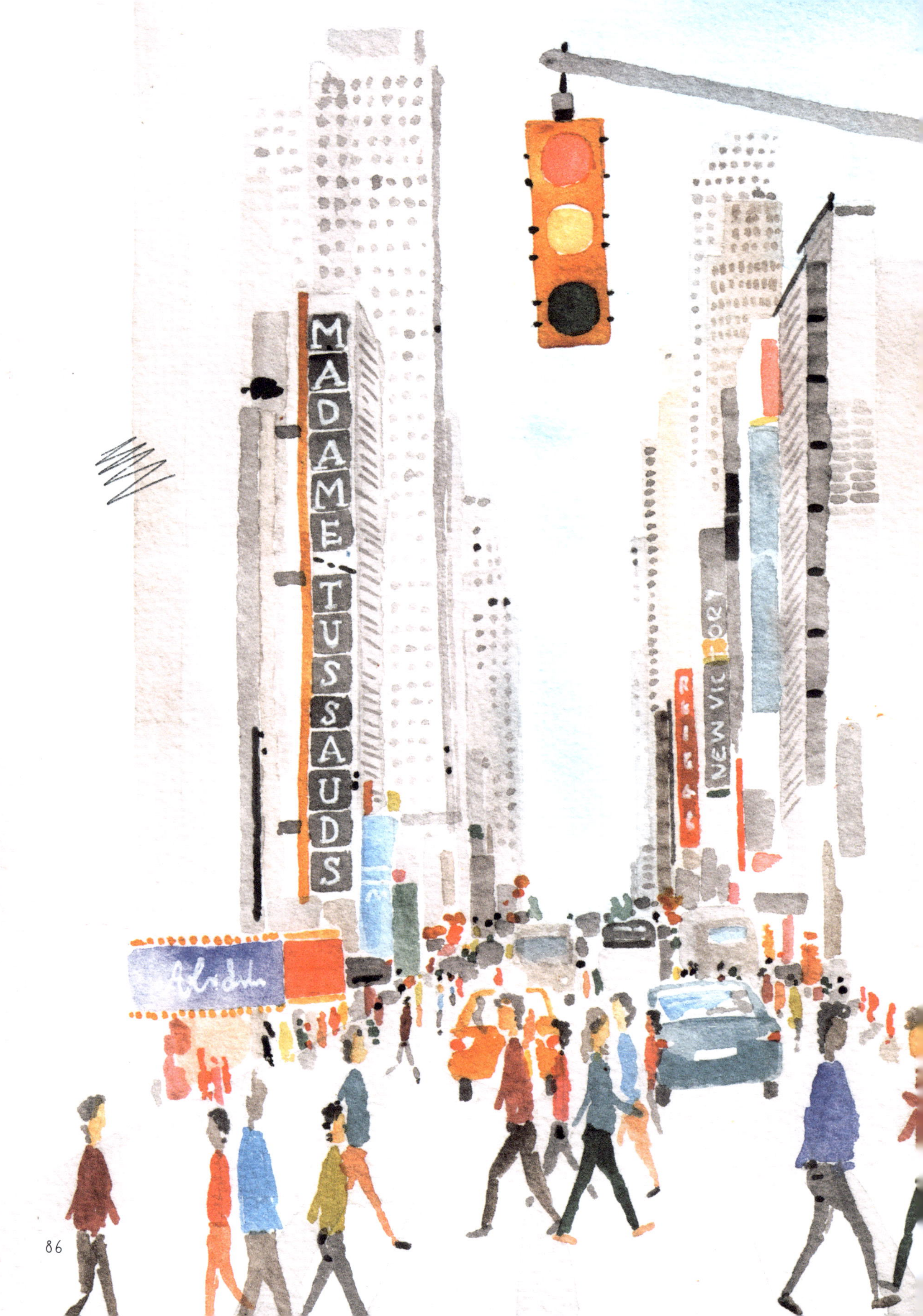
MADAME TUSSAUDS

Möchtest du nun nach diesen Vorgaben einen schemenhaften Menschen zeichnen, dann beginnst du mit dem Kopf. Male dafür zunächst ein kleines Oval in einer Hautton-Farbe. Anschließend bestimmst du grob die Gesamtgröße, indem du den Körper vom Kopf ab in acht gleich große Teile teilst. Zeichne dir mit Bleistift ein, an welcher Stelle sich die Füße befinden sollen und wo der Mittelpunkt des Körpers liegt. Nun kannst du mit einem groben Strich den Oberkörper malen. Versuche dabei, eine unregelmäßige Form zu erzielen und nicht zu sehr nachzudenken. Die Arme sollten in derselben Farbe links und rechts anknüpfen. Für die Hände reichen zwei kleine Ovale im gleichen Hautton wie der Kopf. Anschließend kannst du die Beine ergänzen. Um die Füße oder Schuhe darzustellen, genügen zwei kleine Tupfen am Ende der Beine. Jetzt fehlt nur noch eine Frisur. Auch hier versuche ich immer, ganz grob zu bleiben, und arbeite meistens nur mit ein oder zwei Tupfen. Auf jeden Fall solltest du die Farben zwischendurch trocknen lassen, damit diese nicht ineinanderlaufen.

Natürlich musst du dich nicht zwingend an diese Proportionen halten. Um deinen eigenen Stil zu definieren, kannst du auch eine ganz eigensinnige Darstellungsform wählen. So können die Beine deiner Menschen viel zu lang sein oder der Kopf sehr klein. Doch bevor du etwas abstrahieren möchtest, ist es immer gut zu wissen, wie die naturalistische Darstellungsform aussieht. Denn nur so kannst du bewusst von der Norm abweichen.

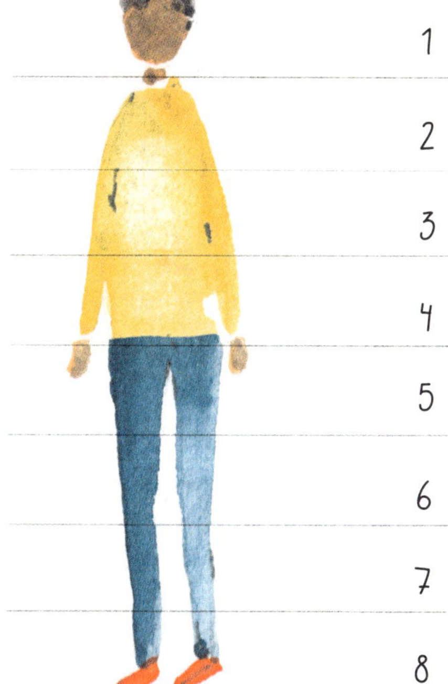

Um Figuren dieser Art zu üben, kannst du mal versuchen, eine ganze Seite mit Menschen zu füllen. Dabei sind Fotovorlagen sehr hilfreich, da du Perspektive und Bewegung dann viel besser einschätzen kannst.

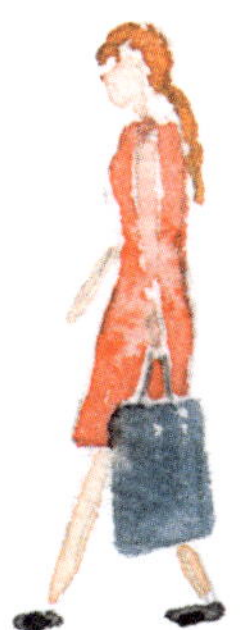

Bäume

In jedem urbanen Szenario finden sich auch natürliche Umgebungen wie Himmel, Wasser oder Pflanzen wieder. Die Darstellung dieser Elemente ist im Gegensatz zu den Dächern und Fassaden ein Leichtes. Aber auch hier solltest du einige Dinge beachten.

Grünflächen und kleine Oasen sind das Herz einer jeden Stadt. Hier und da ein paar Bäume machen jede noch so überladene Stadt zum idyllischen Zufluchtsort. Das Aussehen der Bäume richtet sich dabei natürlich nach der Umgebung. Möchtest du beispielsweise eine schwedische Kleinstadt illustrieren, so sollten die Bäume zu den vegetativen Bedingungen passen. Dabei reicht es völlig aus, die Form der Baumkrone zu verändern, um eine andere Baumart darzustellen. Das Prinzip, wie die Blätter gezeichnet werden, bleibt dabei dasselbe.

Und so leicht geht's! Ein typischer Laubbaum, wie man ihn hierzulande findet, hat eine runde Form, die nach oben leicht spitz zusammenläuft. Diese kannst du dir zunächst mit dem Bleistift ganz leicht vorskizzieren oder einfach nur denken. An dieser Form entlang tupfst du nun mit dem Pinsel und einem hellen grünen Farbton viele Flecken auf das Papier. Achte dabei darauf, dass der Pinsel nicht zu klein ist. Ansonsten werden die Flecken zu kleinteilig und der Baum wird nicht so schön buschig. Hier und da können ein paar Stellen weiß bleiben, um der Baumkrone eine Struktur zu geben. Außerdem können dort später ein paar Äste durchscheinen. Lasse nun alles trocknen. Dann kannst du mit einem dunkleren Farbton einige Schatten andeuten. Nun kann der Stamm hinzugefügt werden. Dieser sollte von unten nach oben etwas dünner werden. Außerdem wirken Bäume immer natürlicher, wenn der Stamm nicht zu gerade ist und ein paar Buckel und Dellen aufweist. Von dem Stamm ausgehend führen dann noch kleinere Äste in die Baumkrone.

Auf die gleiche Art kannst du viele weitere Bäume zaubern. Verändere dafür nur die Form der Baumkrone.

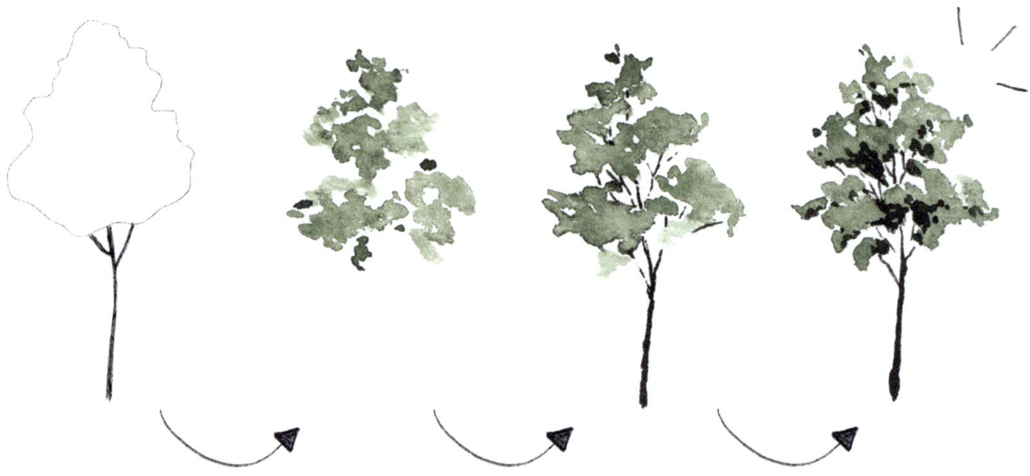

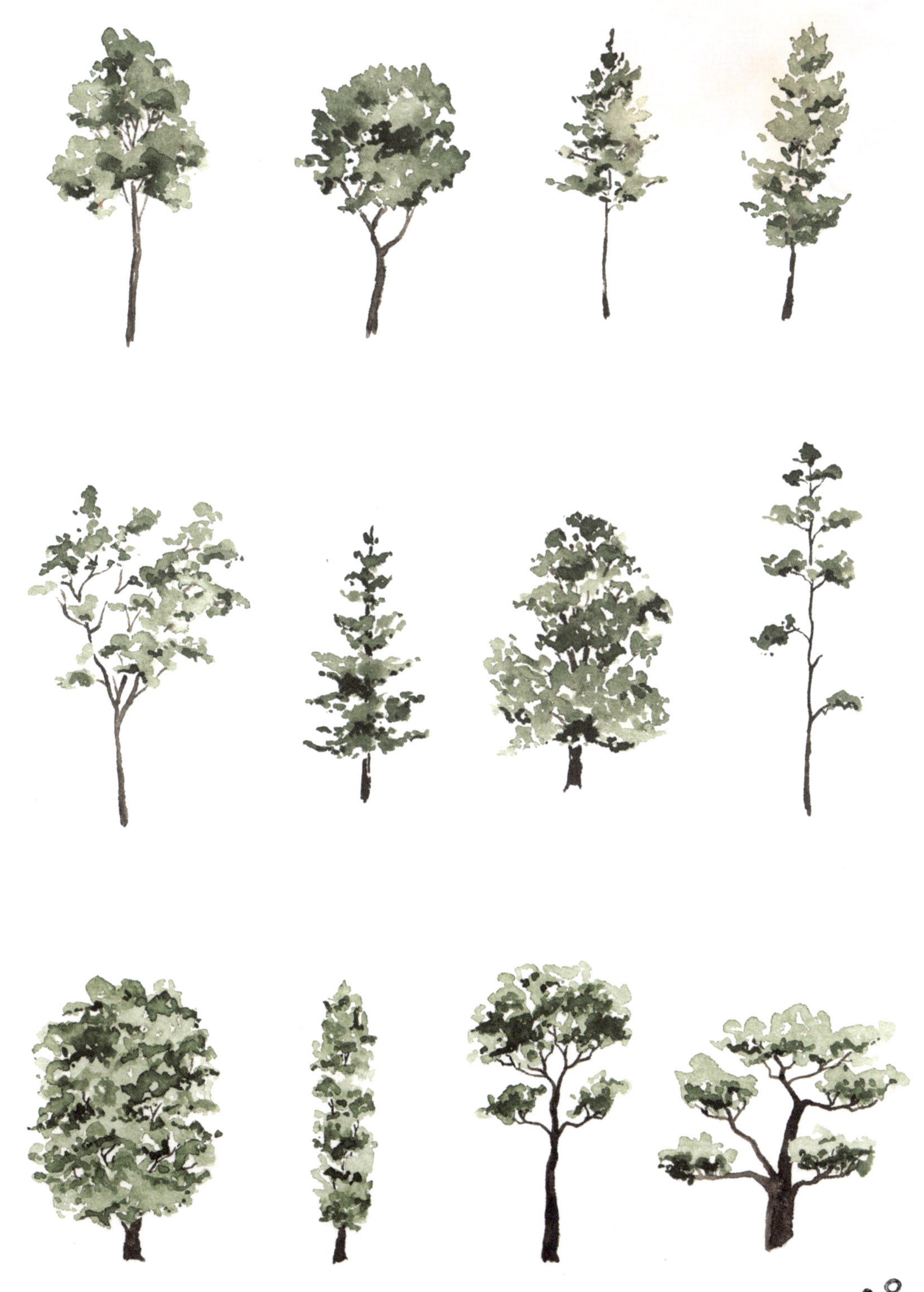

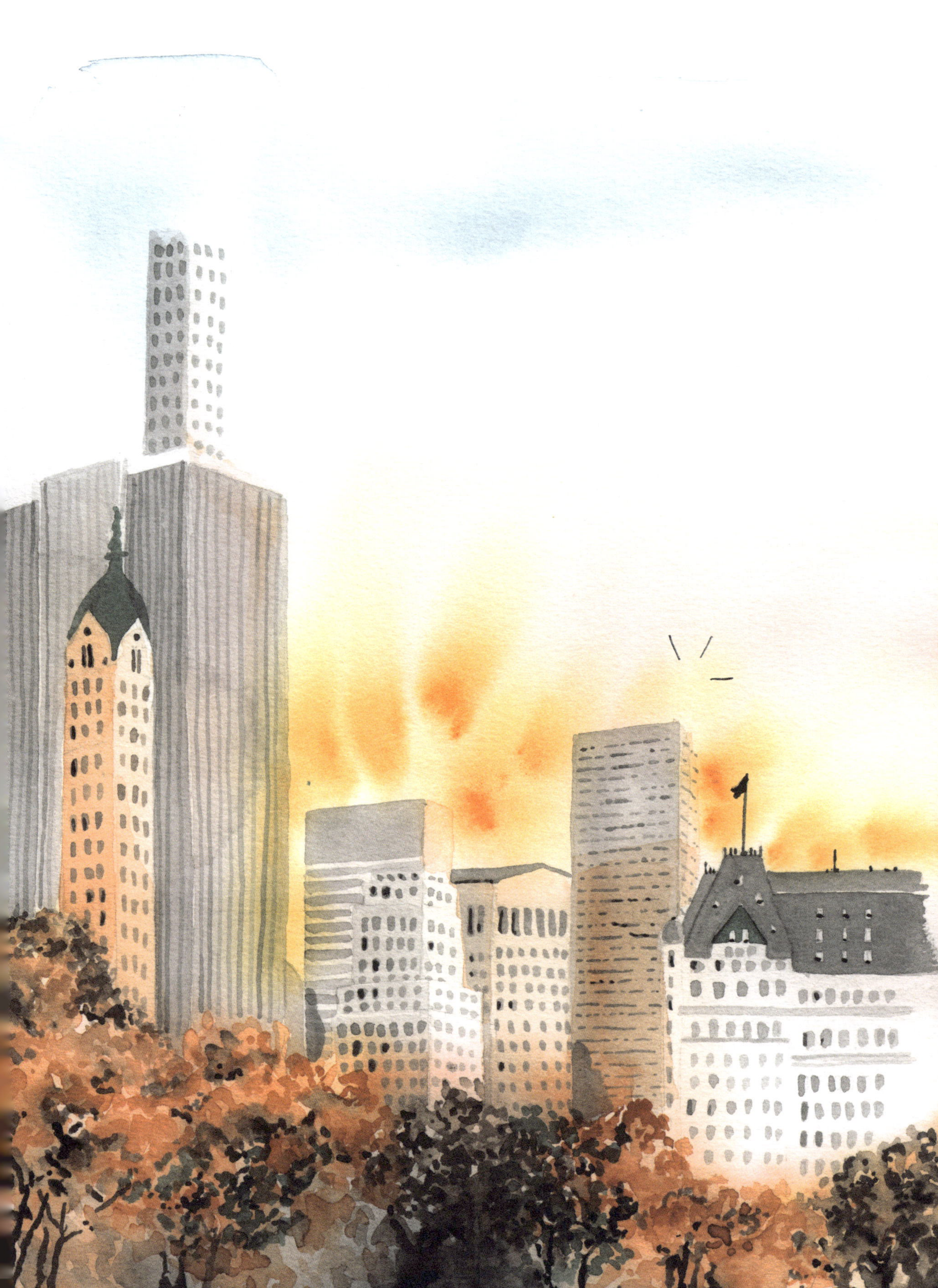

Himmel

Ob Tageszeit, Wetterlage oder Jahreszeit – der Himmel gibt uns auf den ersten Blick so viele Informationen, dass wir ihm auf jeden Fall Beachtung schenken sollten. Aber auch hier gilt – weniger ist mehr!

Den Himmel muss man bei den meisten urbanen Illustrationen nur leicht andeuten, denn hier stehen die Gebäude und das Geschehen drum herum im Fokus. Daher reicht es oft aus, einen einfachen Verlauf über die Häuser zu setzen. Dafür kannst du zunächst die gesamte Fläche des Himmels mit Wasser bestreichen. Anschließend gehst du mit einem hellen Blauton hinterher. Durch den nassen Untergrund verläuft der Farbton schön gleichmäßig auf dem Papier.

Möchtest du einen natürlichen und gedeckten Farbton erzielen, so bietet es sich an, dem Blau etwas Sepiabraun hinzuzumischen. Dadurch werden sehr knallige Blautöne, wie zum Beispiel Bergblau, etwas natürlicher.

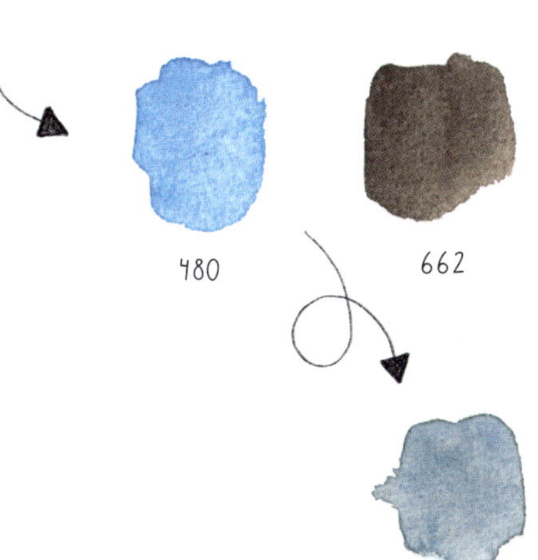

Sollte der Himmel in deinem Bild eine größere Bedeutung haben und mehr im Fokus stehen, so bietet es sich an, diesen mit einer gleichmäßigen Lavur darzustellen. Beginne dafür im oberen Bereich mit einem kräftigen Blauton. Diesen kannst du anschließend Strich für Strich unter Zugabe von Wasser nach unten aufhellen. Ein Verlauf von dunkel nach hell ist sehr wichtig, denn der Himmel wird zum Horizont hin immer heller.

Um den Himmel noch atmosphärischer zu gestalten, kannst du zusätzlich etwas mehr Farbe ins Spiel bringen. Dafür beginnst du ebenfalls, wie im vorherigen Beispiel, mit einer Lavur von dunkel nach hell. Im unteren Teil – also direkt über dem Horizont – kannst du nun ein wenig gelbe oder rötliche Farbe hinzugeben, um eine morgendliche oder abendliche Stimmung zu erzeugen. Wichtig dabei ist, dass du die Farbe in die nasse Lavur einarbeitest. Nur so verlaufen die beiden Farben gleichmäßig ineinander. Die richtige Farbwahl für den Himmel ist ausschlaggebend, um dem gesamten Bild Stimmung zu verleihen. So wirkt ein strahlendes Blau wie eine Art Stimmungsaufheller, wohingegen ein gedecktes, gräuliches Blau eher verträumt und unspektakulär anmutet. Doch auch ein knalliger Himmel kann hier und da passend sein. Dabei solltest du nur darauf achten, dass die Umgebung zu der Farbe des Himmels passt. Solltest du also einen Abendhimmel in orange kolorieren, so sollte auch das Drumherum ein wenig rötlich eingefärbt sein.

Wolken

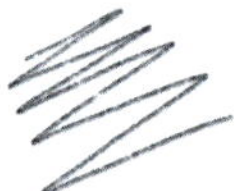

Um einen Himmel noch interessanter zu machen, sind Wolken eine schöne Ergänzung. Am einfachsten kannst du diese mit einem Küchentuch erzeugen. Dafür grundierst du zunächst den Himmel wie im vorherigen Beispiel in einem kräftigen Ton. Während die Farbe noch nass ist, kannst du nun mit einem Küchentuch Stück für Stück Farbe wegnehmen. Dafür knüllst du das Tuch zusammen und tupfst eine typische Wolkenform nach. Wie gut sich die Farbe dabei wegtupfen lässt, hängt von dem verwendeten Farbton ab. Einige Farben verankern sich mehr mit dem Untergrund als andere.

Eine weitere Möglichkeit ist es, die Wolken ganz gezielt zu illustrieren. Sollen die Wolken zum Beispiel intensiver wirken und stärker im Mittelpunkt stehen, so bietet es sich an, die Form schon von Anfang an festzulegen. Dafür arbeitest du auch hier auf nassem Papier. Bestreiche also zuerst die gesamte Fläche mit Wasser. Anschließend tupfst du dunkle Farben auf das Papier und versuchst, die grobe Struktur der Wolke darzustellen. Die Wolke selbst bleibt also weiß, und nur der Himmel drum herum wird eingefärbt. Solange das Papier noch nass ist, kannst du nun mit einem Papiertuch die Übergänge bearbeiten. So erhältst du die typische fluffige Wolkenform.

Wichtig ist auch, die Größenverhältnisse der Wolken richtig wiederzugeben. Wolken werden zum Horizont hin immer kleiner. Denn je näher die Wolken dem Horizont kommen, desto weiter sind sie weg von der Betrachterin bzw. vom Betrachter. Andernfalls wirkt die Perspektive im Bild falsch.

Wolken sind besonders schwierig mit Aquarell darzustellen, da sie nur dann harmonisch wirken, wenn sie intuitiv entstanden sind. Es ist also wichtig, der Farbe Freiraum zu lassen und den Pinsel locker in der Hand zu halten. Kleine hüpfende Bewegungen geben den Wolken eine spontane Form. Es sind also vor

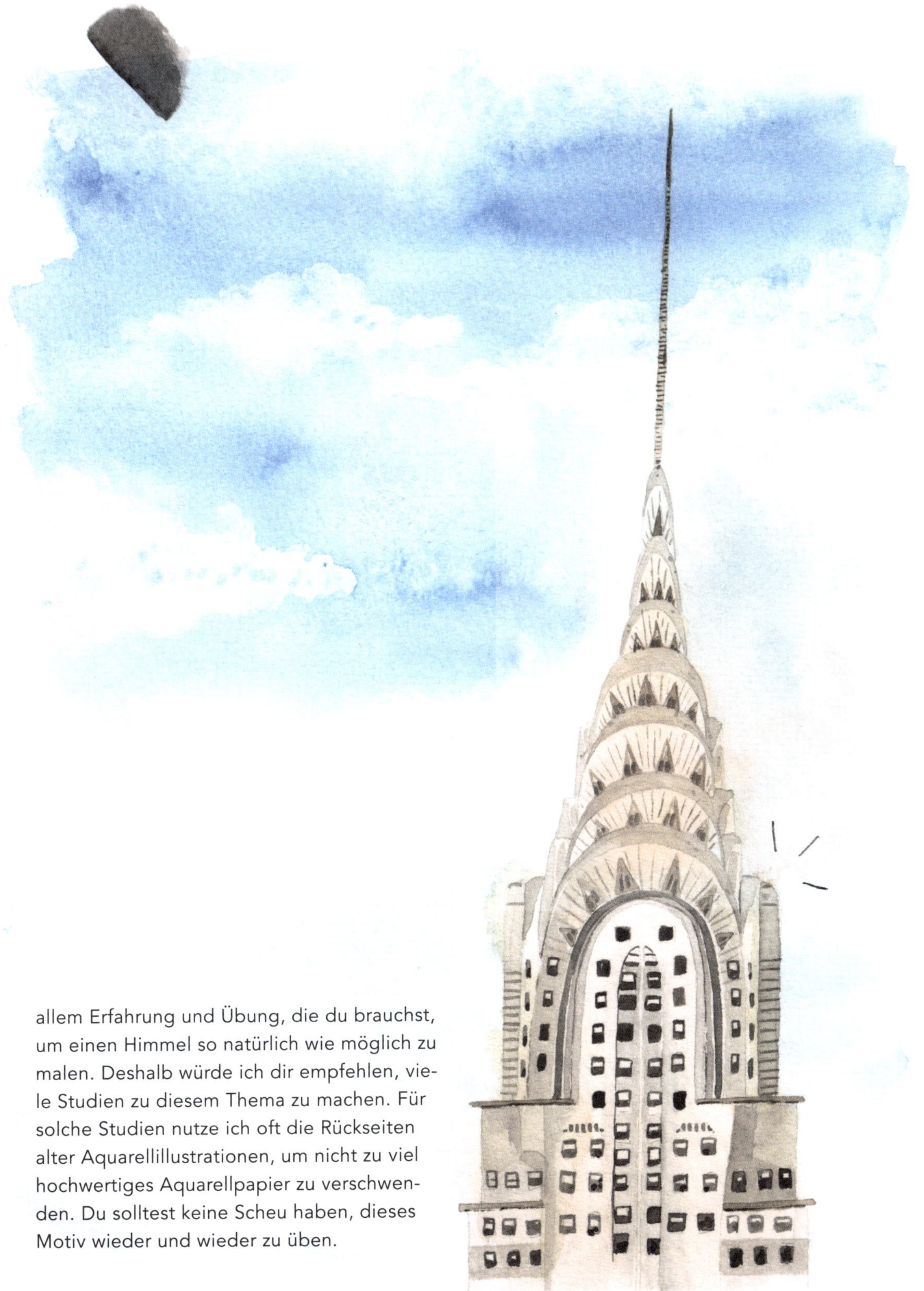

allem Erfahrung und Übung, die du brauchst, um einen Himmel so natürlich wie möglich zu malen. Deshalb würde ich dir empfehlen, viele Studien zu diesem Thema zu machen. Für solche Studien nutze ich oft die Rückseiten alter Aquarellillustrationen, um nicht zu viel hochwertiges Aquarellpapier zu verschwenden. Du solltest keine Scheu haben, dieses Motiv wieder und wieder zu üben.

Wasseroberfläche

Es gibt wohl nichts, was die Stimmung in einem Bild so beeinflussen kann, wie Wasser. So kann es auch das Gemüt der Illustratorin oder des Illustrators widerspiegeln. Ein kleines Haus am Rande eines Sees wirkt nur dann richtig idyllisch, wenn die Wasseroberfläche spiegelglatt ist. Ein paar Unebenheiten hier und da zaubern ein wenig Bewegung und damit auch Unruhe in die Idylle. Somit ist Wasser auch das Sprachrohr des Windes. Da man diesen nicht sehen, geschweige denn malen kann, spiegelt in diesem Fall die Wasseroberfläche seine Intensität wider.

Wasser an sich ist farblos. Wir neigen oft dazu, Wasser blau zu malen. Dabei hängt die Farbe des Wassers von der Umgebung und den Lichtverhältnissen ab. In einem schattigen Hafen wirkt das Wasser fast schwarz, wohingegen Bergseen leuchtend blaues Wasser haben. Es ist also immer wichtig, die Wasserfarbe der Umgebung anzupassen.

Außerdem solltest du, wenn du Wasser darstellen willst, so locker wie möglich malen. Wasseroberflächen lassen sich mit Aquarellfarben besonders schön wiedergeben. Und am besten funktioniert das, wenn du den Farben genug Spielraum lässt, um sich zu entfalten. Versuche darum, so wenig wie möglich auszubessern und rumzufrickeln – lasse die Farben fließen und beobachte, was passiert.

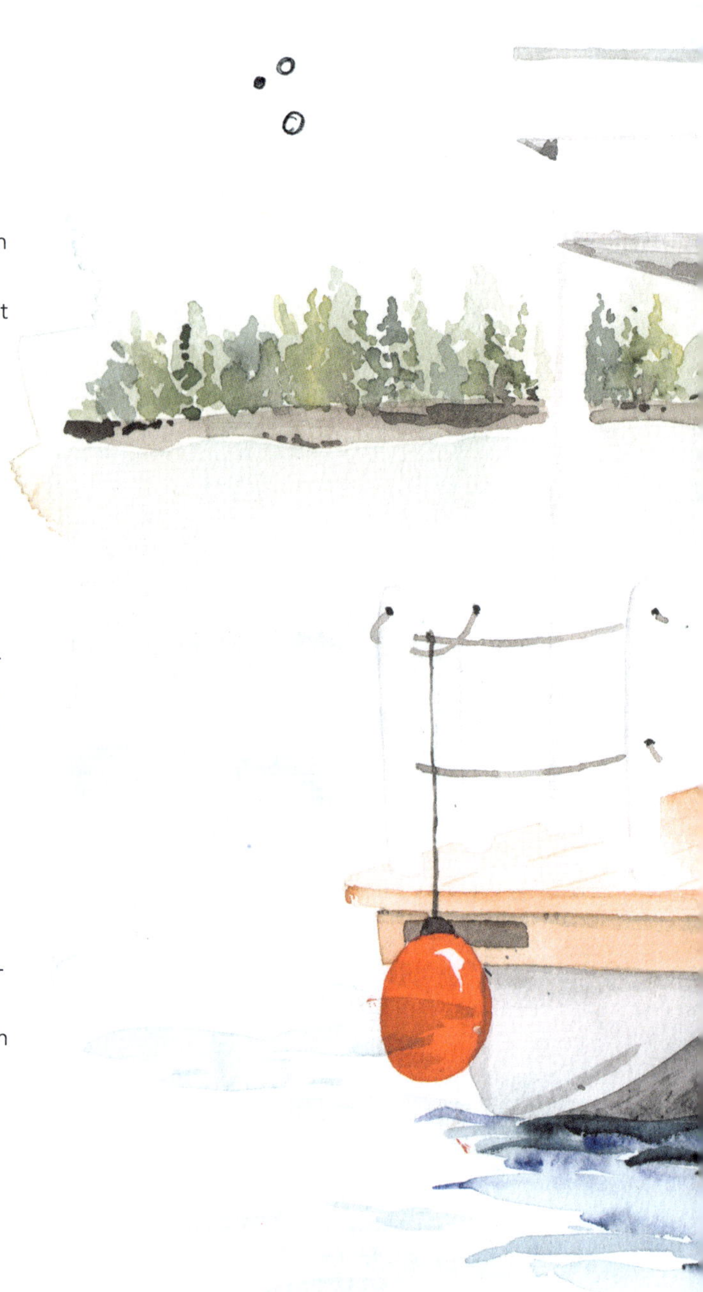

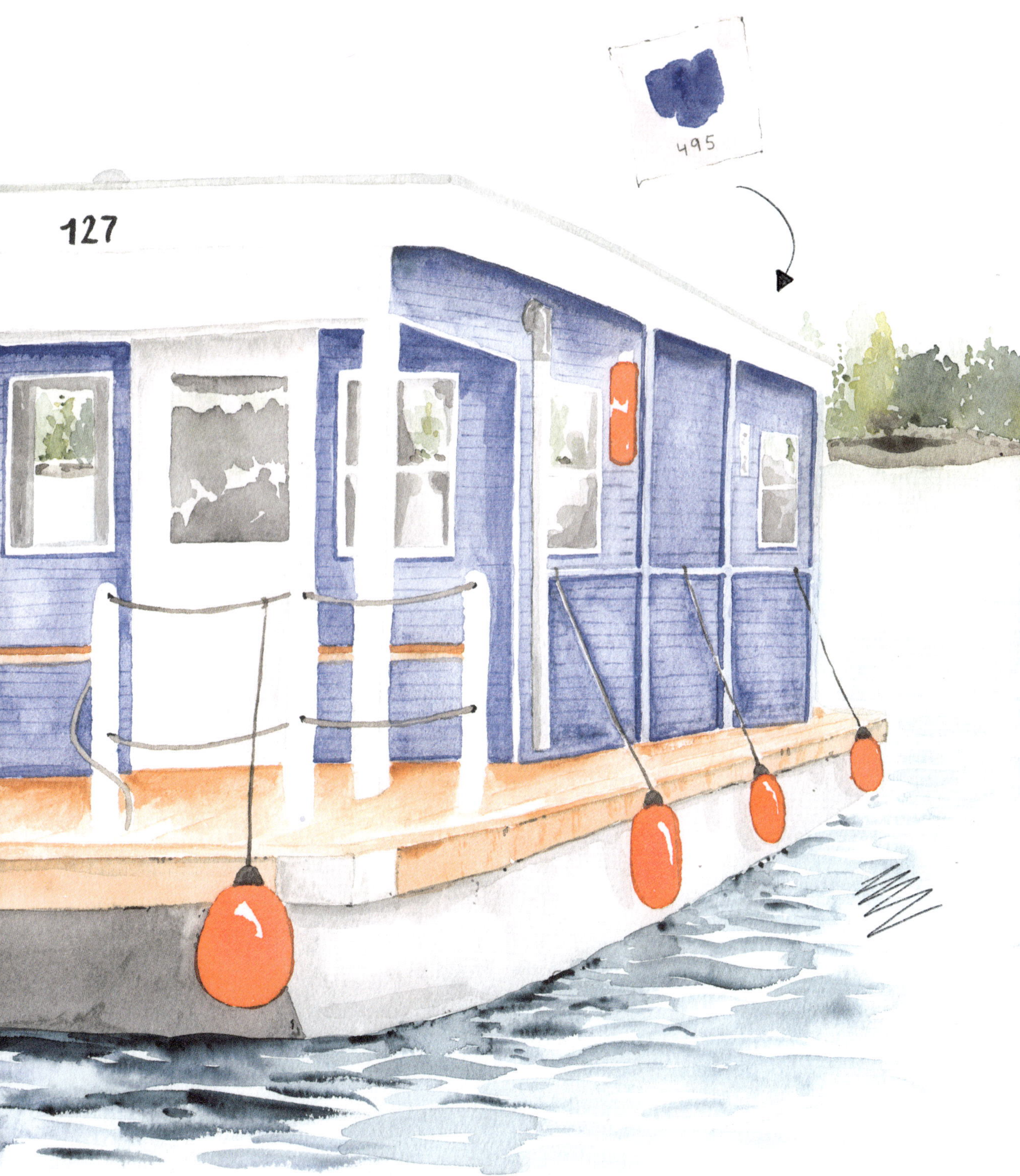
495
127

Einige Basic-Infos sind für die Darstellung von Wasser sehr hilfreich. Wenn du diese Techniken verinnerlicht hast, fällt es dir leichter, diese zusammenzufügen und somit eine Wasseroberfläche darzustellen. Nutze deshalb am besten die Rückseiten ein paar alter Aquarellpapiere und übe diese Strukturen wieder und wieder.

LAVUR

In der Regel beginnst du die Darstellung von Wasser mit einer einfachen Lavur. Beginne dafür mit einem kräftigen Ton an der Unterseite des Blattes und ziehe die Farben Stück für Stück nach oben (siehe Seite 30). Benutze dafür ruhig viel Wasser, damit es keine Streifen gibt und ein gleichmäßiger Verlauf entsteht. Die Farbe sollte irgendwann in Weiß übergehen.

TROCKENER PINSELSTRICH

Mit einer ganz einfachen Struktur kannst du jede Wasseroberfläche zum Funkeln bringen. Dafür musst du nichts weiter tun, als den Pinsel zunächst ein wenig an einem Tuch abzustreifen, sodass nur noch wenig Farbe daran haftet. Anschließend kannst du mit dem Pinsel über das Papier streichen und es entstehen automatisch Schlieren, die an Wasser erinnern.

WELLEN

Mit einem Rundpinsel kannst du wunderbar Wellen andeuten. Dafür machst du dir einfach die Form des Pinsels zunutze und variierst den Druck. Dabei kannst du den Strichen eine leicht geschwungene Form geben. Diese Linien sollten mal dunkler und mal heller sein. Achte darauf, dass die Striche nicht zu statisch wirken – lasse einige auch mal überlappen, sodass die Farben hier und da ineinanderlaufen können. Diese Herangehensweise bedarf einer lockeren Hand. Versuche daher, nicht zu viel über die genaue Form nachzudenken. Die Striche sollten nach oben hin etwas kleiner werden, um die Perspektive anzudeuten.

Diese drei Techniken sind einfache Möglichkeiten, um Wasseroberflächen darzustellen. Wenn der Fokus in deinem Bild auf einer anderen Stelle und nicht auf dem Wasser liegt, solltest du dich deswegen nicht verrückt machen und einen einfachen Weg wählen. Möchtest du dich allerdings bewusst auf die Wasseroberfläche konzentrieren, so kannst du diese drei Techniken auch miteinander verbinden.
Auf der nächsten Seite findest du eine Anleitung, wie du Lavur, den trocknen Pinselstrich und die Wellen kombinieren kannst.

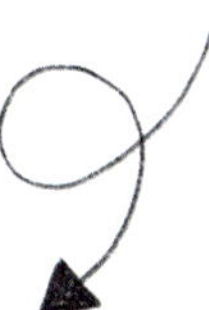

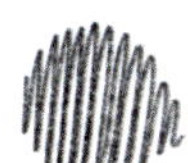

1.

Um eine Wasseroberfläche darzustellen, beginnst du mit einer klassischen Lavur. Dabei sollte der Verlauf unten sehr kräftig sein und nach oben hin heller werden. Der Übergang von Wasser zu Himmel ist in dem Fall fließend und der Horizont lässt sich nur erahnen.

2.

Wenn die erste Schicht getrocknet ist, kannst du mithilfe der „Trockener Pinsel“-Technik ein paar Schlieren in den unteren Teil hineinmalen. Dafür nimmst du mit dem Pinsel etwas dunkle Farbe auf und streichst anschließend von unten nach oben grob über das Papier. Sollte der Pinsel zu nass sein, sodass keine Schlieren entstehen, kannst du den Pinsel an einem Tuch abstreifen. Zusätzlich können einige Wellen hier und da etwas mehr Bewegung in das Bild zaubern. Mit einem dunklen Farbton kannst du nun ein paar Linien in den vorderen Bereich setzen. Entscheide nach Gefühl, wie viele Wellen in dein Motiv passen – je mehr, desto unruhiger wird die Wasseroberfläche.

3.

Zuletzt möchten wir ein Objekt im Wasser spiegeln. Spiegelungen schaffen die perfekte Harmonie zwischen Gegenstand und Umgebung. Dafür kannst du zum Beispiel eine einfache Boje auf die Wasseroberfläche setzen. Die Spiegelung sollte vom Objekt aus nach unten verlaufen. Der genaue Winkel hängt von der Sonneneinstrahlung ab. In diesem Beispiel gehen wir davon aus, dass die Sonne genau über dem Objekt steht. Nun kannst die Spiegelung mit derselben Farbe, die du auch für die Wasseroberfläche verwendet hast, einzeichnen. Dafür reichen ein paar unregelmäßige Striche, die die Form der Boje ungefähr nachempfinden.

1.

2.

3.

Mit einem weißen Gelroller oder weißer Gouache-Farbe kannst du ein paar feine Lichtreflektionen auf die Boje und ins Wasser zaubern.

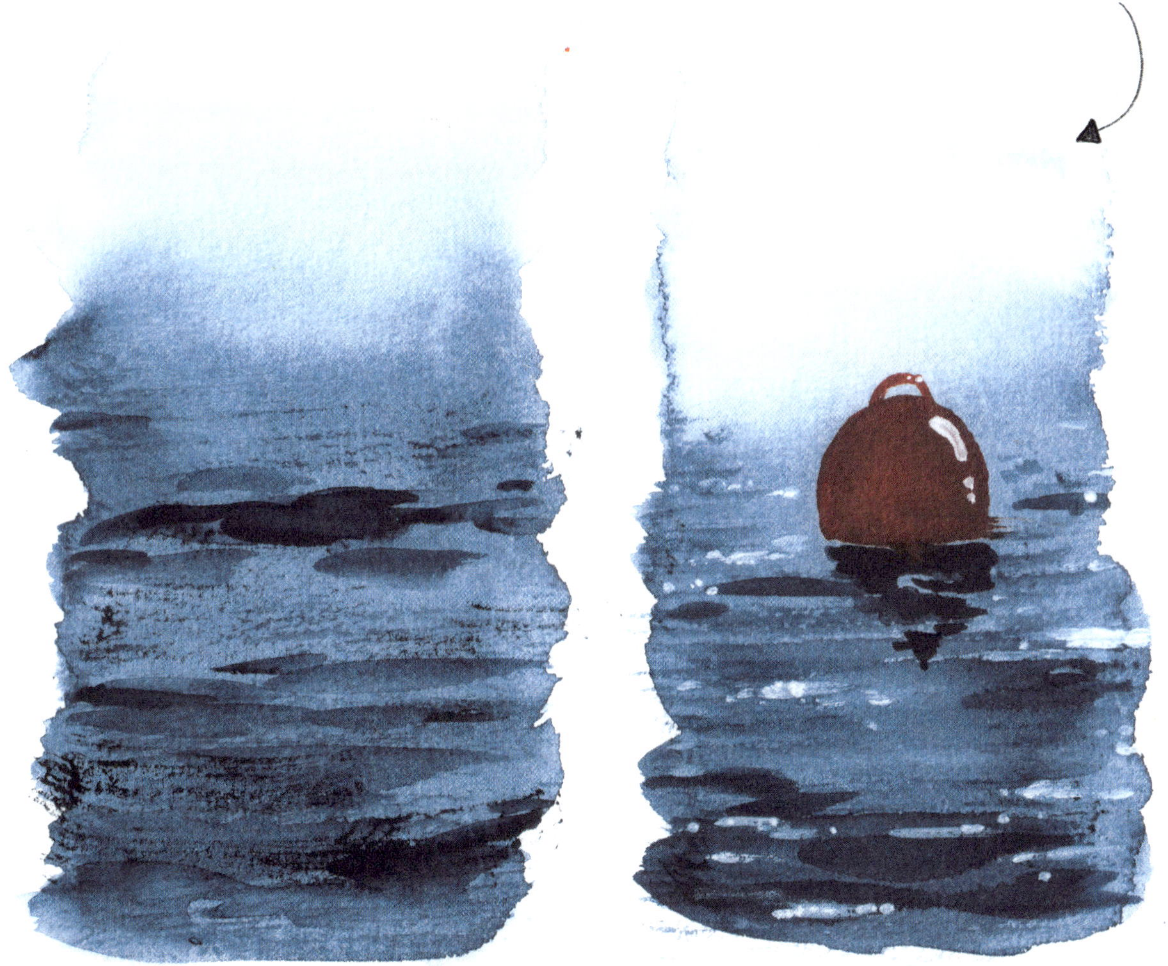

DON'T LET ANYTHING KEEP YOU FROM MAKING ART

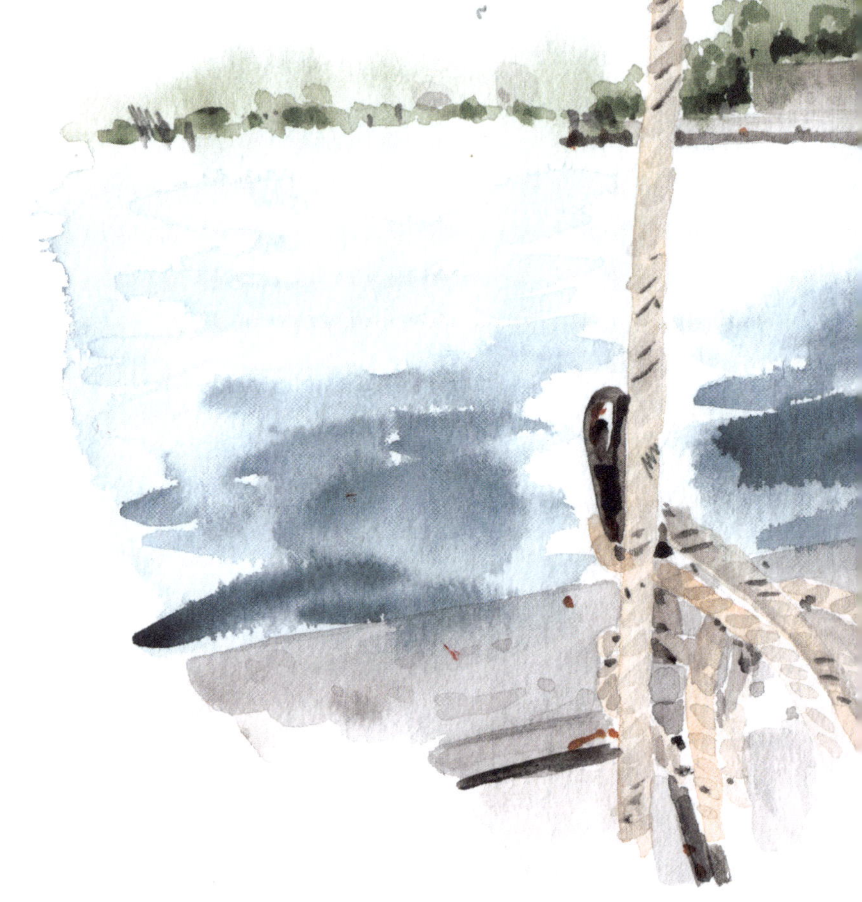

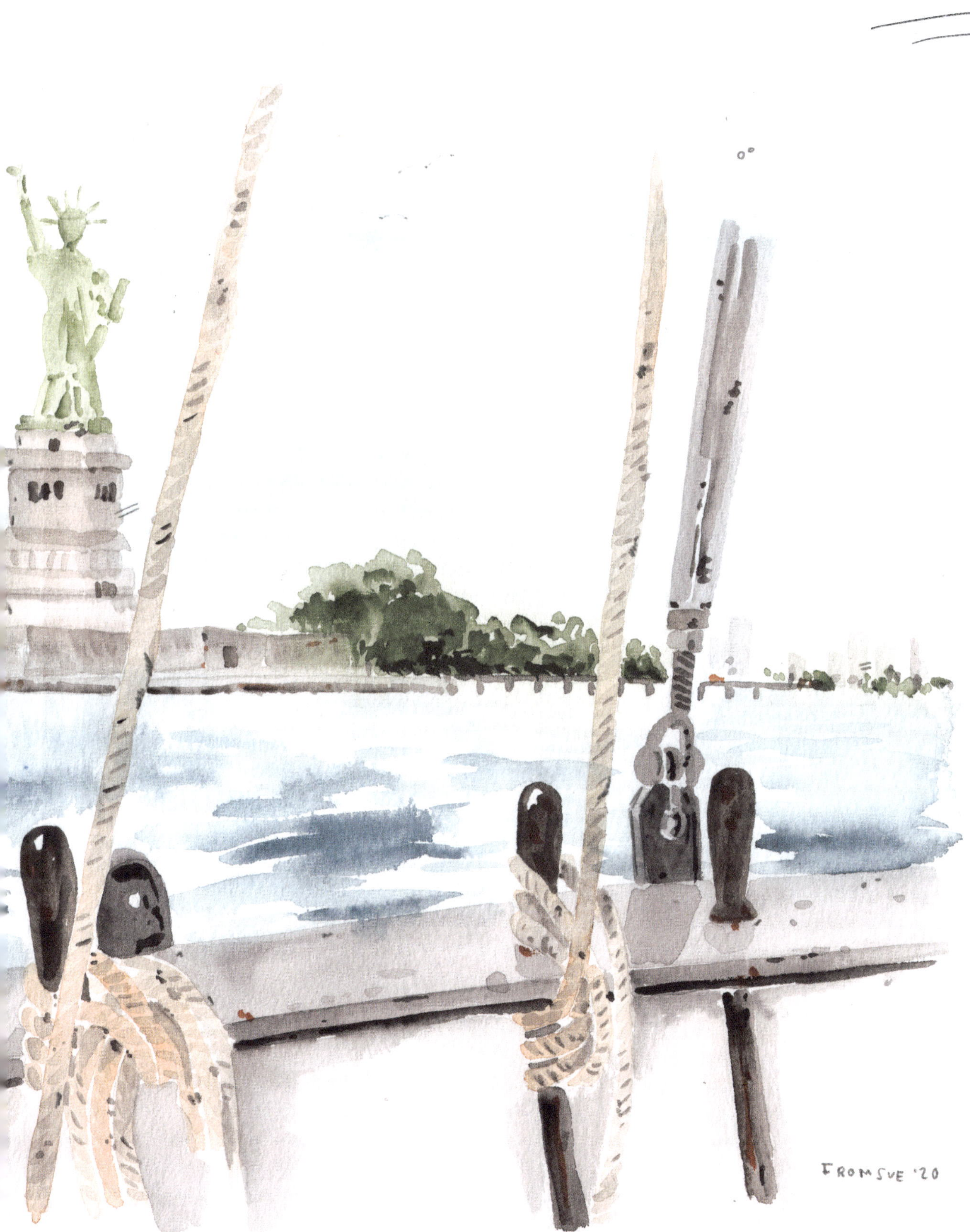
FROMSUE '20

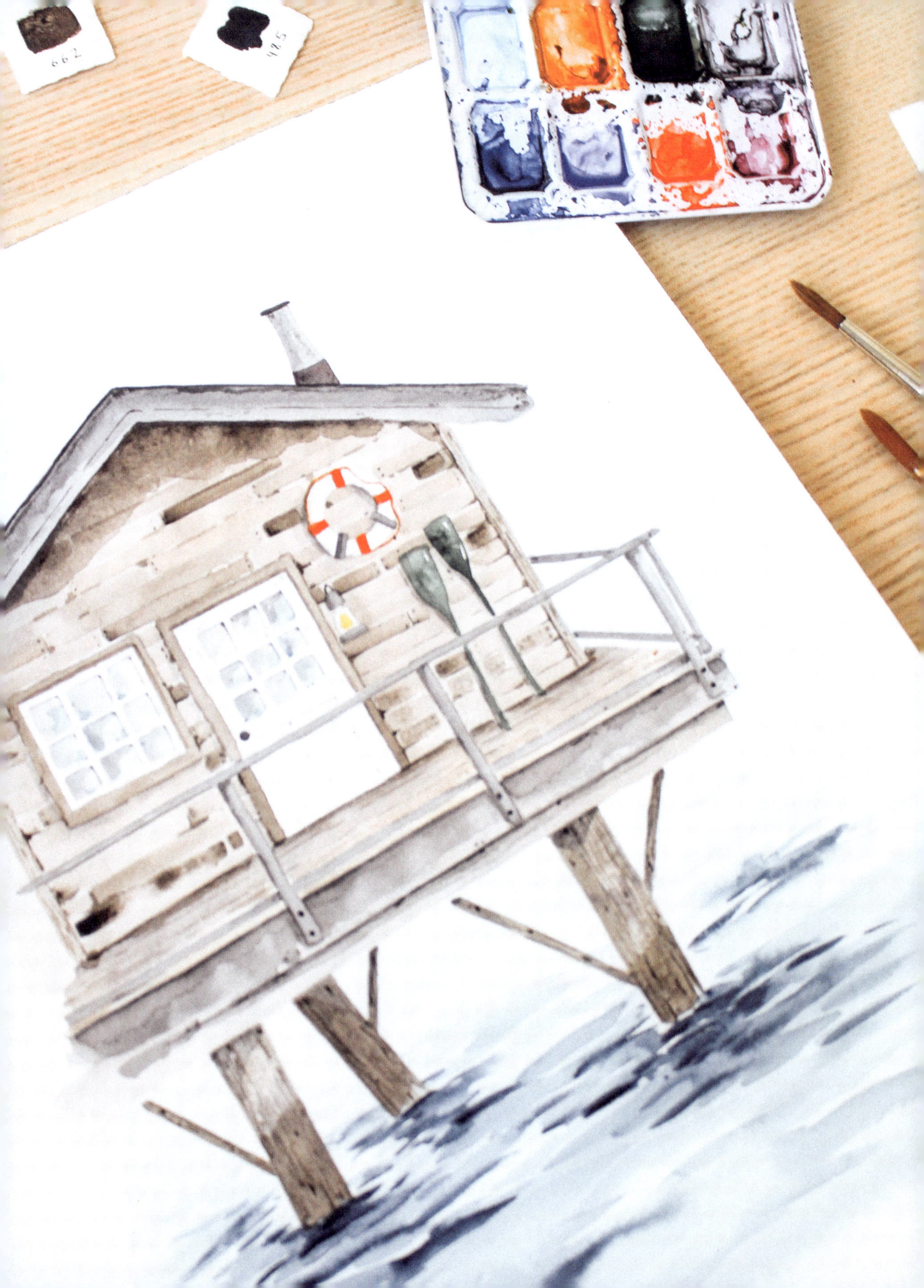

Ran ans Werk

Die vorherigen Seiten waren voll von Techniken, Regeln und Theorie. Doch hinter der Aquarellmalerei steckt noch so viel mehr – nämlich Leidenschaft und Geduld. Du kannst in diesem Kapitel alles, was du bisher gelernt hast, anwenden und herausfinden, wie du selbst mit Aquarellfarben umgehen möchtest. Die Projekte auf den nächsten Seiten sind zwar zum Nachmachen gedacht, aber auch dabei kannst du schon versuchen, einen eigenen Stil miteinfließen zu lassen. Du kannst mit deiner eigenen Farbpalette oder deinem ganz eigenen Umgang mit dem Pinsel die Motive so abwandeln, dass sie besser zu dir passen. Und der wichtigste Punkt bei allem, was du tust: Bleibe kreativ! Finde dein eigenes Tempo und lasse dich nicht durch das Können anderer entmutigen. Jedes Bild, das du malst, gehört zu deinem persönlichen Prozess und lehrt dich so vieles, was du aus Büchern oder von anderen Künstlern und Künstlerinnen nicht lernen kannst.

Bevor es praktisch losgeht, startet dieses Kapitel mit einigen grundlegenden Tipps, die dir beim Gestalten eines komplexeren Motivs helfen sollen.

Von hell nach dunkel

Das Medium gibt uns den Weg vor. Die Technik, wie ein Bild farblich aufgebaut wird, hängt von der Farbe ab. Ein gutes Beispiel hierfür ist der Unterschied zwischen Acryl- und Aquarellfarben. Bei der Anwendung von Acrylfarben ist es wichtig, dass du die dunkelsten Stellen in deinem Bild zuerst malst. Du beginnst mit einer kräftigen Grundierung und wirst Stück für Stück heller. Lichtreflexe können ganz am Schluss mit weißer Farbe hinzugefügt werden. Anders sieht es bei den Aquarellfarben aus. Diese sind nämlich von Natur aus transparent und damit nicht deckend. Das hat zur Folge, dass dunkle Stellen nicht mit heller Farbe überdeckt werden können. Ganz im Gegenteil – je mehr Farbschichten übereinandergelegt werden, desto dunkler wird diese Stelle. Deshalb ist es so wichtig, von hell nach dunkel zu arbeiten. Beginne also immer mit einer sehr hellen Grundierung und arbeite dich von da an immer dunkler voran. Bevor es losgeht, solltest du dir genau überlegen, welche Stellen in deinem Bild besonders hell und welche besonders dunkel werden sollen. So kannst du dir in deinem Kopf eine Art Fahrplan zusammenstellen, den du Schritt für Schritt abarbeiten kannst. Denn ist eine Stelle erst zu dunkel geworden, so bekommst du diese nicht wieder hell.

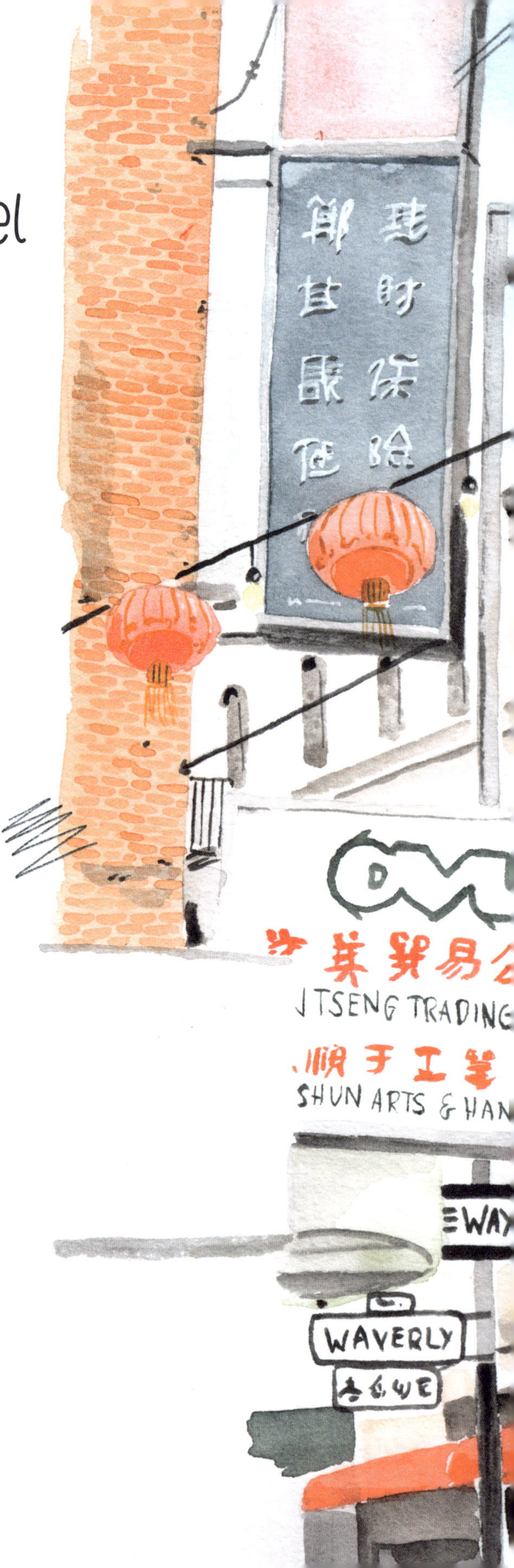

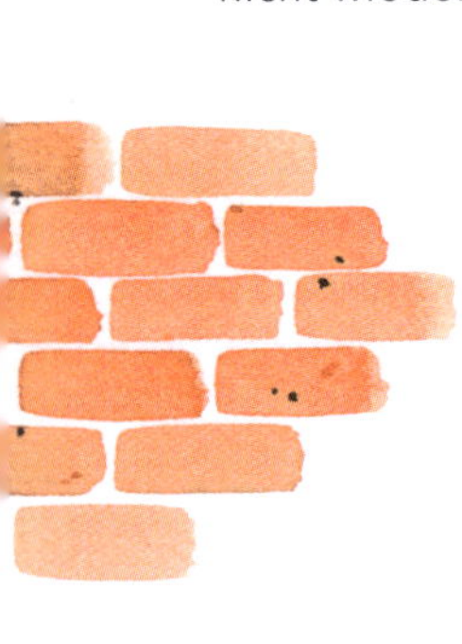

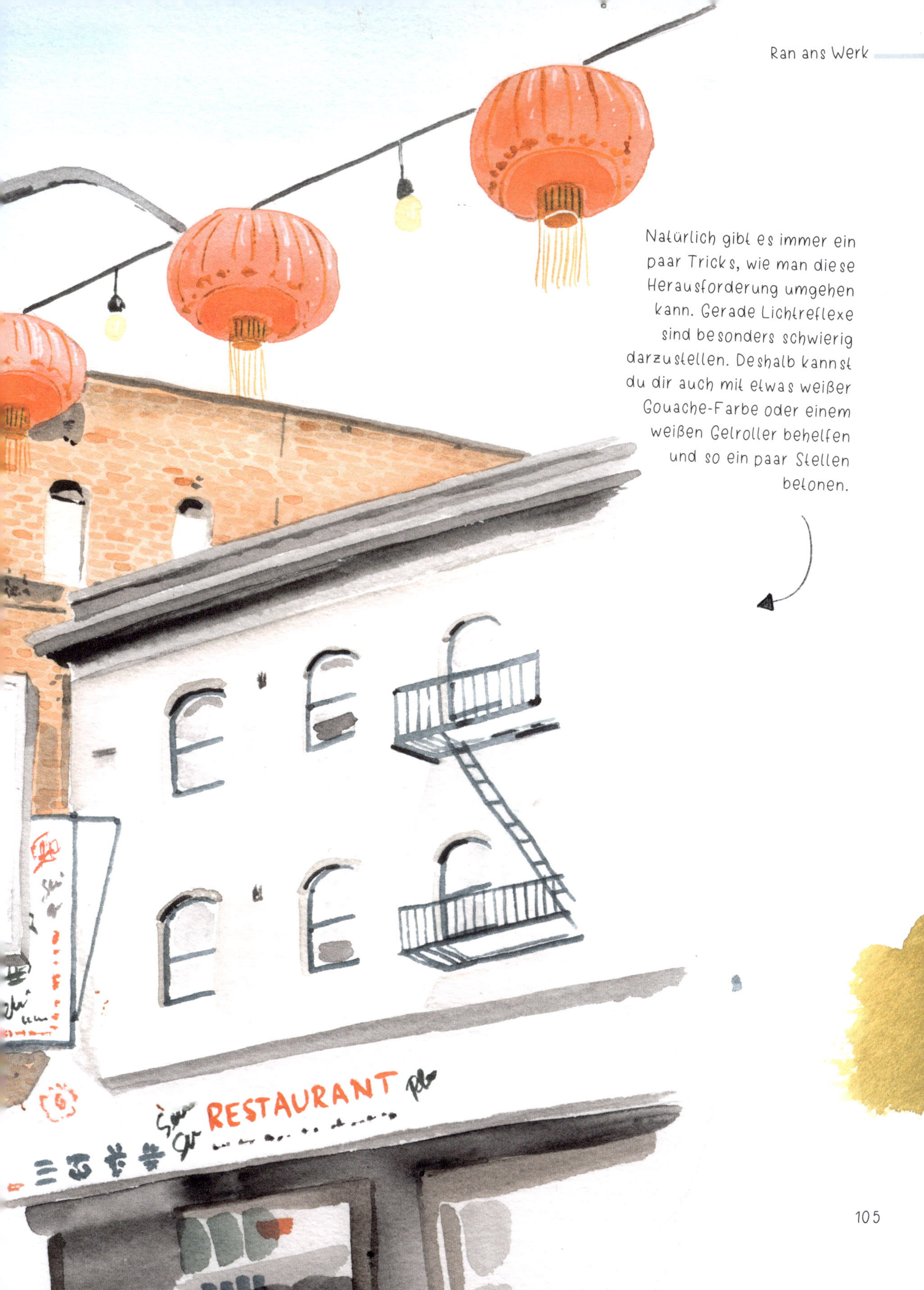

Natürlich gibt es immer ein paar Tricks, wie man diese Herausforderung umgehen kann. Gerade Lichtreflexe sind besonders schwierig darzustellen. Deshalb kannst du dir auch mit etwas weißer Gouache-Farbe oder einem weißen Gelroller behelfen und so ein paar Stellen betonen.

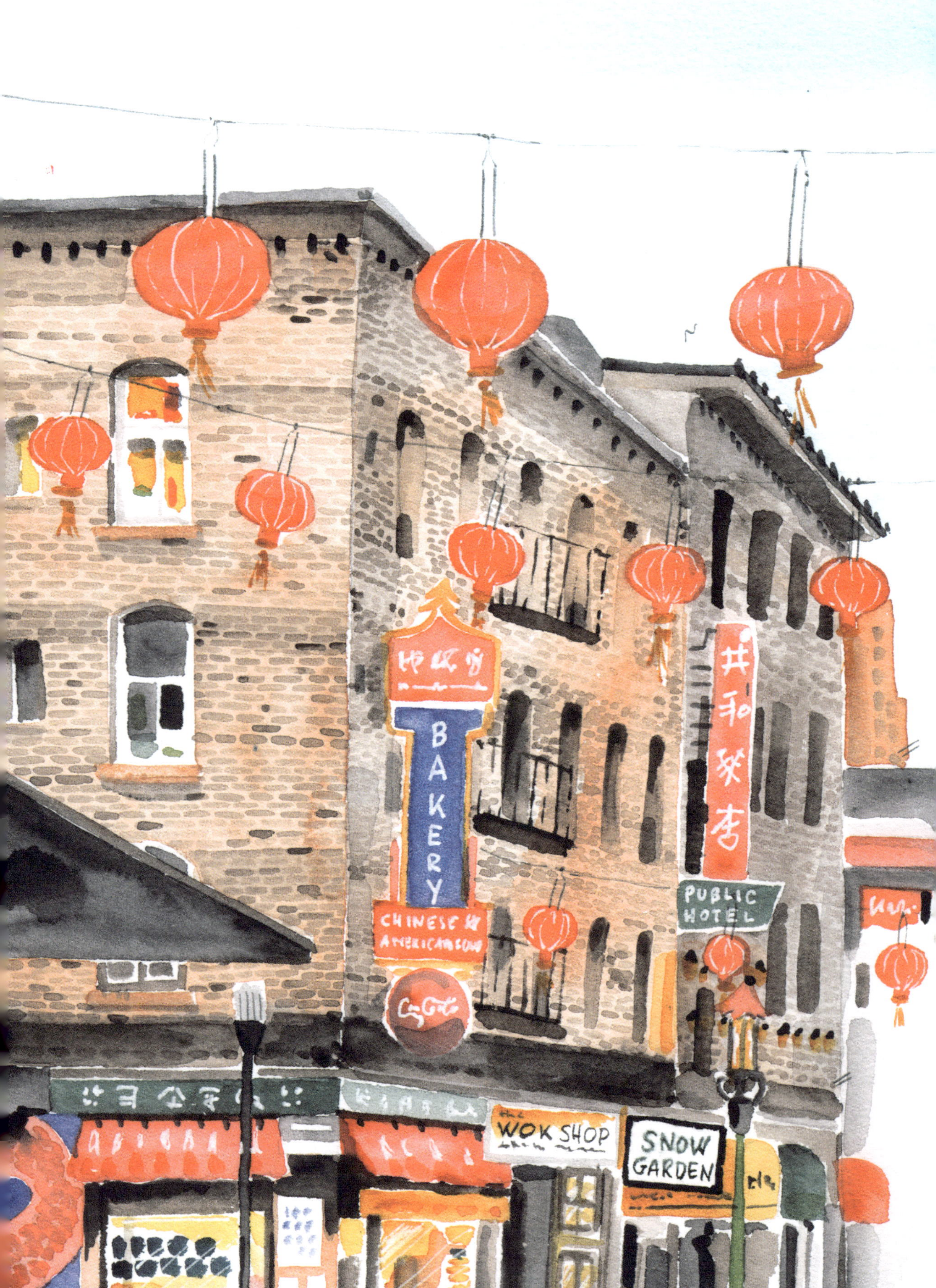

BAKERY
CHINESE
PUBLIC HOTEL
WOK SHOP
SNOW GARDEN

Von grob nach fein

Ähnlich wie einen farblichen Fahrplan solltest du dir auch den ungefähren Aufbau deines Bildes überlegen, den du Schritt für Schritt umsetzen kannst. Generell gilt: von grob nach fein illustrieren. Konzentrierst du dich nämlich am Anfang zu sehr auf die Details, so verlierst du schnell den Überblick und weißt irgendwann nicht mehr, wie du weitermachen sollst. Beginnst du hingegen mit den gröbsten Schritten, so baust du dein Bild Stück für Stück auf. Ein wichtiger Tipp an dieser Stelle: nicht die Geduld verlieren! Gerade bei Urban Watercolor sind die letzten Pinselstriche die entscheidenden, um die Illustration lebendig zu machen. Daher solltest du ein Motiv niemals mittendrin abbrechen, sondern immer bis zum Schluss ausarbeiten. Du wirst erstaunt sein, wie sehr sich das Bild durch Details verändern lässt.

LAVUR VOR LASUR

Ein weiterer wichtiger Aspekt beim Aufbau einer Illustration ist die richtige Anwendung der Techniken – so steht die Lavur immer vor der Lasur. Ein Grund für diese Herangehensweise ist, dass Objekte, die im Hintergrund stehen, für das menschliche Auge unschärfer erscheinen als Dinge im Vordergrund. So bietet es sich an, den Hintergrund zu Anfang immer mit einer Lavur oder Nass-in-nass-Technik grob zu grundieren. Die Farben können dabei wunderschön ineinanderlaufen, und es entsteht automatisch ein verschwommener Look. Erst nachdem die Lavur getrocknet ist, beginne ich mit der Lasur, indem ich mehrere Farbschichten Schritt für Schritt übereinanderlege. Hierbei ist es wichtig, die Farben zwischendurch immer wieder trocknen zu lassen, damit die Konturen nicht verschwimmen. Einen trockenen Untergrund brauche ich außerdem, um die Objekte im Vordergrund mit detaillierten Linien präzise und scharf darstellen zu können. Schaue dir also auch hier deine Vorlage oder Skizze genau an und überlege dir direkt zu Beginn, welche Schritte auf nassem Papier geschehen sollen und welche auf trockenem. Wenn du mit einer groben Struktur startest, fällt es dir auch leichter, sicher und gelassen an die ersten Pinselstriche heranzugehen.

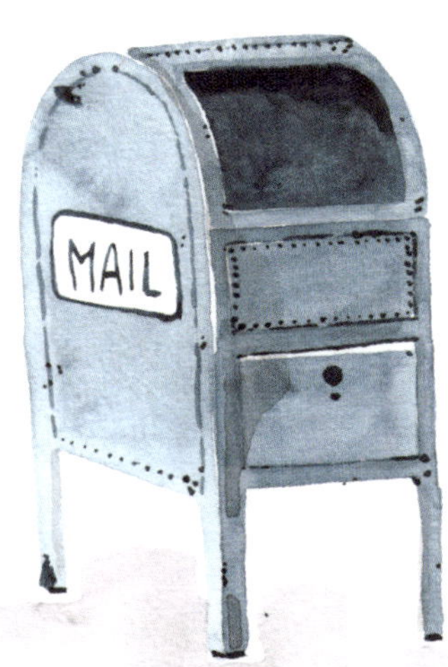

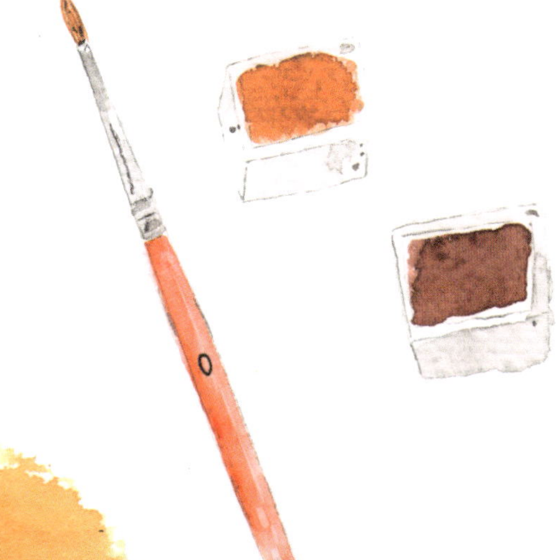

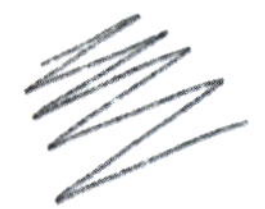

Details vs. weniger ist mehr

Weniger ist bekanntlich mehr – aber Details machen so viel aus! Ein Gegensatz, der oft nicht leicht zu handeln ist. Aber es gibt einen Unterschied zwischen Details sorgfältig einarbeiten und wild mit dem Pinsel rumstreichen. Gerade beim Aquarellieren sollte man mit dem Pinsel nicht zu oft dieselbe Stelle bearbeiten. Das führt nämlich dazu, dass die Farben kein Eigenleben mehr entwickeln können und deine Illustration dadurch an Leichtigkeit verliert. Zudem kann das empfindliche Papier aufrauen und die Farbe sich unschön absetzen. Deshalb solltest du jeden Strich locker, aber mit Bedacht ausführen.

Und dennoch leben Illustrationen von Details. Je mehr Kleinigkeiten sich in einer Szene verstecken, desto lebendiger wirkt das Gesamtbild. Das können Strukturen auf Hauswänden, Gehwegen oder in Bäumen sein. Aber genauso wichtig sind kleine Dinge wie Vögel hier und da, eine Katze, die auf der Treppe sitzt, oder ein Mann mit einem Hut.

Du solltest deshalb schon in deiner Skizze prüfen, ob genug Details über das ganze Bild verteilt sind. Gibt es einige Flächen, die noch zu nackt wirken, so überlege dir kleine Gegenstände oder Strukturen, die diese Teile interessanter gestalten können.

Ähnlich solltest du auch vorgehen, wenn du ein Foto als Vorlage verwenden möchtest. Schon bei der Suche nach dem richtigen Bild kannst du auf Details achten. Wirken manche Stellen im Bild zu eintönig, so ergänze selbst ein paar Dinge oder suche dir einfach ein spannenderes Foto.

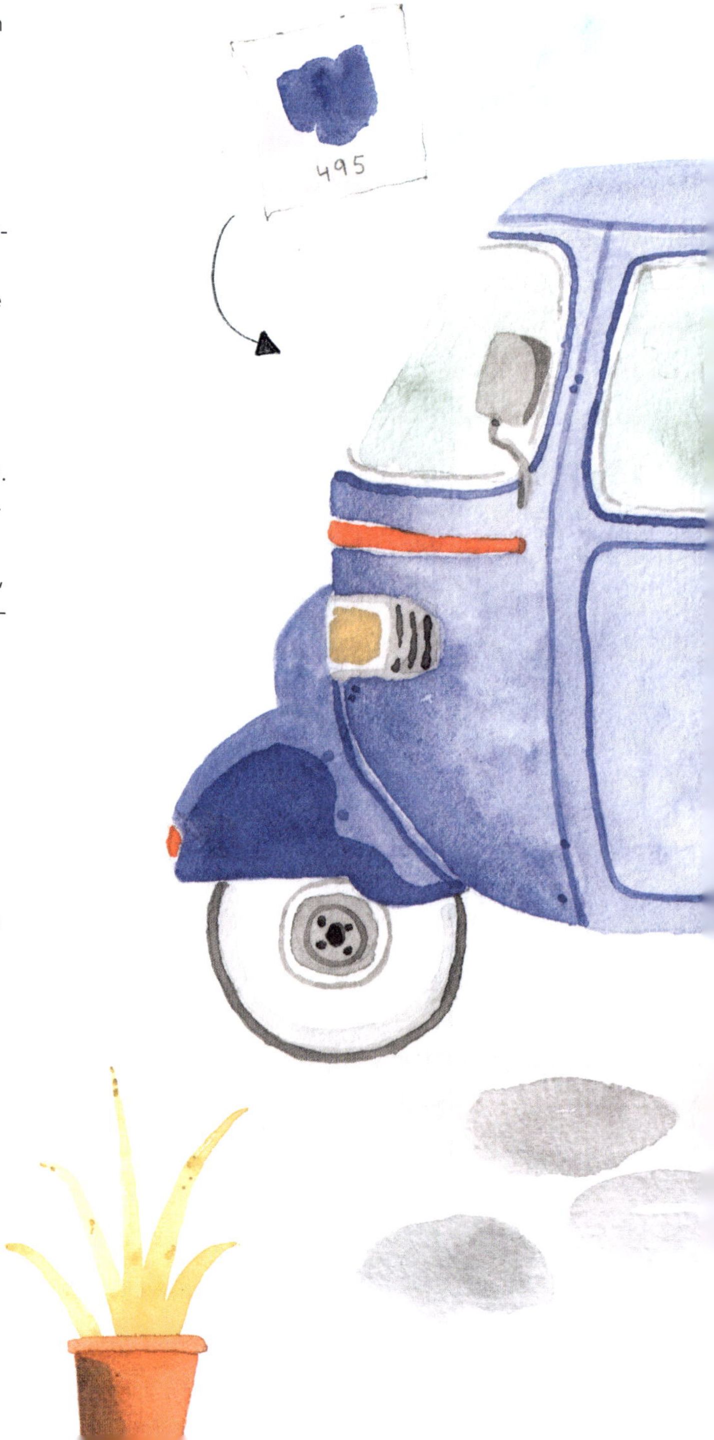

495

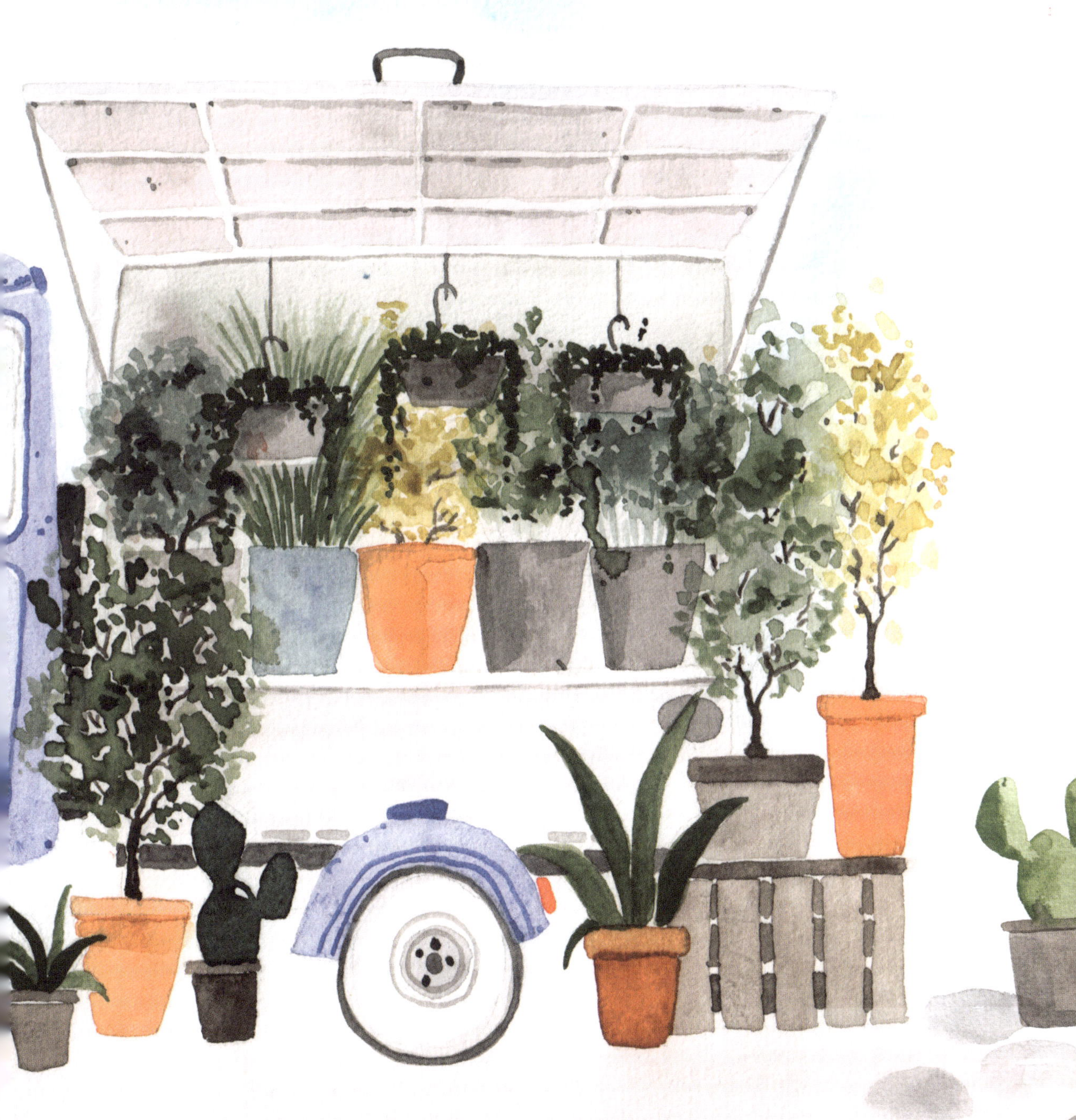

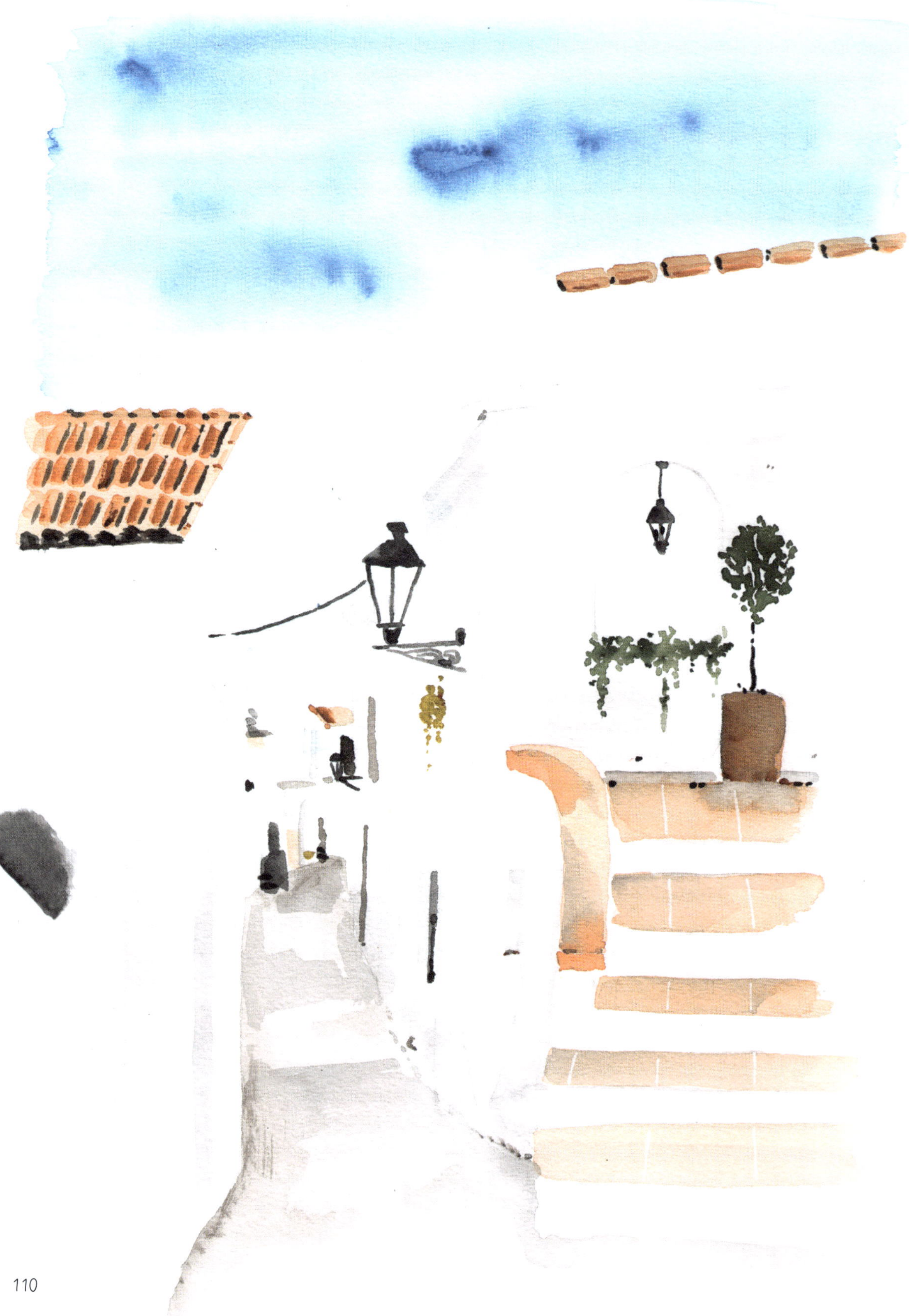

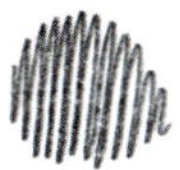

Kontraste

Illustrationen brauchen Tiefe, Kraft und Dimensionalität, um den Betrachter in ihren Bann zu ziehen. Ohne Kontraste wirkt eine Illustration schnell eindimensional. Aber was bedeutet überhaupt Kontrast? In der bildenden Kunst spricht man von einem Unterschied in der Helligkeit. Das bedeutet, dass ich versuche, innerhalb eines Motivs sowohl sehr helle als auch sehr dunkle Stellen darzustellen. Dadurch entsteht automatisch eine Tiefe im Bild. Da wir auf einem zweidimensionalen Medium arbeiten, müssen wir mit Farben Effekte erzielen, die uns eine Dreidimensionalität vortäuschen. Denn einzelne Objekte treten optisch nur dann hervor, wenn sie sich vom Hintergrund abheben.

Kontraste spielen gerade bei sehr hellen Motiven eine bedeutende Rolle. Möchte ich beispielsweise ein weißes Haus malen, so ist es wichtig, dass einige Elemente im Bild kräftig gestaltet sind und einen Gegensatz zu dem Weiß des Hauses bilden. Das können die Fensterrahmen oder ein paar Pflanzen vor dem Haus sein. Geht dieser Kontrast verloren, dann wirkt das ganze Bild blass und kraftlos.

Übrigens: Weiße Häuser darzustellen, ist eine große Herausforderung. Deshalb solltest du dir immer direkt zu Beginn überlegen, mit welchen Elementen du das Haus kontrastieren kannst.

Dieser weiße Brezelwagen ist ein gutes Beispiel. Durch die dunklen Reifen und knalligen Farben im Innenraum sticht das Motiv sehr schön hervor und wirkt plastischer.

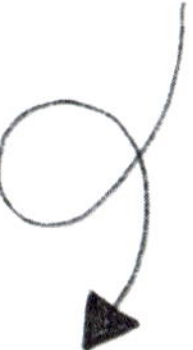

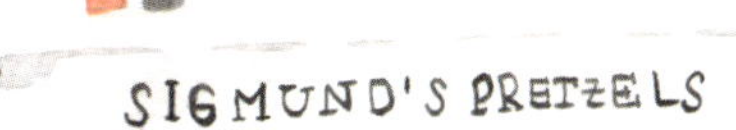

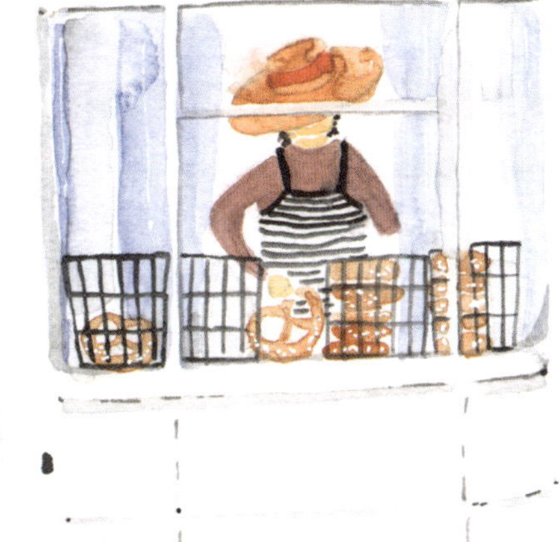

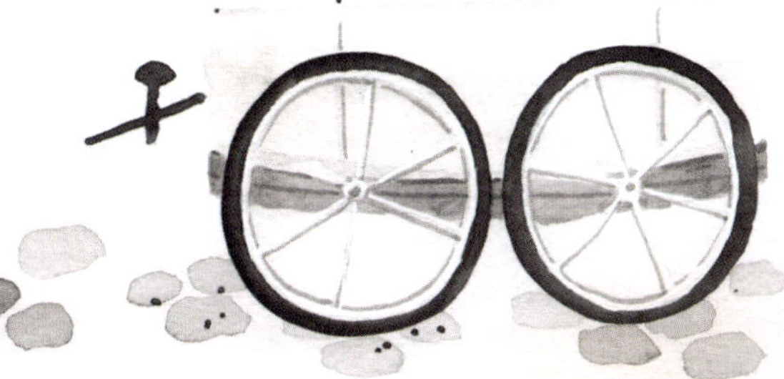

Skizzieren ohne Vorlage

Eine Skizze soll dir Hilfestellung und Sicherheit geben – sie soll dir aber nicht die Freiheit nehmen, dein Motiv individuell und nach Lust und Laune zu gestalten. Das Vorzeichnen ist bei Urban Watercolor ein wichtiger Schritt. Proportionen, Perspektive und Aufteilung sollten feststehen, bevor es an Pinsel und Farben geht. Dabei arbeite ich in vielen Fällen sogar mit zwei Skizzen: einer groben Vorskizze auf einem Schmierzettel und der Hauptskizze auf dem Aquarellpapier. Die Vorskizze dient der Ideenfindung. Sollte ich nämlich keine Fotovorlage haben, so überlege ich mir den Aufbau und die Elemente selbst. Die richtige Aufteilung spielt dabei eine essenzielle Rolle. Ich möchte, dass meine Illustration harmonisch ist – das heißt, die Elemente sind gleichmäßig im Bild verteilt, der jeweilige Anteil von Himmel und Boden ist ausgeglichen und das wichtigste Element steht im Fokus.

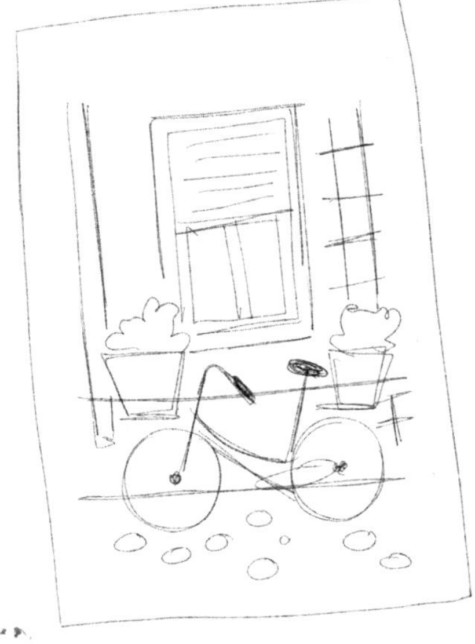

Grobe Skizze, um die Aufteilung und die Elemente im Bild festzulegen.

Außerdem lege ich schon hier meine Details fest. Wo lassen sich Gegenstände ergänzen? Welche Flächen wirken noch zu nackt und brauchen Struktur? Stimmen die Proportionen? Dabei arbeite ich sehr schnell und gebe mir keine Mühe, die Skizze sauber zu zeichnen. Es geht hierbei nur um die grobe Aufteilung und die Bildidee. Denn wenn die erste Skizze steht, kann ich mit der Hauptskizze auf einem Aquarellpapier beginnen.

Für die Hauptskizze kannst du dir, wenn nötig, ein Raster in Form eines Kreuzes in die Mitte deines Blattes zeichnen. Dadurch bekommst du ein besseres Gefühl für die Proportionen und Abstände. Dein Motiv sollte sich im Zentrum des Blattes befinden, um dem Ganzen eine Grundstabilität zu geben. So sind die Abstände um das Motiv herum bis zum Papierrand ungefähr gleich. Für die Hauptskizze solltest du einen harten Bleistift verwenden. Dieser ergibt eine sehr feine Linie auf dem Papier und du kannst die Vorzeichnung mit den Aquarellfarben überdecken oder, wenn nötig, am Ende wegradieren. Versuche, die Zeichnung so zart wie möglich zu machen – versuche also, mit dem Bleistift so wenig wie möglich aufzudrücken. Durch die harte Spitze könntest du sonst das empfindliche Papier beschädigen.

Zudem solltest du einen feinen Radiergummi verwenden. Gerade Aquarellpapier kann durch das Radieren schnell beschädigt werden.

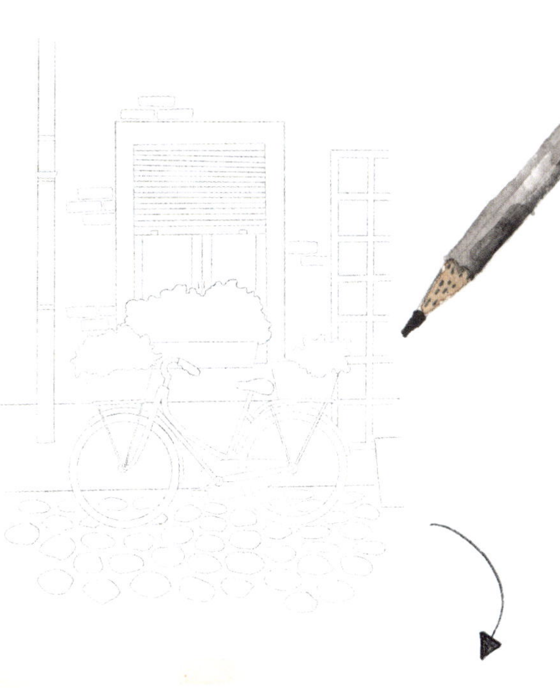

Grundsätzlich rate ich dir, kein Lineal zu benutzen. Linien, die freihand gezeichnet wurden, wirken immer dynamischer und geben deinem Motiv mehr Ausdruck. Orientiere dich bei Linien, die gerade werden sollen, an den Papierrändern und an deinem Raster, falls du eins gezeichnet hast. Versuche außerdem, Linien durchzuziehen und nicht zu sehr zu stricheln. Sonst wird deine Skizze schnell zu ungenau und es wird schwieriger, sich daran zu orientieren.

Gerade für Anfängerinnen und Anfänger ist die Vorzeichnung eine Herausforderung. Deshalb eignet sich dafür ein robusteres Papier, das durch ausgiebiges Radieren nicht beschädigt wird. Verwende deswegen ein Papier, dessen Oberfläche sehr stark ist und sich dadurch nicht so schnell aufrauen lässt (mehr auf den Seiten 156–157).

Wem die Skizze dennoch schlaflose Nächte bereitet, der kann sich auch mit Grafitpapier behelfen. Damit kannst du eine Skizze oder ein Foto auf das Aquarellpapier übertragen. Achte aber darauf, dass du beim Übertragen nur leicht aufdrückst, damit nicht zu viel Grafit auf das Aquarellpapier übertragen wird. Dieser lässt sich nämlich im Gegensatz zu Bleistiftlinien schlechter wegradieren. Außerdem lassen sich Skizzen oder Vorlagen auch mithilfe eines Leuchttischs übertragen.

Foto-Vorlagen

Generell ist die Wahl der richtigen Fotovorlage ausschlaggebend für ein stimmiges Ergebnis. Ist ein Foto zu überladen, so scheitert man schnell an zu vielen Details. Ist das Bild hingegen zu simpel, so wirkt die Illustration am Schluss auch eher öde. Deshalb suche ich mir oft Motive, die einfach strukturiert sind, aber dennoch durch Details lebendig wirken – sprich: wenige Elemente im Bild, die durch einige Details und Strukturen aufgelockert werden. Außerdem stelle ich mir bei der Motivsuche schon die Frage, ob die Perspektive zu komplex ist oder ob Elemente vorkommen, die schwierig zu erkennen oder darzustellen sind. Dabei gehe ich grob die einzelnen Schritte der Illustration im Kopf durch. Wie grundiere ich den Hintergrund am besten? Arbeite ich hierbei nass in nass oder brauche ich an manchen Stellen eine Lasur? Welche Elemente stehen im Fokus und sollten sehr kontrastreich dargestellt werden? Gibt es weiße Stellen, die ich beachten muss?

Wenn all diese Fragen vorab schon beantwortet werden, wird danach das Illustrieren an sich deutlich leichter. Allerdings bedarf es einiger Versuche und auch Übung, sein Auge so zu schulen, dass man die Antworten auf diese Fragen auch im Vorhinein findet. Beobachte deinen Prozess beim Malen daher immer ganz genau. So lernst du, auf welche Dinge du bei der Vorlagen-Auswahl achten solltest und was dir leicht bzw. schwerer fällt.

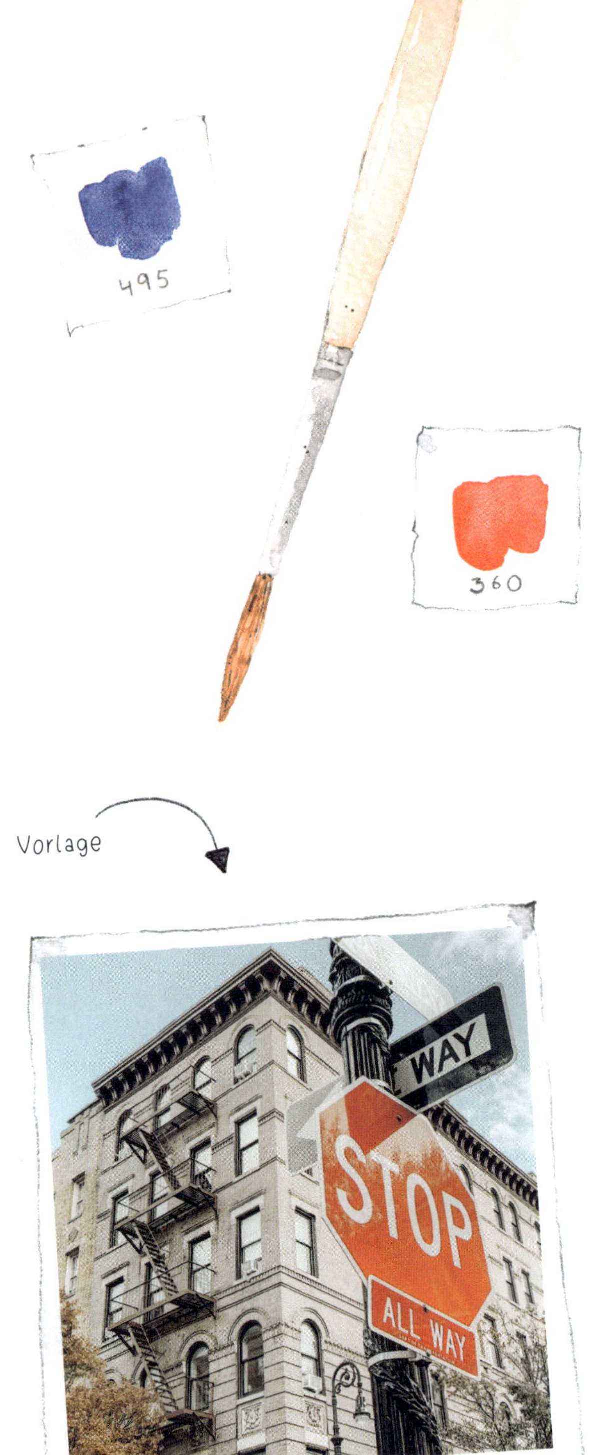

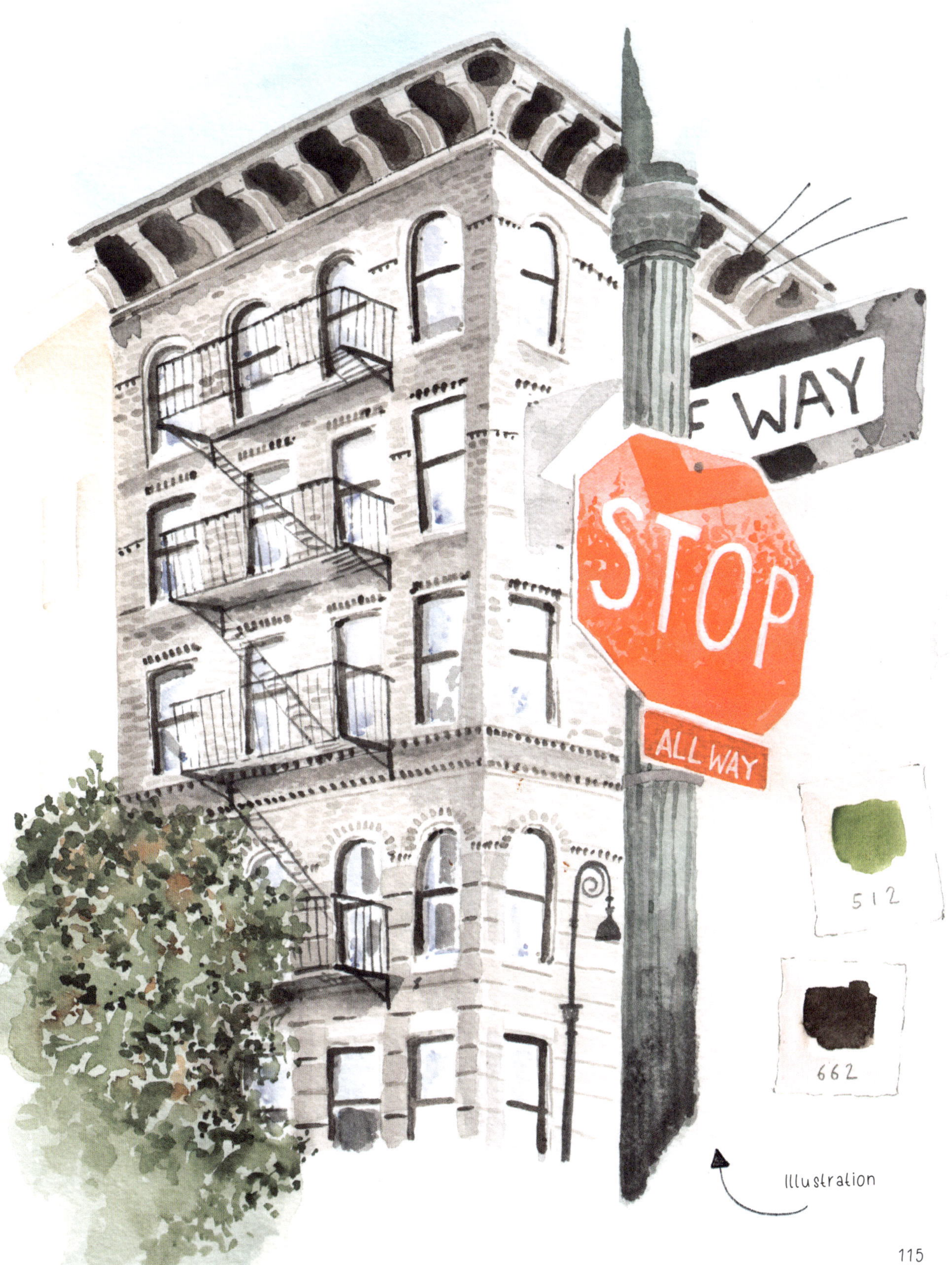
WAY
STOP
ALL WAY
512
662
Illustration

Von der Vorlage zur Skizze

Zunächst kannst du alle Grundlinien einzeichnen, wodurch du dein Motiv grob einteilen kannst. Mehr zum Thema Perspektive findest du auf Seite 34.

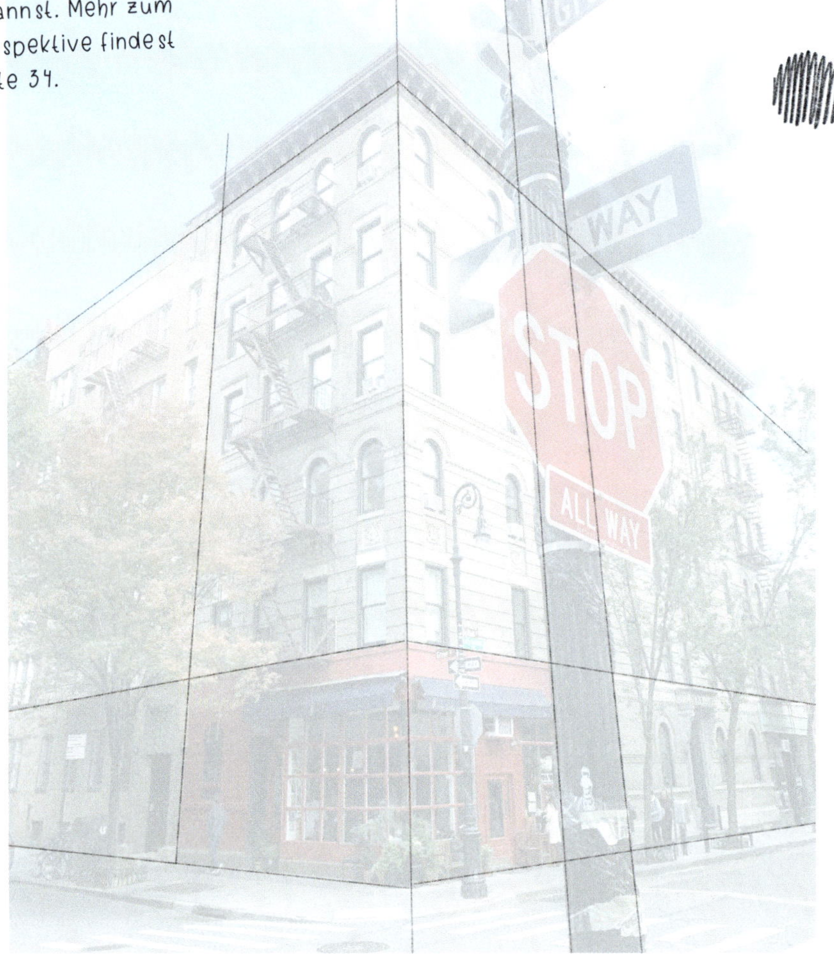

Da die Fluchtpunkte bei dieser Vorlage außerhalb des Bildes liegen, musst du dir diese ungefähr denken. Versuche deshalb die Neigungen der Geraden grob zu übernehmen.

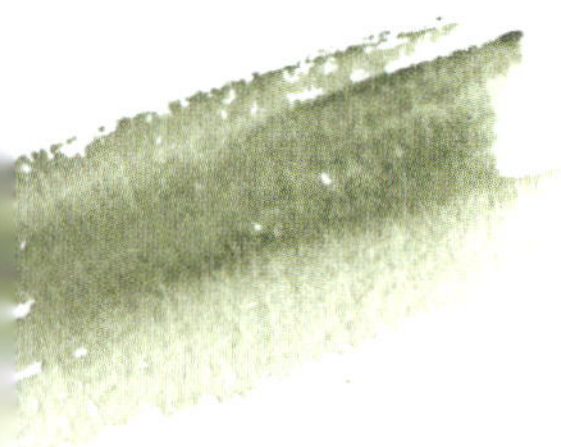

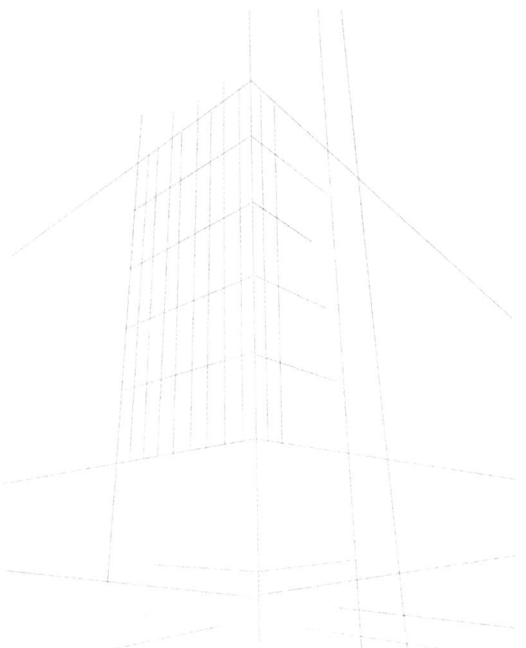

Um die Fenster richtig auszurichten, solltest du ein Raster einzeichnen.

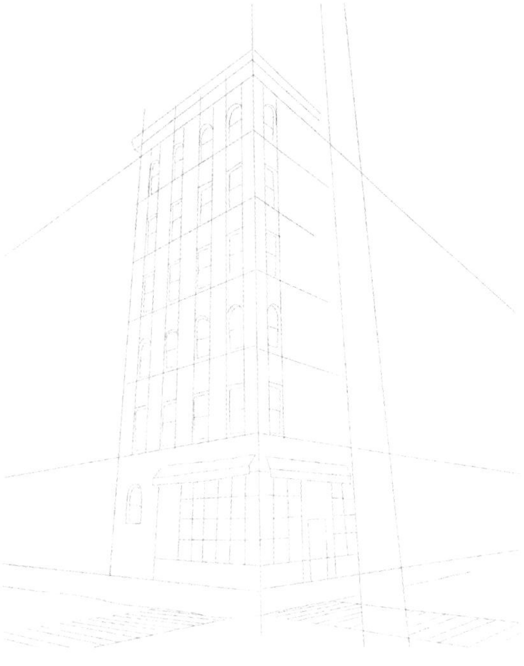

Nun kannst du die Fenster und den Eingangsbereich einzeichnen.

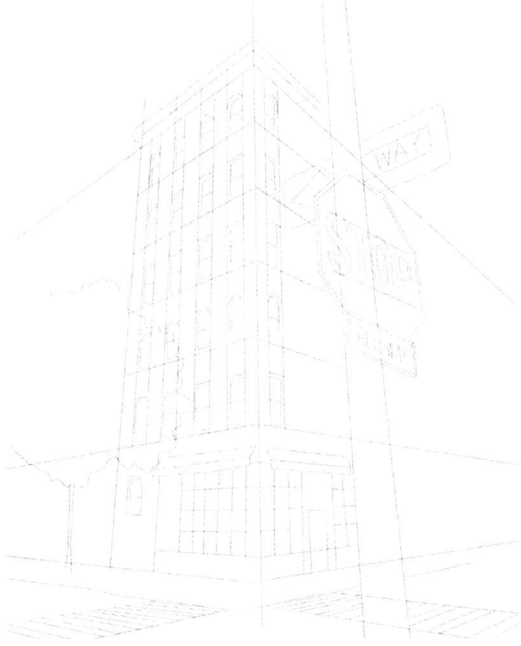

Füge nun alle weiteren Details hinzu.

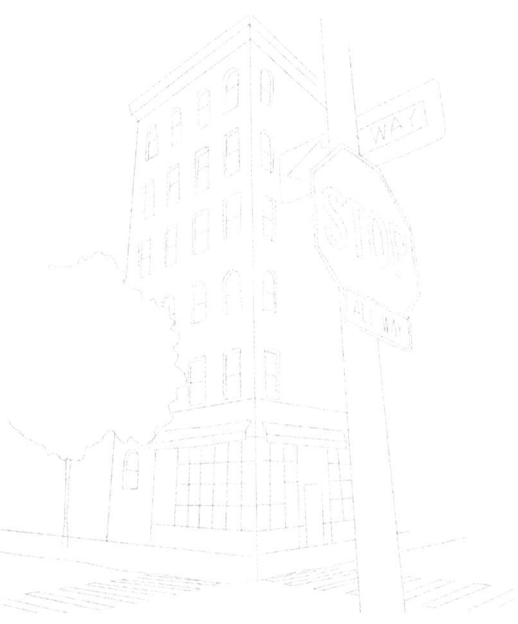

Zuletzt kannst du nun alle Bleistiftlinien wegradieren, die du nicht mehr brauchst.

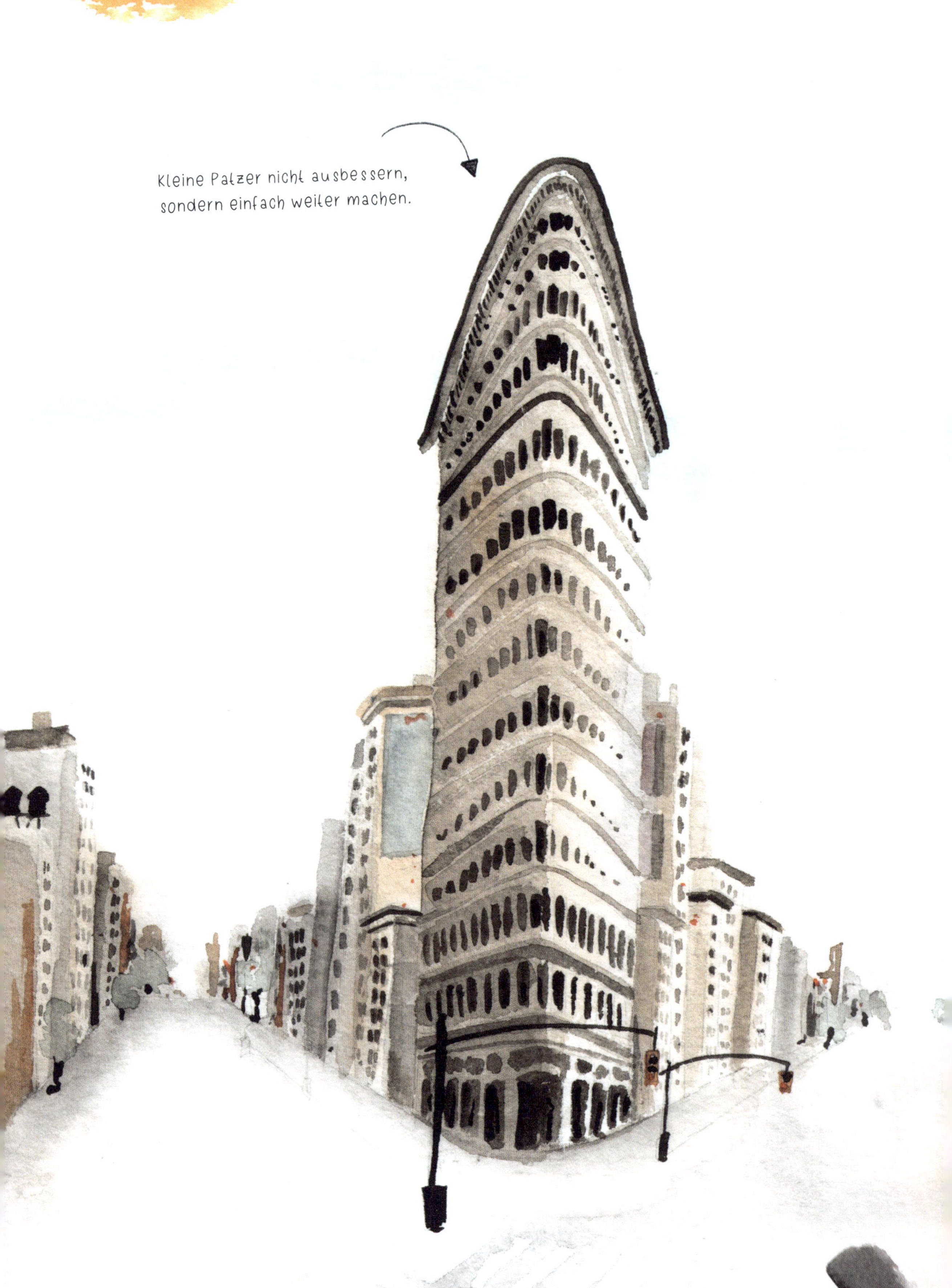
Kleine Patzer nicht ausbessern,
sondern einfach weiter machen.

Ausbessern verboten

Gib der Aquarellfarbe den Freiraum, den sie braucht. Vertrau dem Medium und versuche, nichts zu erzwingen. Ausbessern funktioniert bei Acryl- oder Ölfarben ziemlich gut, denn dabei lässt sich durch die deckenden Farben auch nachträglich einiges verändern. Ein Ölbild ist noch wochenlang nach Anfertigung nicht durchgetrocknet und kann problemlos ergänzt werden. Anders sieht es allerdings bei Aquarellfarben aus. Durch die transparenten Schichten bleibt jedes Malheur sichtbar. Wenn wir also nicht ausbessern können, dann sollten wir kleine Patzer akzeptieren und in unser Bild integrieren. Farben, die ungewollt ineinanderlaufen, sind das klassische Beispiel für Fehler, die man niemals ausbessern sollte. Sobald du versuchst, den Farbfluss zu stoppen, brichst du die gleichmäßige und elegante Struktur der Farben auf. Der Versuch, mit dem Pinsel die Farbe vom Laufen abzuhalten oder mit einem Tuch in den Übergang zu tupfen, führt dazu, dass sich unschöne Wasserkränze bilden oder an dieser Stelle Pigmente fehlen. Wenn wir den vermeintlichen „Fehler" also nicht rückgängig machen können, so sollten wir ihn akzeptieren. Ursprünglich ungewollte Farbverläufe können eine ganz eigene Dynamik in dein Bild zaubern. Deshalb solltest du viel mehr damit spielen und sogar mal absichtlich ausprobieren, was passiert, wenn du Farben ineinanderlaufen lässt.

Bereits getrocknete Bereiche solltest du ebenfalls nicht noch einmal aufbrechen. Gerade von Lavuren solltest du im Nachhinein die Finger lassen. Der natürliche Lauf der Farben lässt sich nicht ändern, ohne dass das Bild dabei an Leichtigkeit verliert.

Auch, wenn eine Linie mal nicht gerade wird oder eine bestimmte Form nicht so, wie du sie dir vorstellst – das ist kein Grund, den Pinsel zu schmeißen. Versuche, solche Unregelmäßigkeiten nicht erneut zu übermalen. Dadurch werden sie in deinem Bild nur präsenter. Häufig wird durch das Ausbessern viel zu viel Aufmerksamkeit auf diese eine Stelle gelenkt. Ein Aquarellbild wirkt im Ganzen, und sobald die leichte und feine Struktur aufgebrochen wird, springt der eine kleine Fehler direkt ins Auge. Ignorierst du hingegen kleine Patzer, so fallen sie am Ende kaum ins Gewicht.

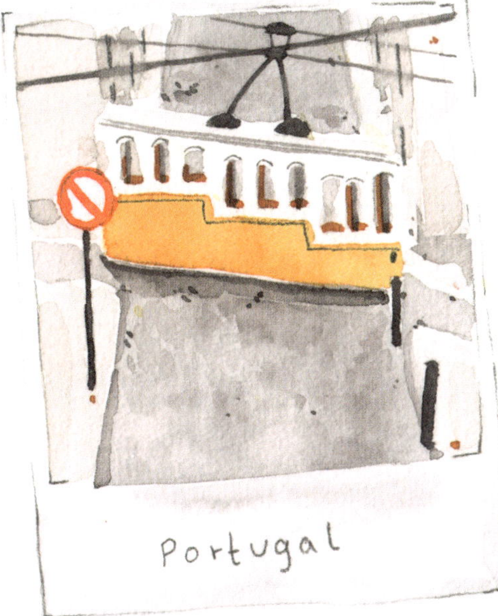

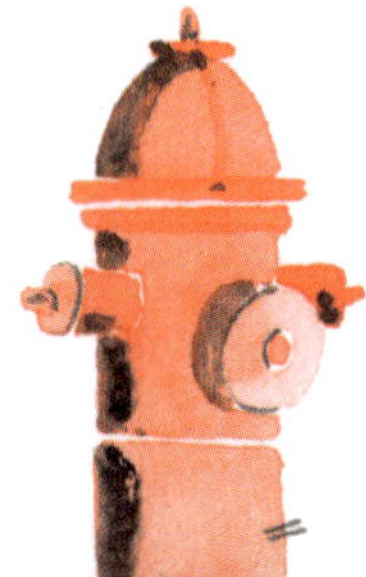

Mein persönlicher Fahrplan

Komplexere Motive wirken gerade auf Anfänger oft erschlagend, und die Hemmschwelle, sich den Pinsel zu schnappen und einfach loszulegen, ist sehr hoch. Deshalb findest du hier meinen persönlichen Fahrplan, wie ich grundsätzlich an urbane Motive herangehe.

1.

DIE SKIZZE

Mit einer guten Vorskizze kann ich mir selbst vorab viel Hilfestellung geben. Dabei solltest du dir genügend Zeit geben und nicht ungeduldig schnell auf ein Ergebnis pochen. Denn wenn die Vorskizze stimmig ist, so ist das Arbeiten mit Aquarellfarben wesentlich leichter.

2.

DIE GRUNDIERUNG

Mit einer Grundierung in Form einer Lavur (siehe Seite 30) schaffst du direkt zu Beginn die Basis. Du tastest dich sozusagen langsam an das Motiv heran. Das Schöne ist nämlich, dass man bei der Grundierung nicht allzu viel falsch machen kann, da das Papier und die Farben nass sind und somit eine Zeit lang bearbeitet werden können. Wichtig ist nur, dass du eher zu hell als zu dunkel arbeitest. Dunkle Farbe kannst du ganz leicht Stück für Stück hinzufügen. Dafür ist ein sehr großer Pinsel von Vorteil, da du damit viel Wasser und viel Farbe auf das Papier bringen kannst.

3.

GROSSE FLÄCHEN KOLORIEREN

Nachdem die Grundierung komplett getrocknet ist, können nun die großen Flächen koloriert werden. So baust du dein Bild Stück für Stück auf und kommst dem Motiv immer etwas näher. Für diesen Schritt verwende ich oft noch einen mittelgroßen Pinsel, damit es mir gelingt, die Flächen gleichmäßig einzufärben.

4.

KLEINE FLÄCHEN KOLORIEREN

Mit einem etwas feineren Pinsel kann ich nun alle kleineren Flächen ausmalen. Das können Dinge sein wie Fensterrahmen oder Blumentöpfe.

5.

DIE DETAILS

Das Wichtigste zum Schluss – die Details. An dieser Stelle steht das ganze Motiv bereits, es wirkt nur noch etwas nackt. Deshalb kommen jetzt Strukturen und Schatten mit ins Spiel. Für diesen Part ist ein sehr feiner Pinsel geeignet, mit dem man präzise arbeiten kann.

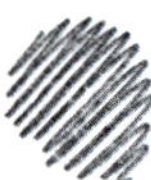

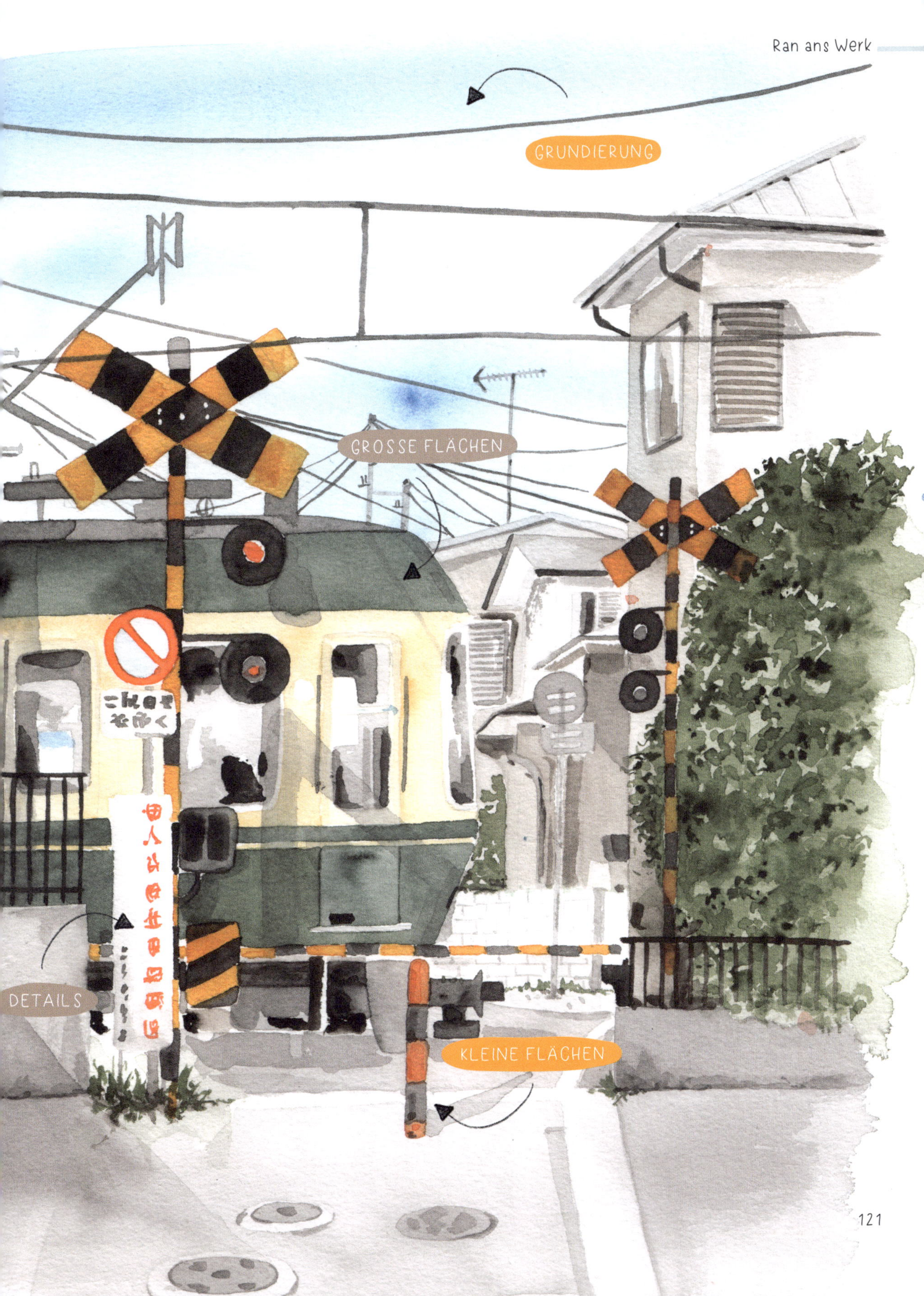
GRUNDIERUNG
GROSSE FLÄCHEN
DETAILS
KLEINE FLÄCHEN

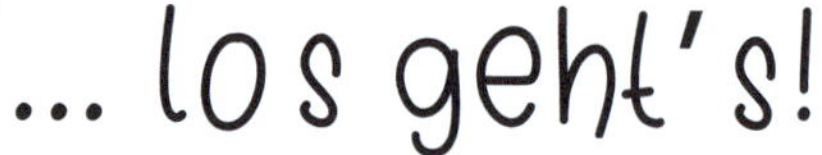

Auf den nächsten Seiten kannst du dich an ein paar Motive wagen, die ich dir Schritt für Schritt erkläre.

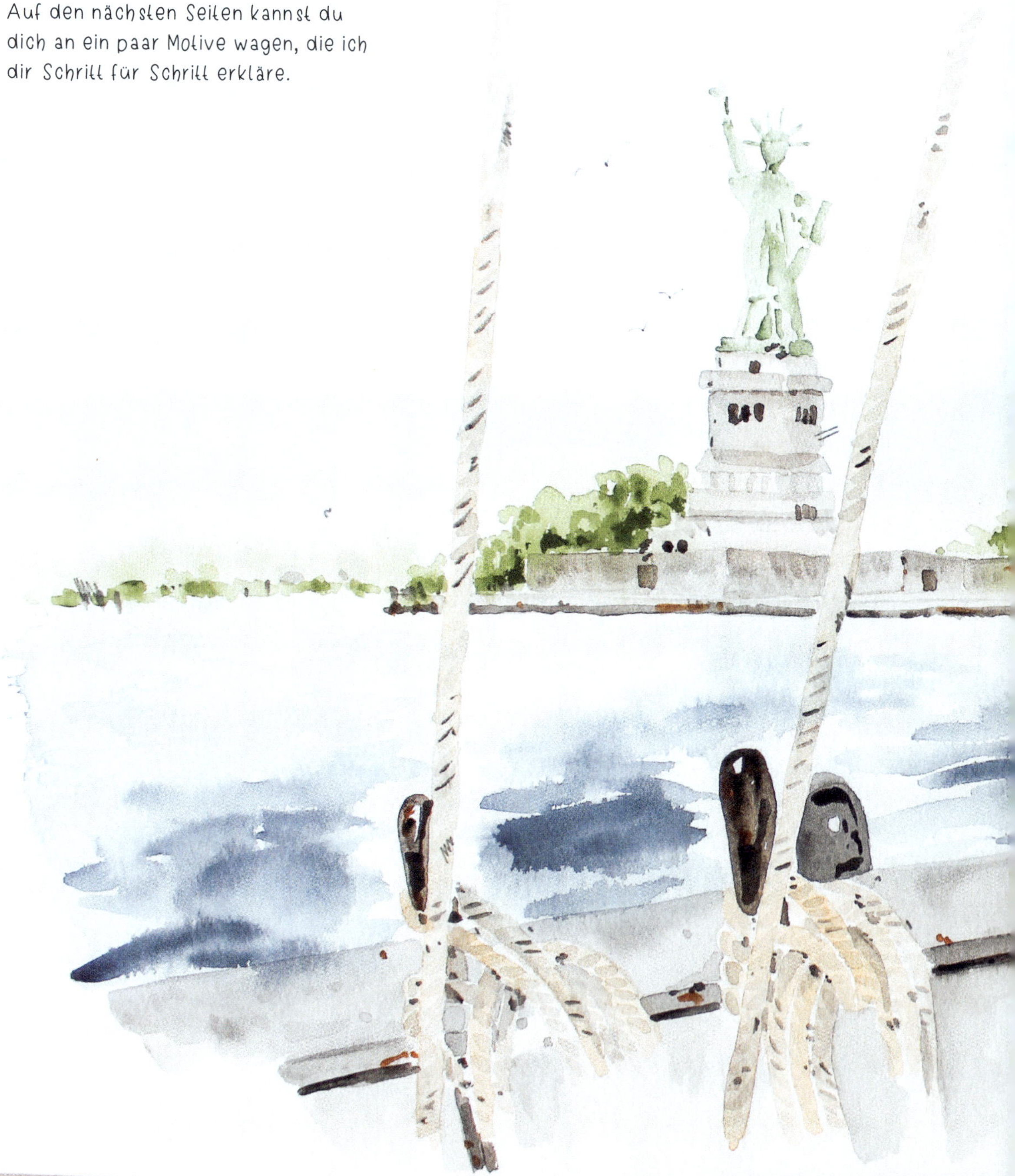

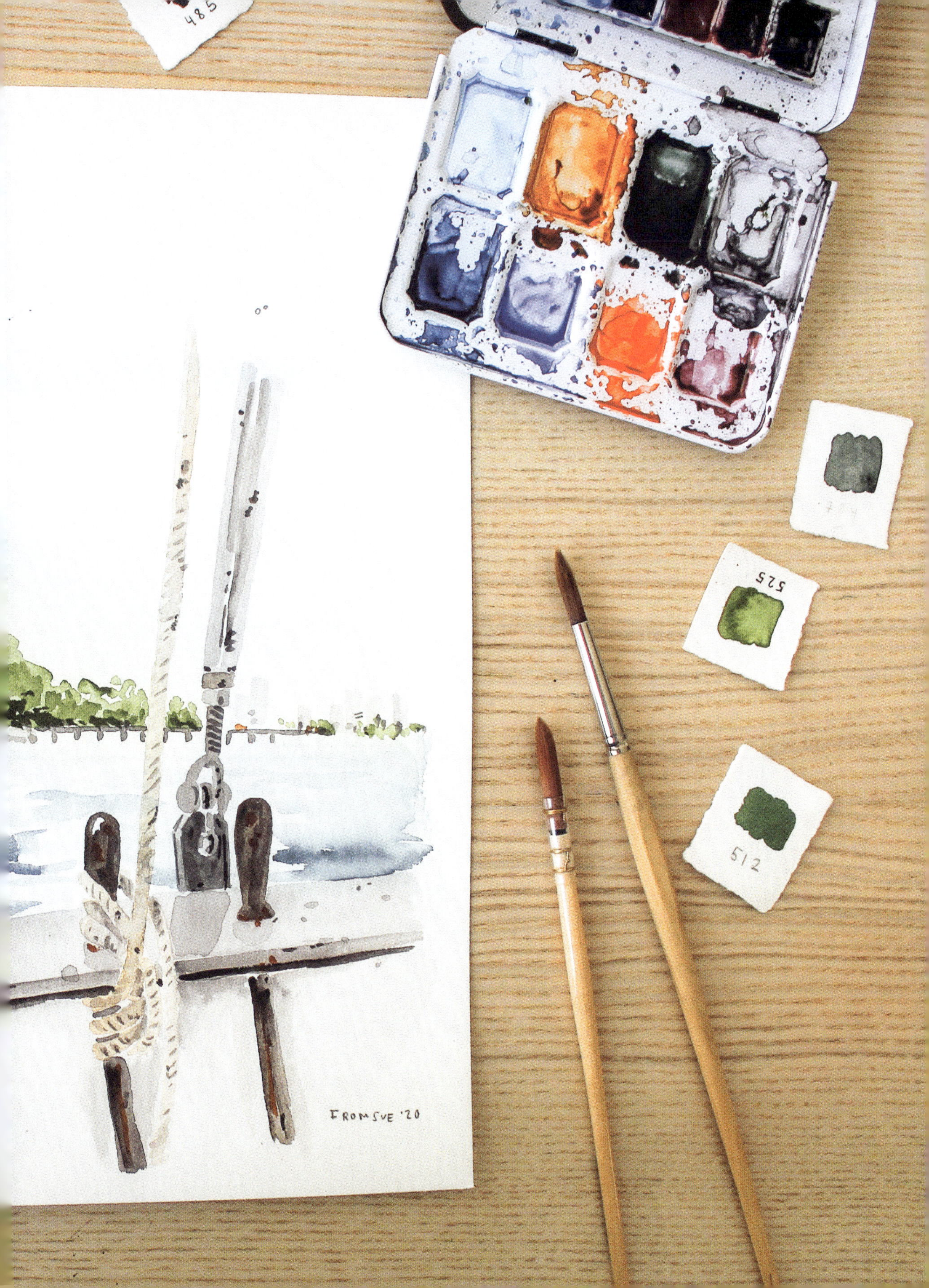
485
525
512
FROMSUE '20

Süßer Crêpes-Stand

Wenn ich an einen solchen kleinen Crêpes-Stand denke, dann steigt mir sofort der süße Geruch in die Nase. Diese niedlichen Stände findet man oft in Parks oder am Straßenrand. Sie verleihen dem Stadtbild einen malerischen Charakter und machen jede Gasse direkt sympathisch. Bei Crêpes muss ich direkt an Frankreich, Paris und Baskenmützen denken. Passend dazu habe ich dieses Motiv in den Farben Rot, Weiß und Blau gehalten. Deiner Fantasie sind hier aber keine Grenzen gesetzt – probiere einfach mal herum, welches Farbschema dir am besten gefällt.

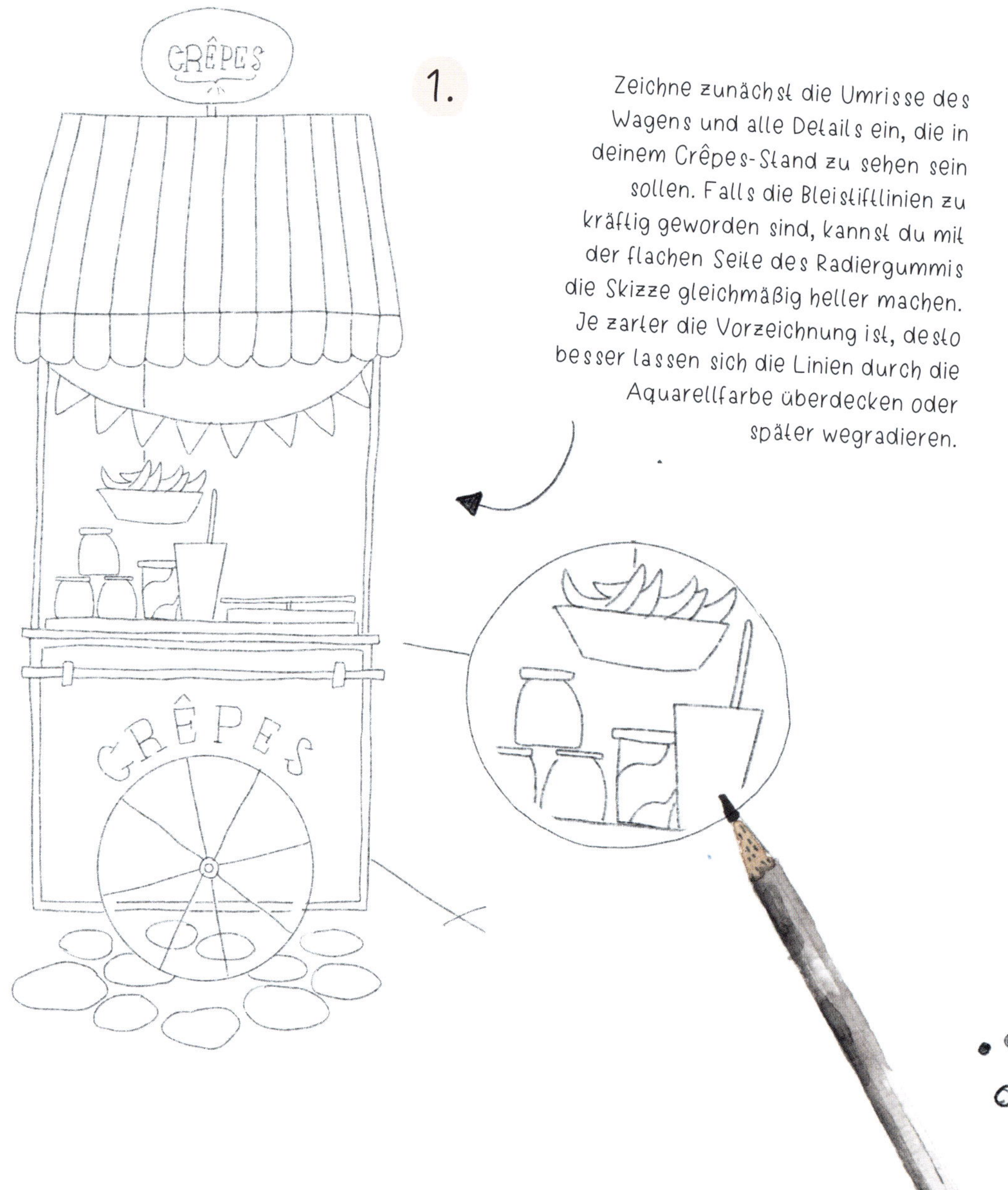

1\.

Zeichne zunächst die Umrisse des Wagens und alle Details ein, die in deinem Crêpes-Stand zu sehen sein sollen. Falls die Bleistiftlinien zu kräftig geworden sind, kannst du mit der flachen Seite des Radiergummis die Skizze gleichmäßig heller machen. Je zarter die Vorzeichnung ist, desto besser lassen sich die Linien durch die Aquarellfarbe überdecken oder später wegradieren.

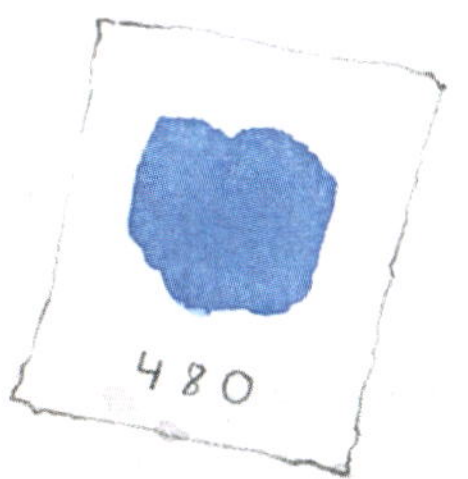

Nun kannst du mit einer Grundierung beginnen. Bestreiche dafür zunächst das gesamte Aquarellpapier mit klarem Wasser. Anschließend kannst du mit sehr hellen Farbtönen den Hintergrund und Boden wiedergeben. Ich stelle mir vor, dass der Wagen in einem Park steht. Deshalb gebe ich im mittleren Teil etwas Grün hinzu, um Büsche oder Bäume anzudeuten. Jetzt muss diese Schicht erst mal gut trocknen, bevor es weitergeht.

2.

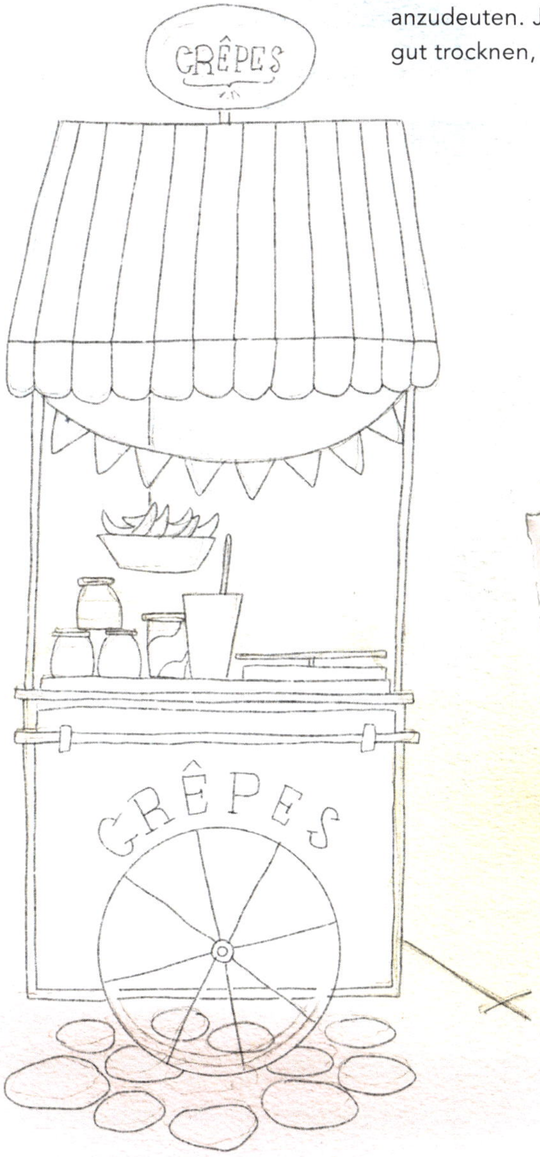

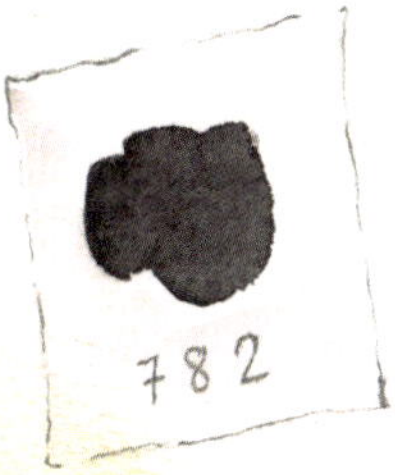

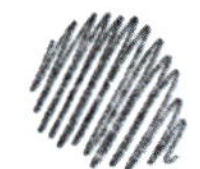

Im nächsten Schritt kannst du die größeren Flächen ausmalen. Der untere Teil des Wagens bleibt sehr hell und steht im Kontrast zu den dunklen Leisten und Stangen. Achte darauf, dass die einzelnen Flächen zwischendurch trocknen, sodass die Farben nicht ineinanderlaufen. Knallige rote Streifen auf der Markise und eine bunte Wimpelkette machen den Stand zu einem Hingucker. Auf dem Boden sieht man einige ovale Pflastersteine, die du in Grau ausmalen kannst.

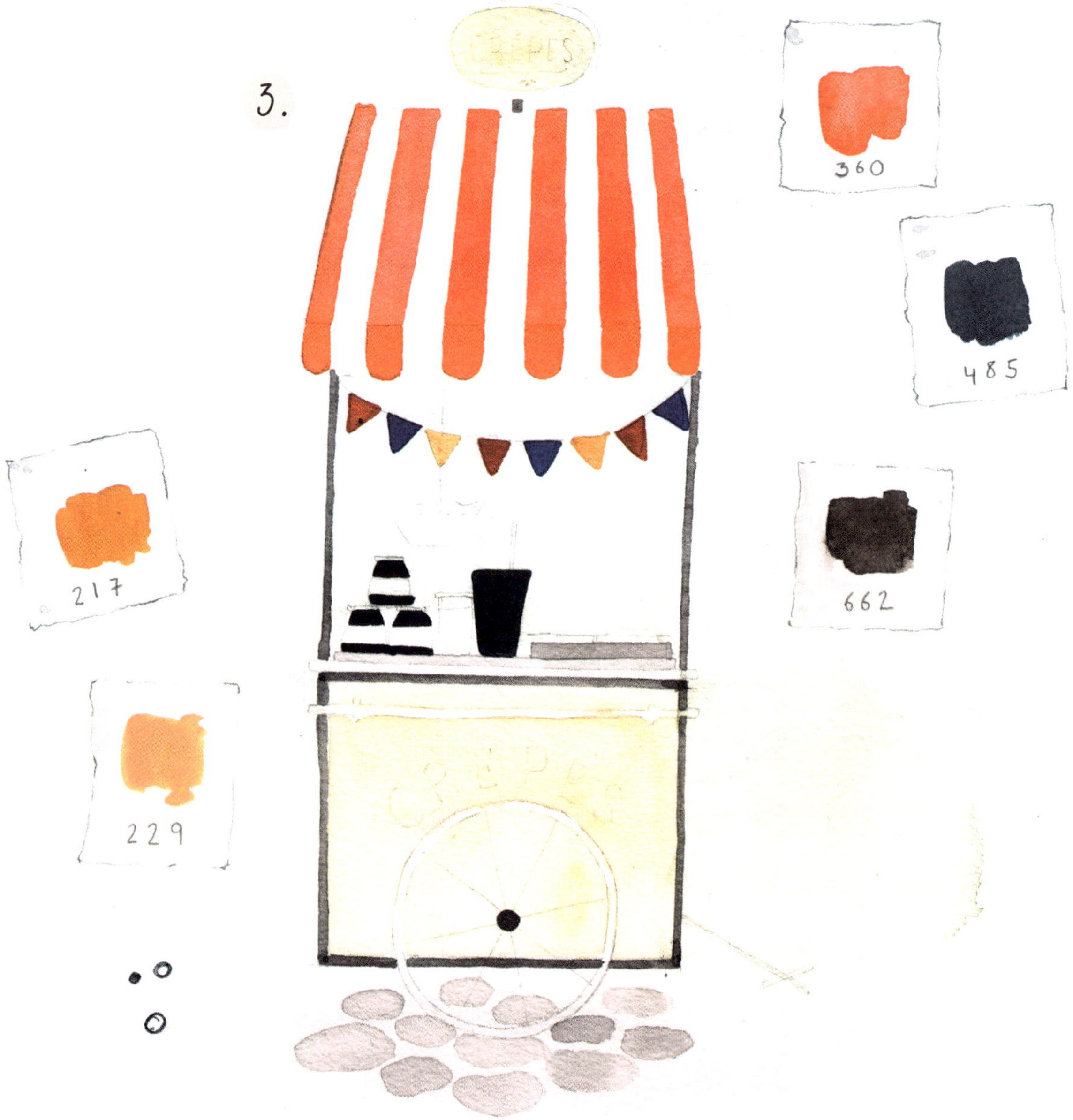

Ein paar wenige Schatten in einem hellen Grauton geben dem Motiv Plastizität. Auf der Markise und hinter dem Rad ist dieser Effekt am größten.

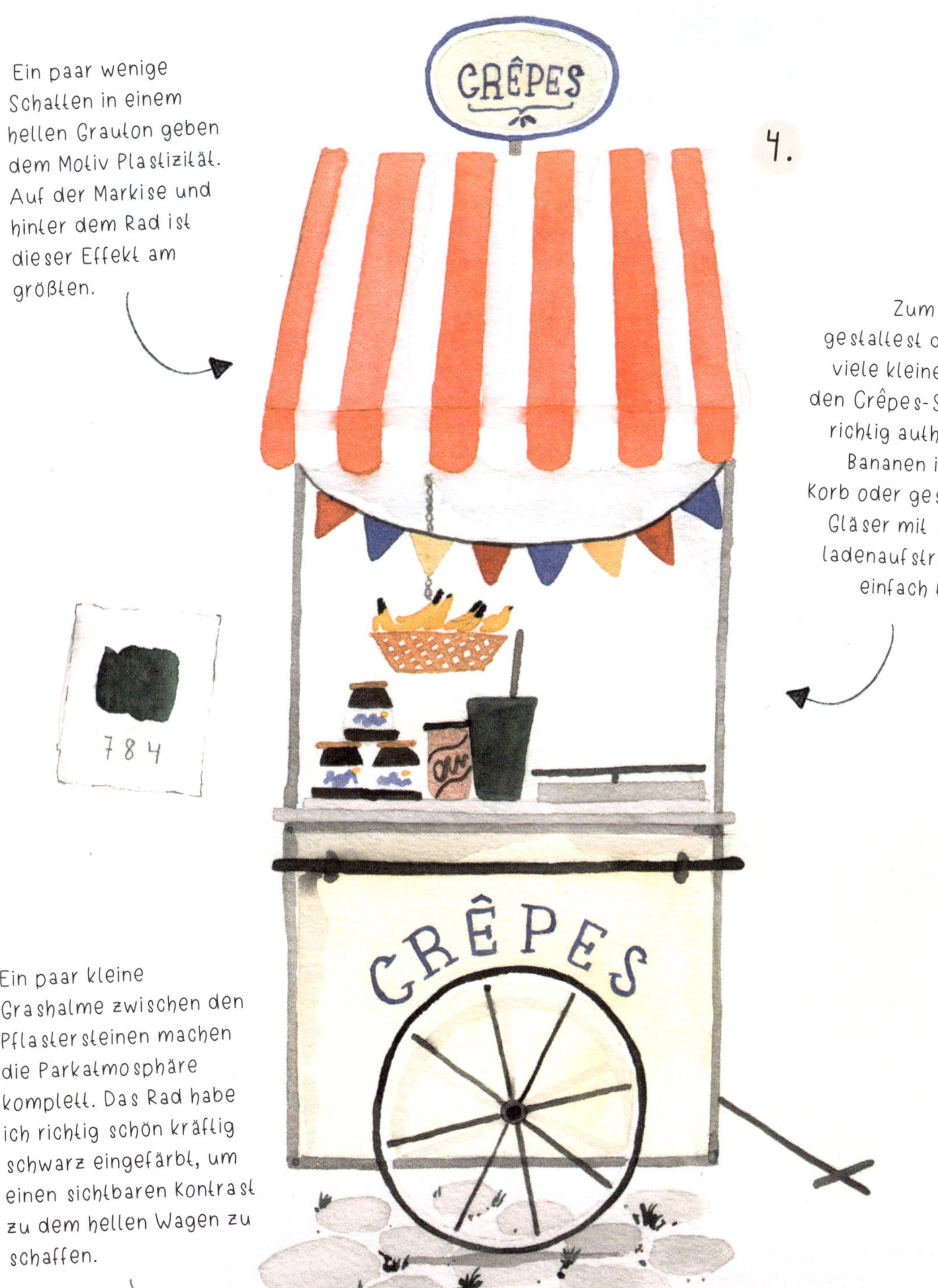

Zum Schluss gestaltest du durch viele kleine Details den Crêpes-Stand so richtig authentisch. Bananen in einem Korb oder gestapelte Gläser mit Schokoladenaufstrich sind einfach typisch.

Ein paar kleine Grashalme zwischen den Pflastersteinen machen die Parkatmosphäre komplett. Das Rad habe ich richtig schön kräftig schwarz eingefärbt, um einen sichtbaren Kontrast zu dem hellen Wagen zu schaffen.

BLICK AUS DEM FENSTER

Meistens werfe ich einen Blick aus meinem Fenster, wenn ich nachdenke. Gerade beim Arbeiten passiert das alle naselang. Für mich ist es daher auch immer schon wichtig gewesen, einen schönen Ausblick zu haben – irgendetwas, das mich inspiriert und glücklich macht. Ob grüne Oase oder urbanes Treiben – Hauptsache schön. Für dieses Projekt habe ich ein Motiv gewählt, das diese Stimmung transportieren soll. Du kannst entweder genau diesen Ausblick übernehmen oder deinen eigenen gestalten.

1.

Grünflächen und kleine Oasen sind das Herz einer jeden Stadt. Zu Beginn steht eine genaue Skizze des Fensters. Dabei habe ich Wert auf viele Details gelegt, um eine gemütliche Stimmung im Bild zu erzeugen. Kleine Topfpflänzchen und eine Kaffeetasse auf dem Bücherstapel hauchen dem Motiv Leben ein.

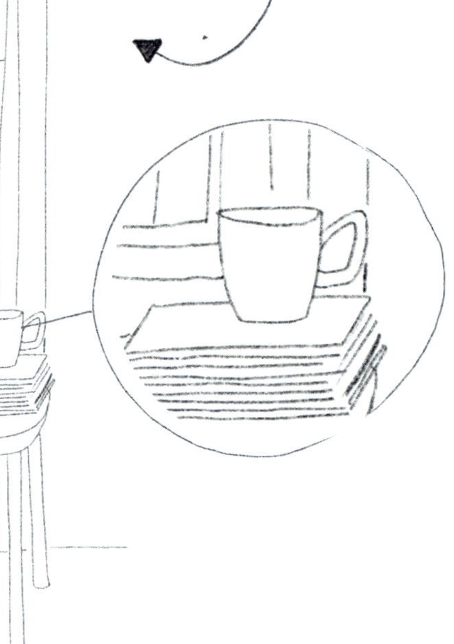

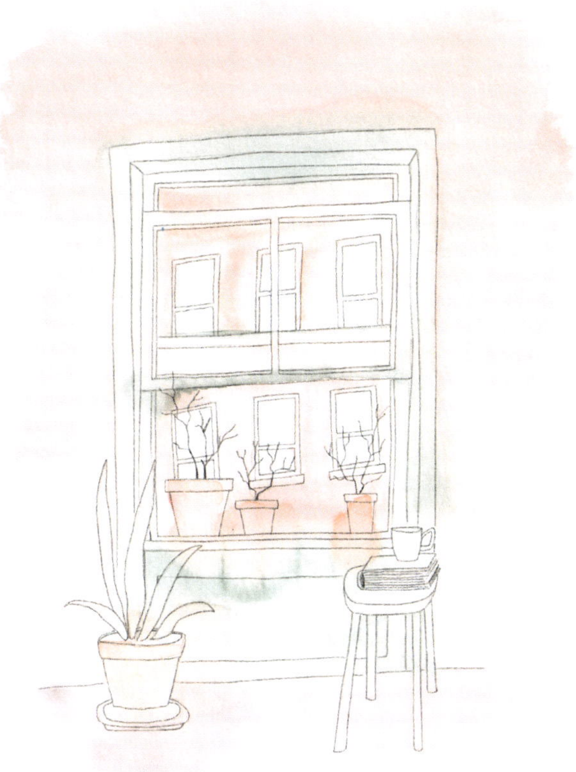

2.

Wenn die Skizze steht, wird das Motiv zunächst grundiert. Dafür kannst du das gesamte Blatt mit klarem Wasser bestreichen und anschließend die großen Flächen wie Wand, Boden und Rahmen mit hellen Farbtönen einfärben. Achte darauf, dass die kleinen Fenster des Nachbarhauses weiß bleiben. Durch das nasse Papier verlaufen die Farben ineinander und es entstehen weiche Übergänge. Somit schaffst du zunächst eine Grundstruktur, die du in den nächsten Schritten Stück für Stück vervollständigen kannst. Lasse nun alles richtig gut durchtrocknen.

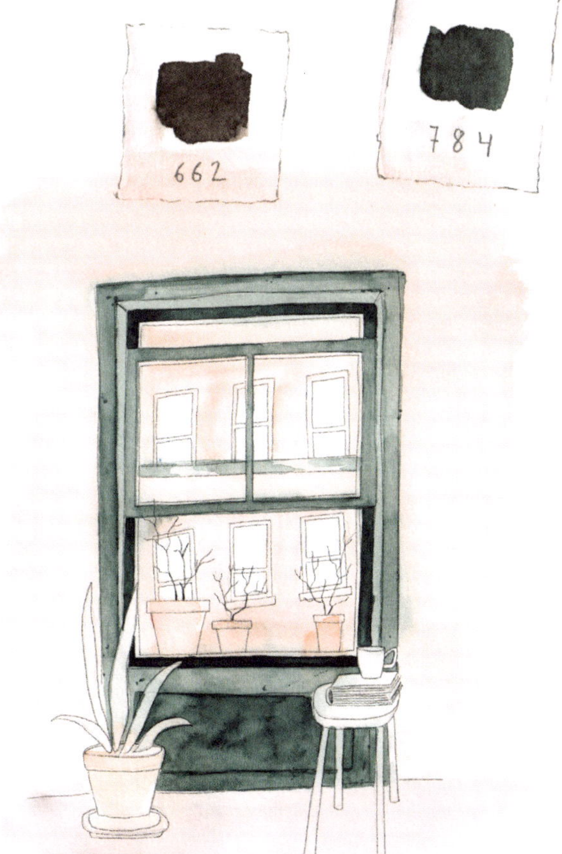

3.

Wenn die erste Schicht trocken ist, geht es an den Fensterrahmen. Die einzelnen Teile des Rahmens sollten unterschiedlich stark eingefärbt werden. Der innere Teil ist sehr dunkel und bildet einen starken Kontrast zum restlichen Rahmen. Auch die kastenförmige Verzierung im Holz hebt sich leicht von dem äußeren Teil ab. Die einzelnen Teile solltest du dabei nacheinander malen und immer zwischendurch trocknen lassen. Ansonsten verlaufen die Farben ungewollt ineinander, und es entstehen keine klaren Kanten.

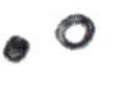

4.

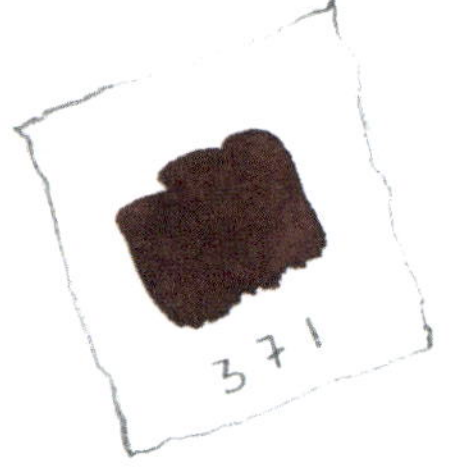

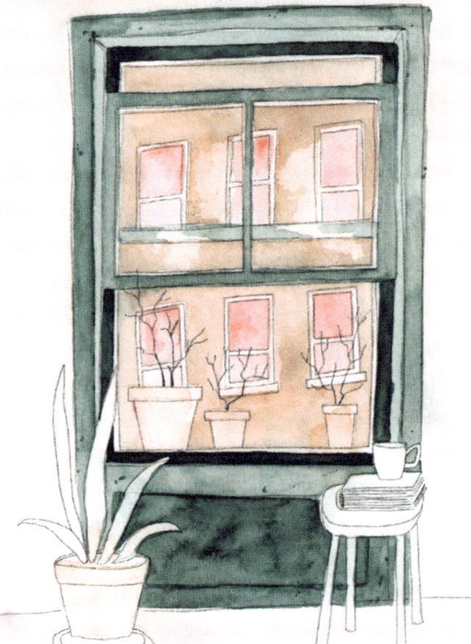

Im nächsten Schritt geht es um das Haus im Hintergrund. Dessen gesamte Fassade kannst du nun braun einfärben. Der Farbton sollte nicht zu dunkel werden, da am Ende noch Ziegelsteine hinzukommen. Zusätzlich kannst du die Fensterscheiben des Hauses ausmalen. Diese können ruhig hier und da unterschiedlich stark gefärbt sein – damit deutest du ein paar Spiegelungen an.

360

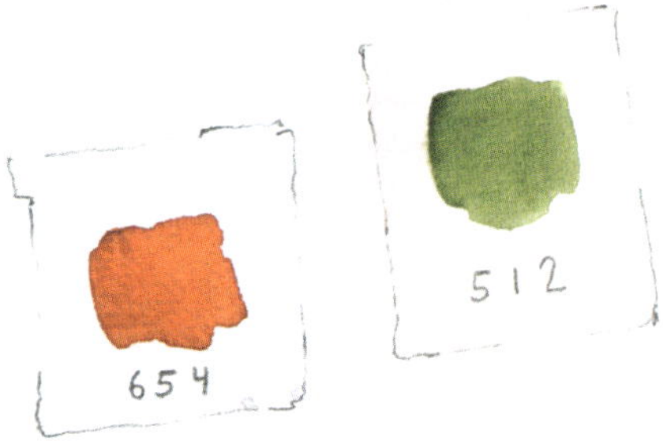

Nun wird es grün! Die kleinen Pflänzchen auf der Fensterbank und das Efeu, das um das Fenster wächst, machen diesen Ausblick so richtig idyllisch. Bei dem Efeu und den Pflanzen auf der Fensterbank gehe ich ähnlich vor wie bei Bäumen (siehe Seite 88): Ein bisschen tupfen hier und da, und schon wirkt mein Fenster zugewuchert. Zusätzlich kannst du hier die großen Flächen der Töpfe und den Hocker ausmalen.

5.

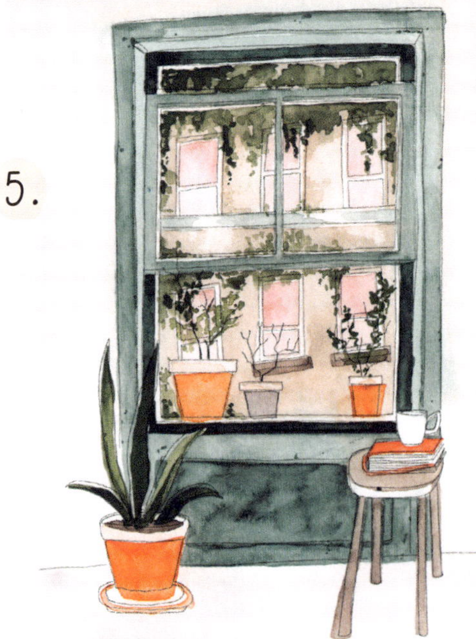

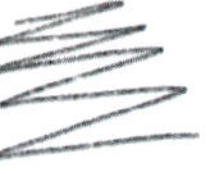

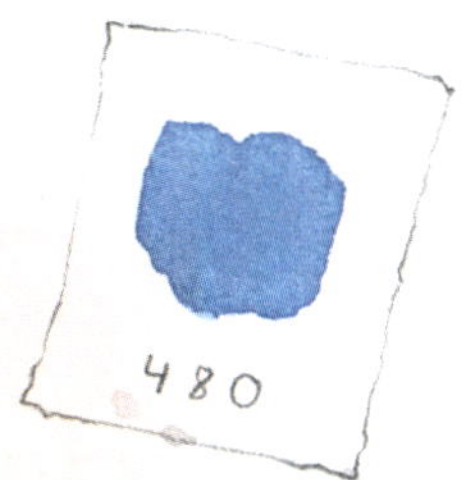

Im letzten Schritt geht es um die Details. Diese erwecken das Motiv so richtig zum Leben. So kannst du nun die Ziegelsteine auf der gegenüberliegenden Hauswand einzeichnen (siehe Seite 74). Die dunklen Fensterrahmen stehen dabei im Kontrast zur Fassade.

6.

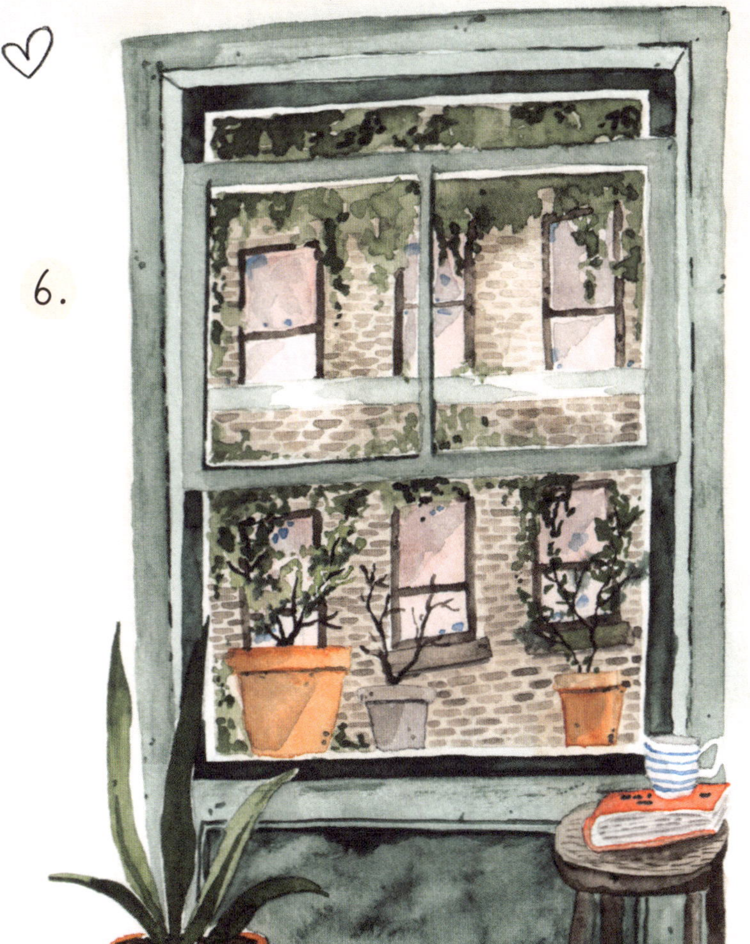

Außerdem kannst du die Töpfe und den Hocker vervollständigen. Kleine Details wie eine verzierte Tasse und eine leichte Struktur im Holz machen die Illustration noch spannender. Ein wenig Schatten auf dem Boden gibt Hocker und Topf zusätzlich Stabilität.

HAUS AM SEE

Für mich hat das Meer etwas Magisches. Nichts beeinflusst so gezielt meine Stimmung und nichts schenkt mir so viel Ruhe. Fast genauso entspannend wie der Anblick des Meeres ist für mich das Malen von Wasser.

Hier geht es einfach darum, den Farben freien Lauf zu lassen. Dieses Projekt ist eine gute Übung, um sich an die Darstellung von Wasseroberflächen heranzutasten (mehr dazu auf den Seiten 94–97).

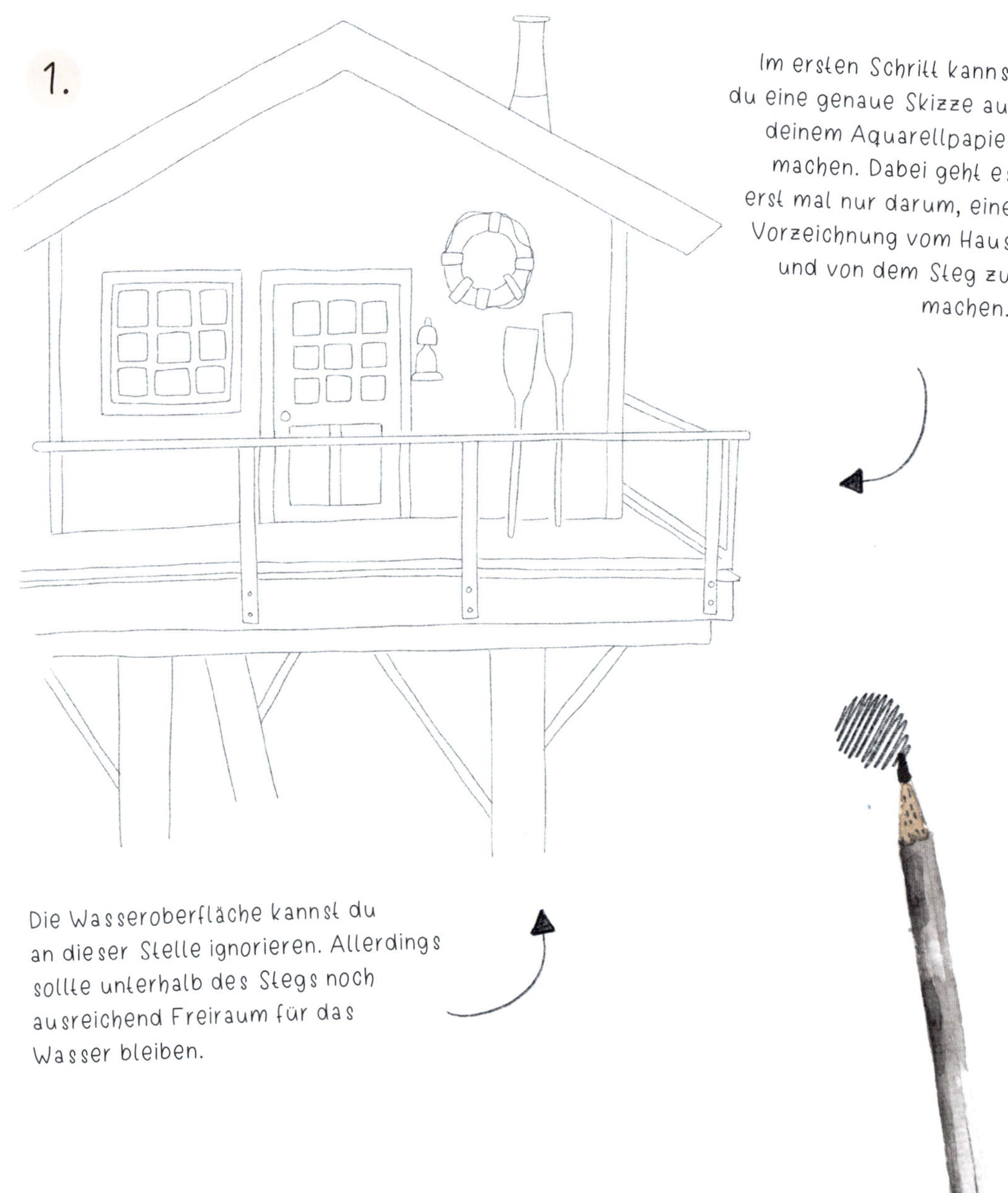

Jetzt geht es an die Farben. Grundiere zunächst das gesamte Aquarellpapier mit klarem Wasser. Nun ist es wichtig, dass du dir grob überlegst, wo die Horizontlinie verläuft. Denn oberhalb dieser Linie sollte der Himmel einen leichten Blauton bekommen. Unterhalb beginnt die Wasseroberfläche. Diese kannst du ruhig mit einem anderen Blauton andeuten. Bestreiche dafür die Fläche zunächst mit einem hellen Ton. Solange das Papier noch nass ist, kannst du jetzt schon einige dunkle Wellen hinzufügen. Lasse nun alles gut trocknen.

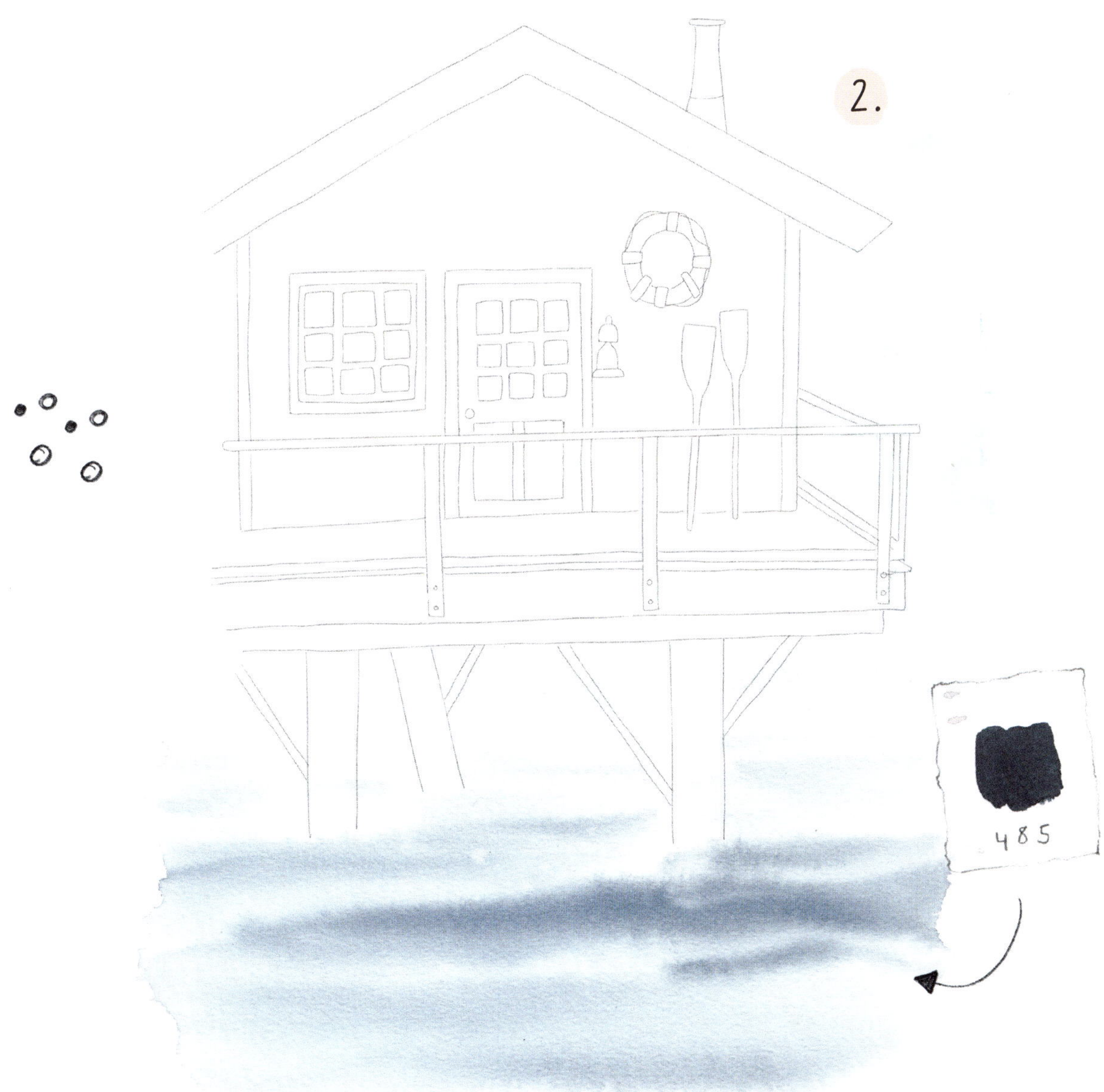

Anschließend kannst du alle größeren Flächen ausmalen. Dabei sollte die Hausfassade nicht zu dunkel werden, denn hier sollen am Schluss noch Holzbretter hinzugefügt werden. Die Stützen unterhalb des Stegs können jetzt schon eine leichte Struktur bekommen. Tupfe dafür einen Teil der Farbe wieder vom Blatt ab, um einen verwitterten Look zu erzielen.

3.

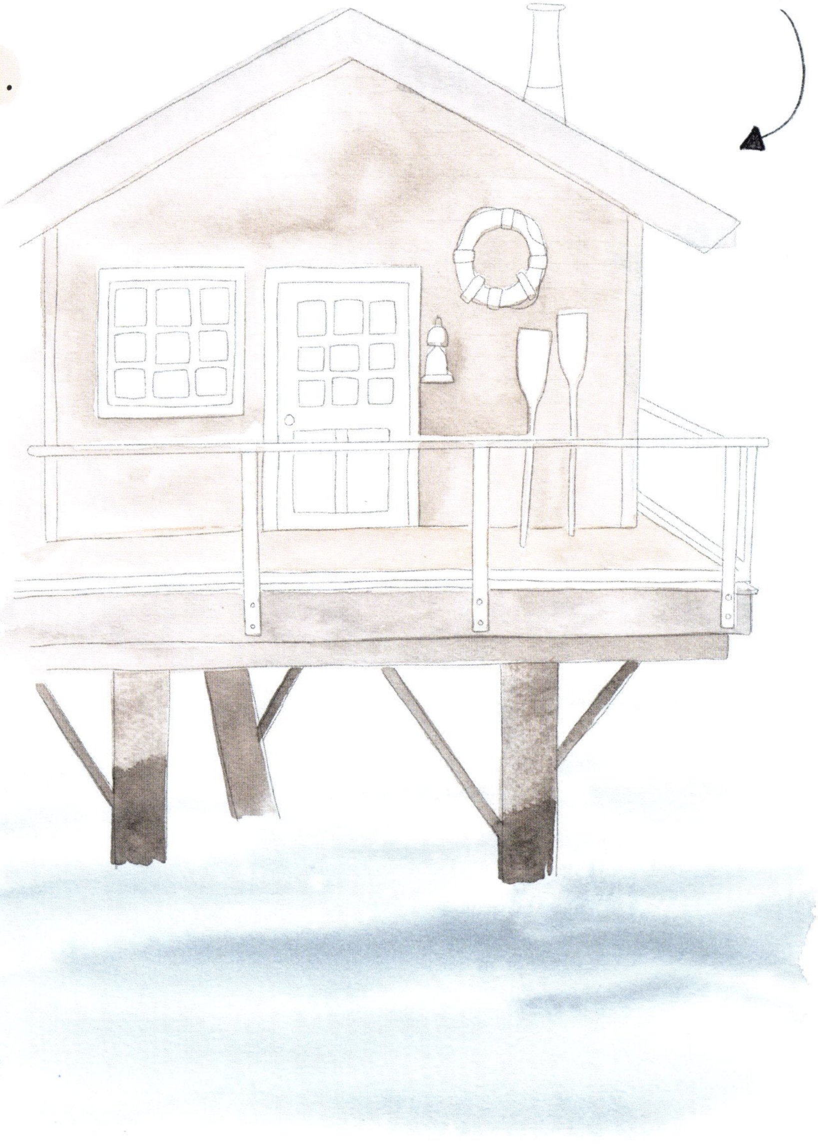

4.

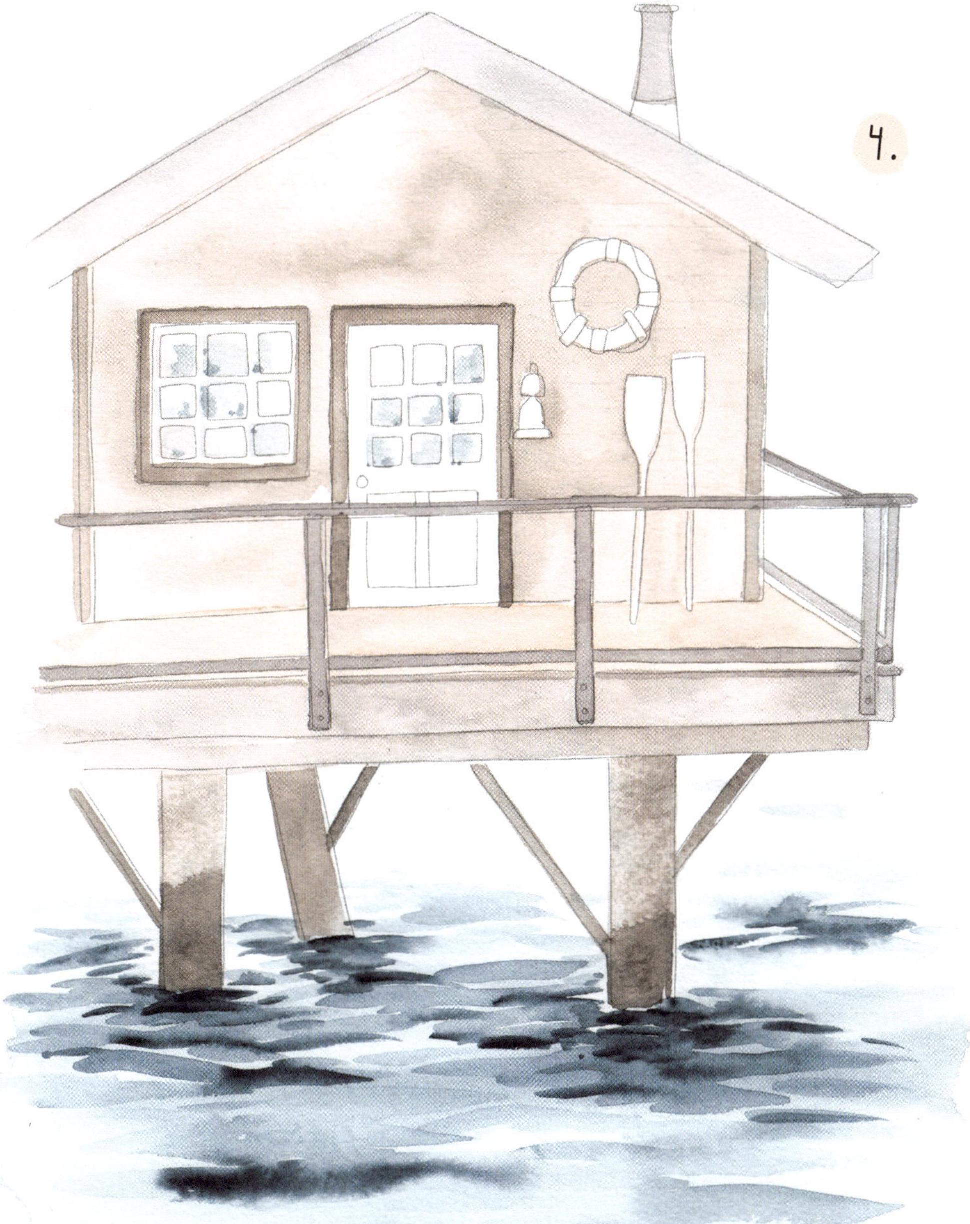

Nun wird es Stück für Stück detailreicher. Mit einem etwas kleineren Pinsel kannst du das Geländer, den Tür- und Fensterrahmen und die Fensterscheiben ausmalen. Um ein paar Spiegelungen anzudeuten, kannst du hier und da einige dunklere Flecken hinzufügen. Tür und Fenster an sich bleiben weiß.

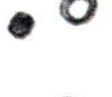

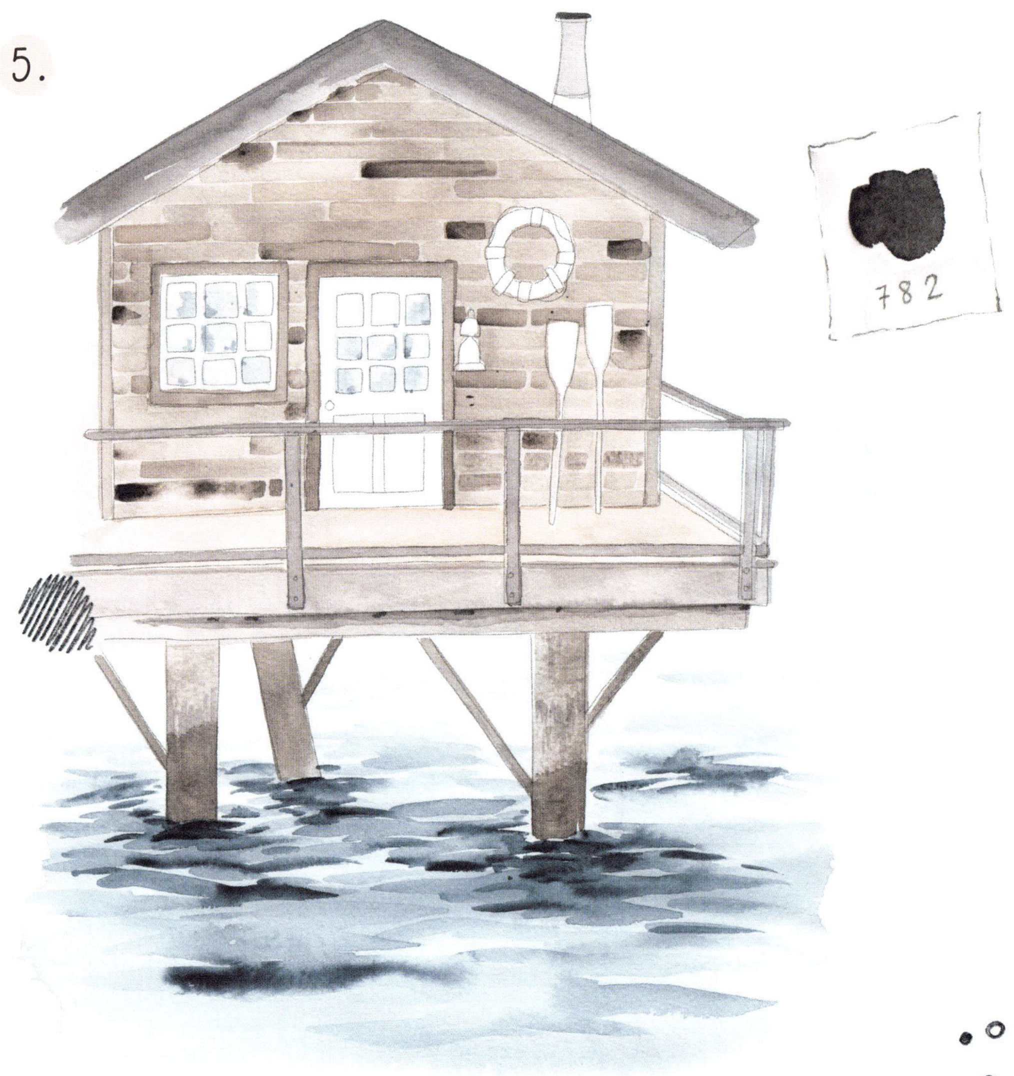

In diesem Schritt konzentrieren wir uns nur auf das Wasser. Durch die Grundierung am Anfang haben wir bereits eine grobe Struktur. Diese können wir nun mit ein paar schwungvollen Pinselstrichen vervollständigen. Male dafür abwechselnd sehr kräftige und sehr helle Wellen, um Licht und Schatten anzudeuten. Die Wellen sollten im vorderen Bereich größer sein und nach hinten hin immer kleiner werden (siehe Seite 97). Um dem Haus eine schöne Holzfassade zu zaubern, kannst du nun mit einem kleinen Breitpinsel schmale Balken aufmalen. Die Bretter können dabei unterschiedlich stark gefärbt sein – das schafft ein natürlich verwittertes Aussehen. Wenn noch nicht geschehen, kannst du auch die Stützen unterhalb des Steges mit ein paar Pinselstrichen im selben Farbton altern lassen.

Jetzt fehlen nur noch die letzten Details. Ein wichtiger Punkt sind die Schatten unter dem Dach, in den Fensterrahmen und an der unteren Seite des Steges. Flächen, die nebeneinanderliegen und fast dieselbe Farbe haben, sollten durch einen dunklen Schatten optisch voneinander abgetrennt werden.

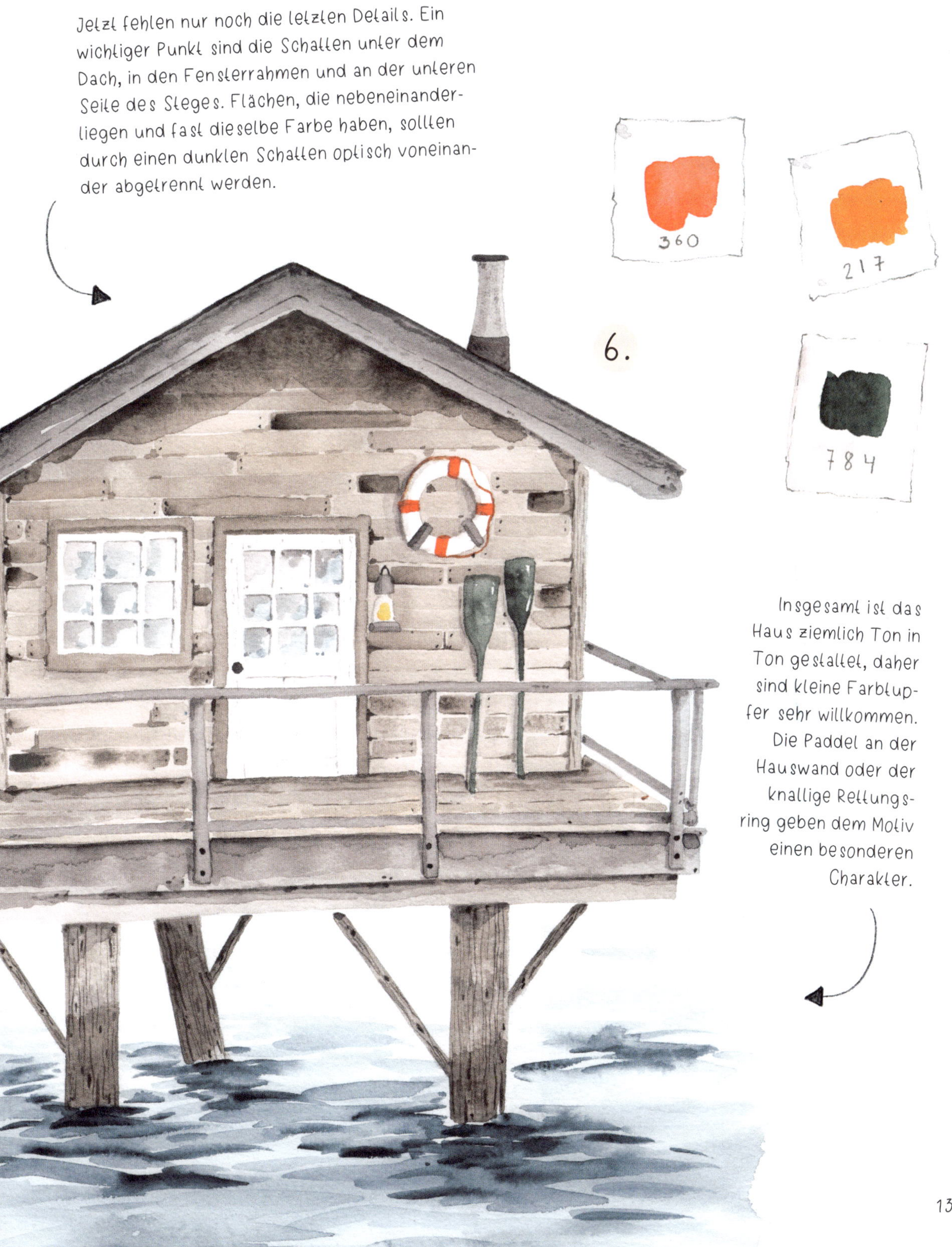

Insgesamt ist das Haus ziemlich Ton in Ton gestaltet, daher sind kleine Farbtupfer sehr willkommen. Die Paddel an der Hauswand oder der knallige Rettungsring geben dem Motiv einen besonderen Charakter.

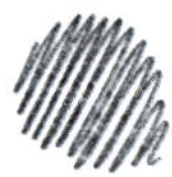

MEDITERRANE AUSZEIT

Neben Großstädten sind kleine mediterrane Szenen ein beliebtes Motiv im Bereich Urban Watercolor. Kleine Städte mit schmalen Gassen und liebevoll gestalteten Häusern versetzen mich direkt in den Sommerurlaub zurück. Mediterrane Motive sind deshalb so beliebt, weil fast nie ein Haus dem anderen gleicht. Ob bunte Türen, aufwendig verzierte Balkongeländer oder wunderschöne alte Fensterläden – die Liebe zum Detail ist einfach überall zu sehen.

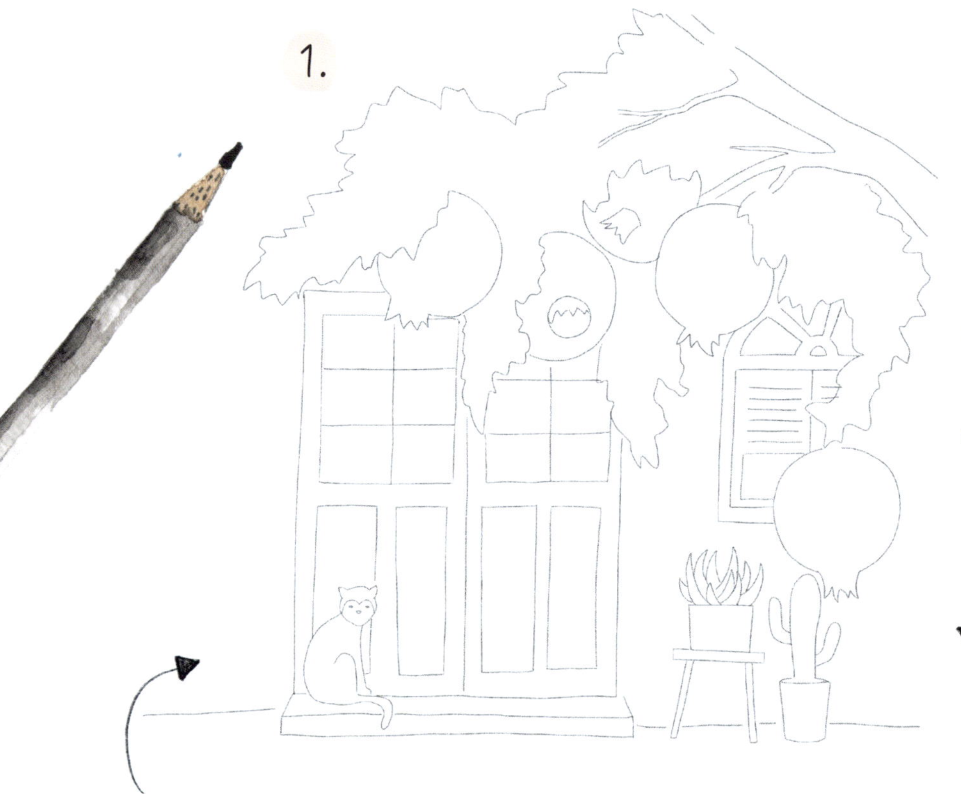

Dieses Motiv lebt von kleinen Details, die es noch sympathischer machen. Die kleine Katze ist beispielsweise typisch für solch eine Szene. Um das Motiv abzuwandeln, kannst du dir auch selbst Dinge überlegen, die vor dem Hauseingang stehen könnten.

Zeichne zunächst eine Skizze auf dein Aquarellpapier. Damit der Betrachter so richtig in das Bild hineingezogen wird, habe ich den Granatapfelbaum so angeschnitten, dass man das Gefühl hat, direkt darunterzustehen. Daher sind die Früchte besonders groß und stehen im Fokus des Bildes.

2.

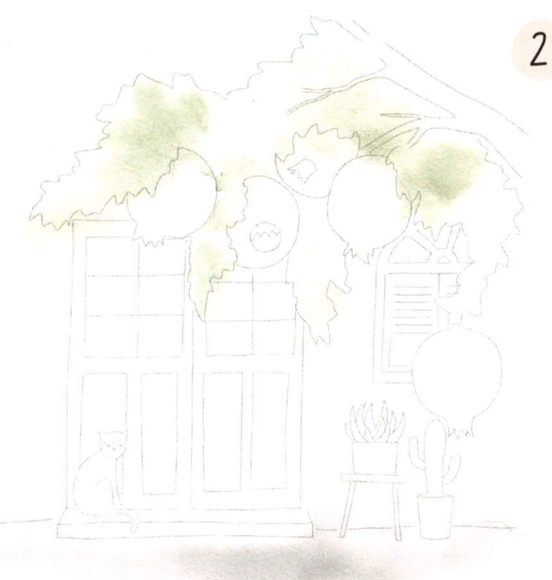

Da die Hauswand weiß bleiben soll, habe ich mich bei der Grundierung zunächst nur auf den Boden und die Baumkrone konzentriert. Dafür kannst du die Stellen, die grundiert werden sollen, zunächst mit klarem Wasser bestreichen. Anschließend gibst du mit einem großen Pinsel einen hellen Farbton auf den jeweiligen Bereich. Lasse nun alles gut trocknen.

512

360

370

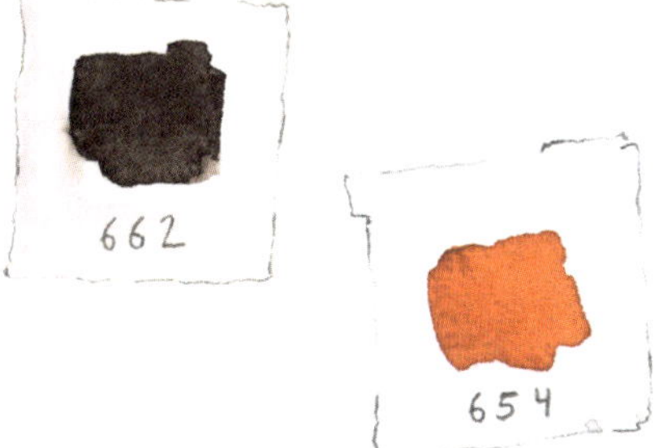

3.

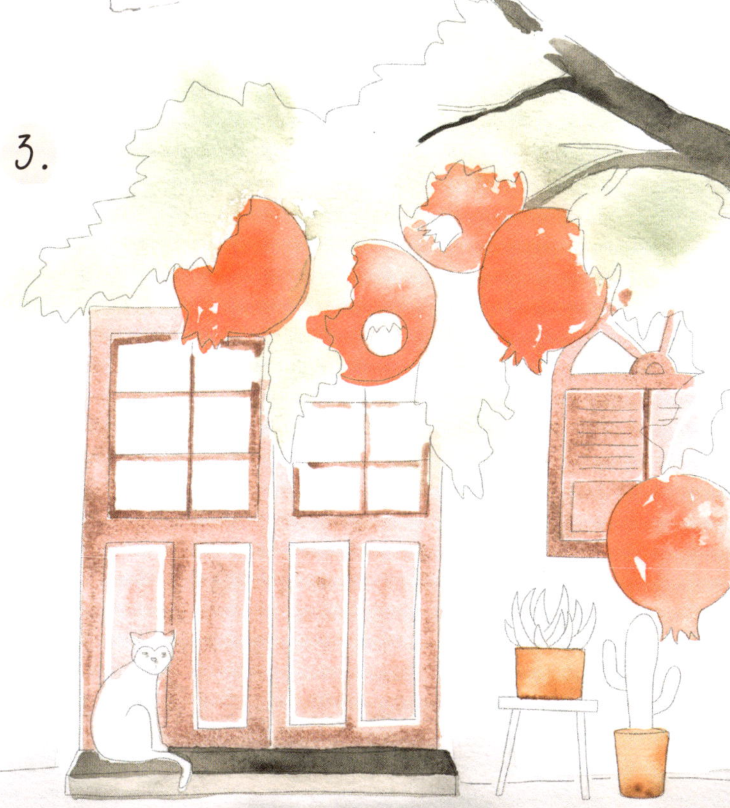

Im nächsten Schritt kannst du alle größeren Flächen wie Tür und Fensterläden kolorieren. Nutze dafür am besten einen mittelgroßen Pinsel, damit du die Farbe schön gleichmäßig verteilen kannst. Den großen Ast in der Baumkrone deute ich nur an. Um die restlichen Zweige kümmere ich mich am Schluss. Die Granatäpfel male ich nicht komplett aus – ich möchte sie später hinter den Blättern hervorlugen lassen. Daher spare ich beim Kolorieren gezielt Teile aus, um die Blätter später darübermalen zu können.

4.

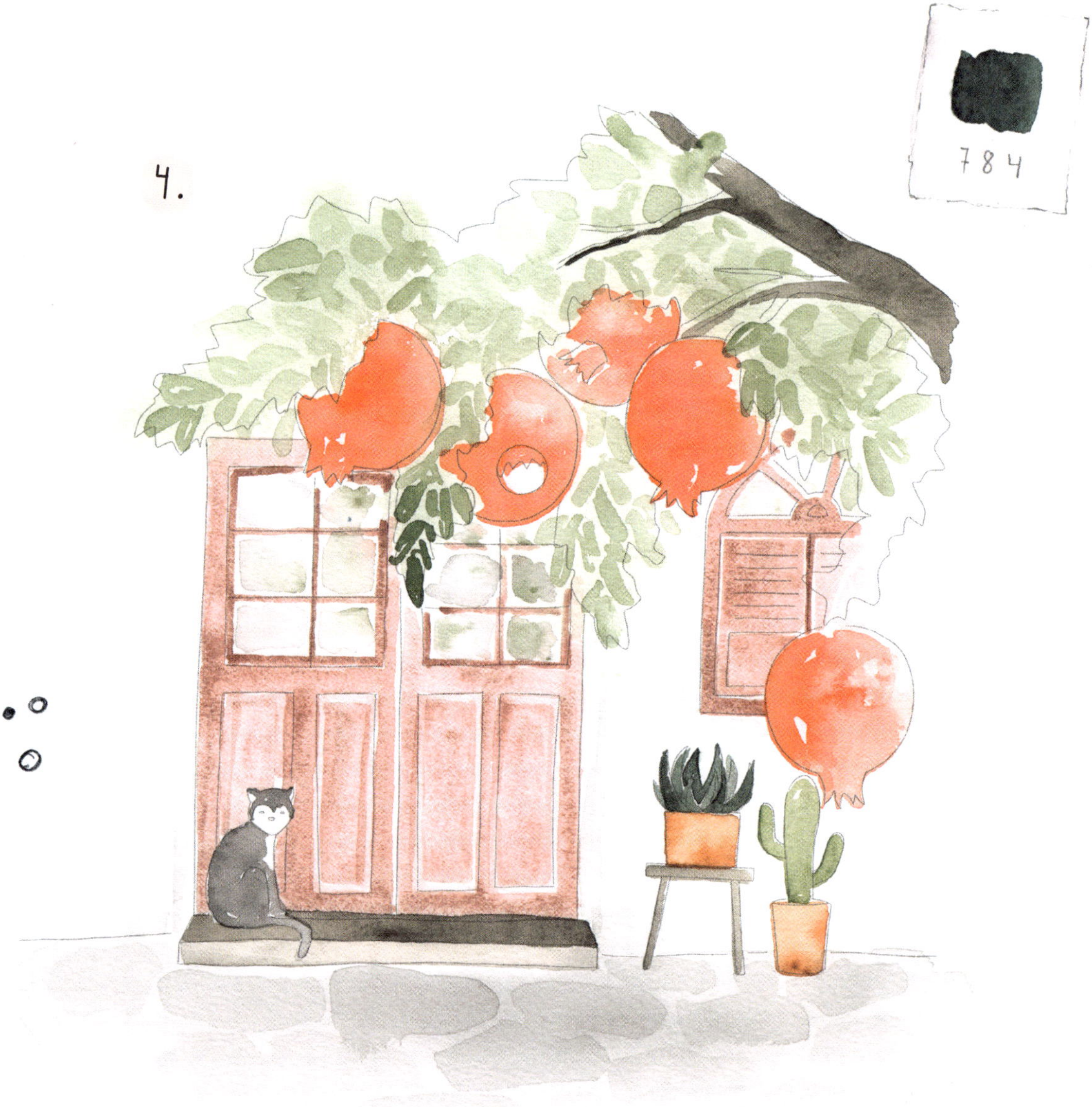

Nun geht es darum, Stück für Stück die Details auszubauen. Die Blätter in der Baumkrone kannst du mit einem mittelgroßen Pinsel andeuten. Nutze dafür einen etwas dunkleren Farbton als bei der Grundierung. Auf dem Boden lassen sich mit ein paar groben dunklen Farbflächen Pflastersteine imitieren. Auch die Fensterscheiben kannst du jetzt kolorieren. Damit diese nicht zu flächig und eintönig wirken, kannst du etwas Grün hinzugeben. Dadurch bekommt man den Eindruck, dass sich die Blätter in den Scheiben spiegeln.

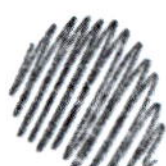

Im letzten Schritt kannst du dem Motiv mit ganz vielen Details und Spielereien Leben einhauchen. Versuche dabei, viele unterschiedliche Strukturen zu schaffen. Die Granatäpfel haben eine unregelmäßige Schale, die hier und da ein paar braune Flecken hat. Mit der „Trockener Pinsel"-Technik (siehe Seite 33) kannst du diese Oberfläche andeuten.

5.

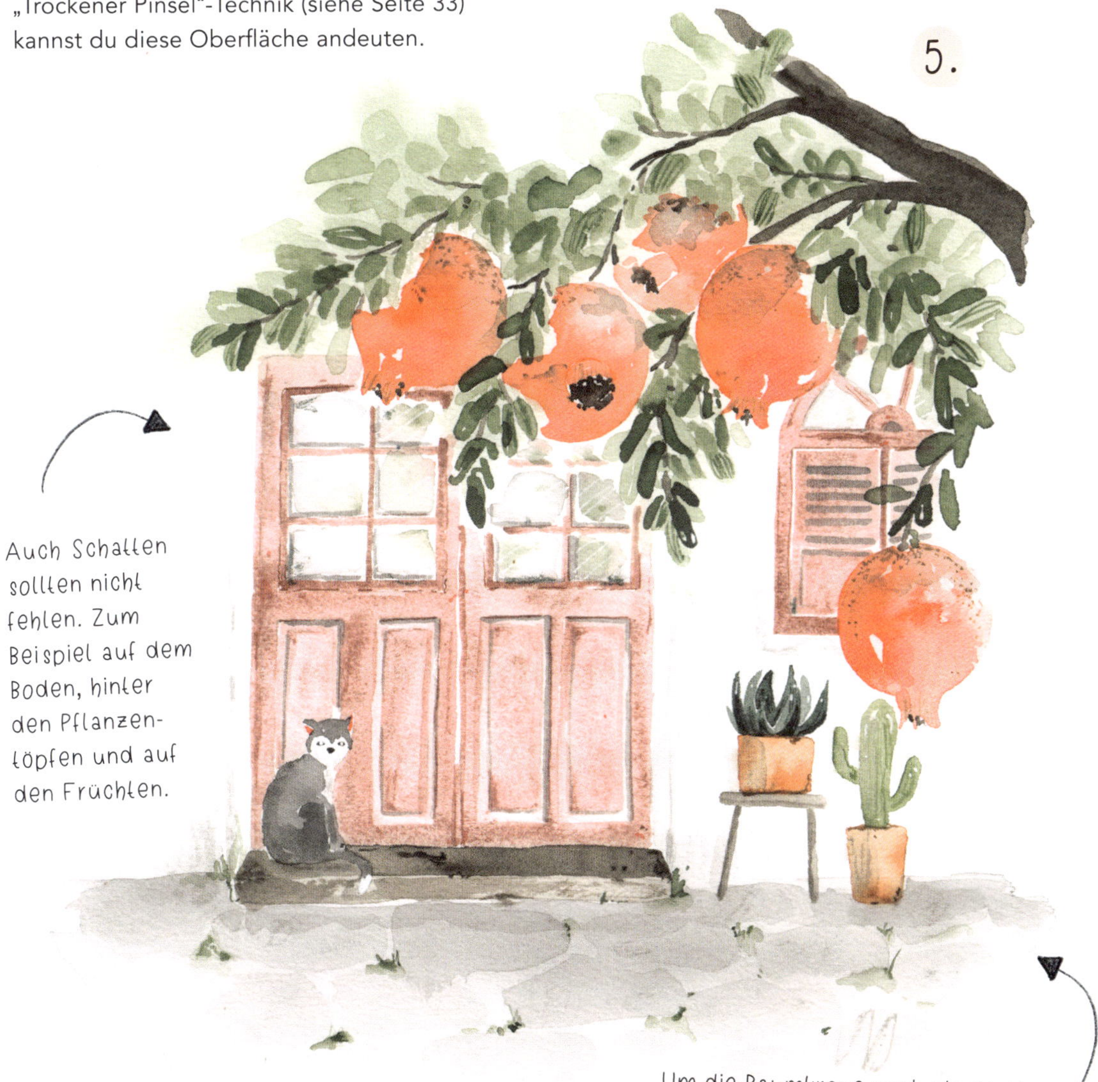

Auch Schatten sollten nicht fehlen. Zum Beispiel auf dem Boden, hinter den Pflanzentöpfen und auf den Früchten.

Um die Baumkrone noch plastischer zu gestalten, können einige Blätter richtig dunkel werden. Diese stechen dann optisch hervor.

KLEINES PFLANZENPARADIES

Was ich an Großstädten besonders liebe, sind die kleinen, liebevoll eingerichteten Läden, die wie kleine Oasen zwischen den großen Häusern hervorlugen. Sie bieten Ruhe vor dem hektischen Treiben und laden zum Verweilen ein. Es gibt so viel zu sehen, und in jeder Ecke versteckt sich ein neues Detail. Ich stelle mir vor, dass dieser kleine Laden zwischen einem Schuhgeschäft und einem Hotdog-Stand liegt und von einem älteren Mann mit Schürze und Strohhut betrieben wird.

Bei der Skizze habe ich darauf geachtet, nur die Dinge einzuzeichnen, die ich für den Grundaufbau auch wirklich brauche. So sind die Töpfe im Bild zunächst leer. Die Pflanzen möchte ich nämlich freihand malen und eine Vorzeichnung ist dafür nicht nötig.

1.

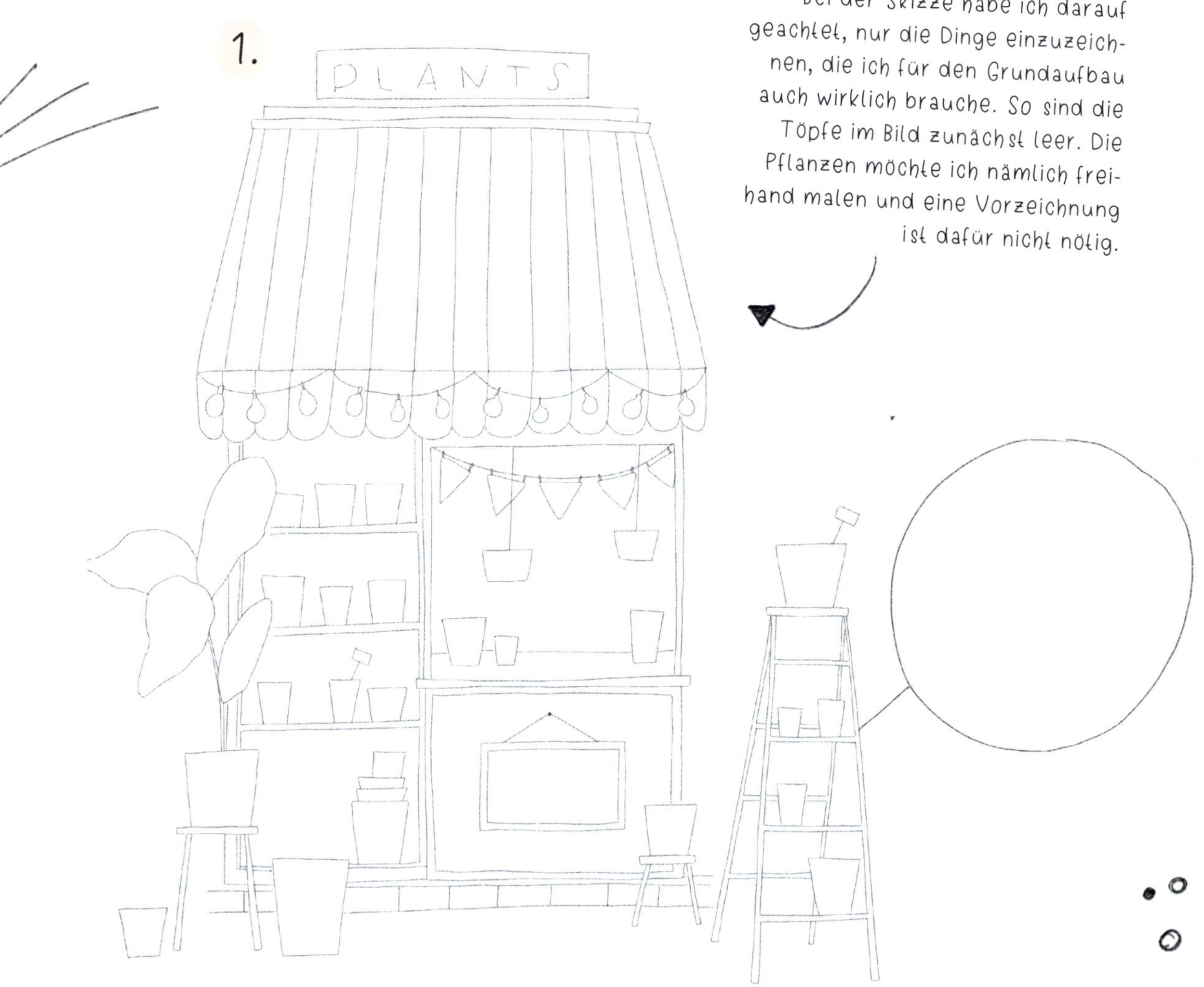

Der erste Schritt ist auch hier wieder die Grundierung. In diesem Fall konzentriere ich mich erst mal nur auf den Hintergrund. Zuerst bestreiche ich die Fläche um den Laden herum mit Wasser. Oberhalb deute ich mit Blau den Himmel an und unterhalb trage ich ein bisschen Grau für den Gehweg auf. Links und rechts vom Laden, wo die anderen Geschäfte anschließen, färbe ich das Papier ein bisschen braun ein.

2.

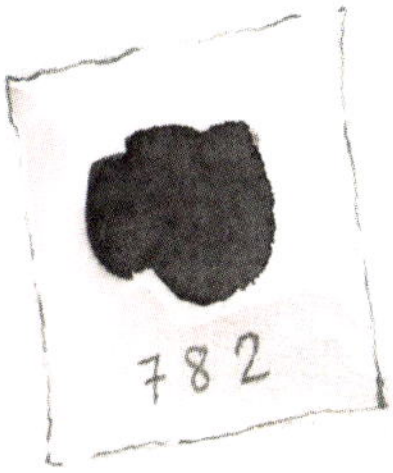

PLANTS

782

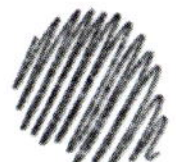

Wenn die Grundierung gut getrocknet ist, kann es auch schon weitergehen. Zunächst nehme ich mir die größeren Flächen vor. Auch hier ist es wieder wichtig, von grob nach fein zu arbeiten (siehe Seite 107). Ich färbe die Streifen der Markise in einem knalligen Rot und die Leiter blau ein. Die Rückwand des Regals links und das Fenster rechts bekommen mehr Tiefe und die Ziegelsteine ergeben einen schönen Sockel.

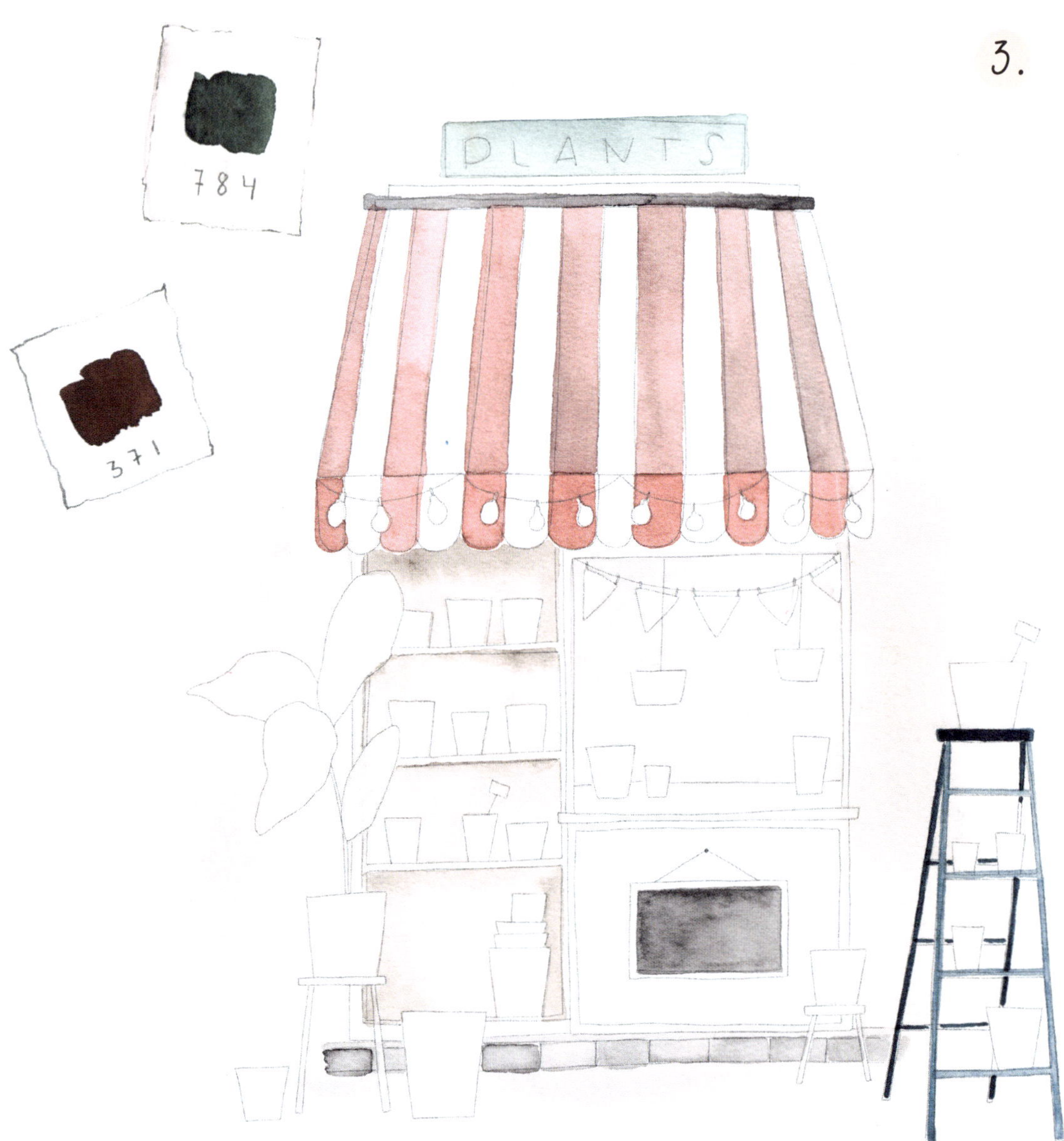

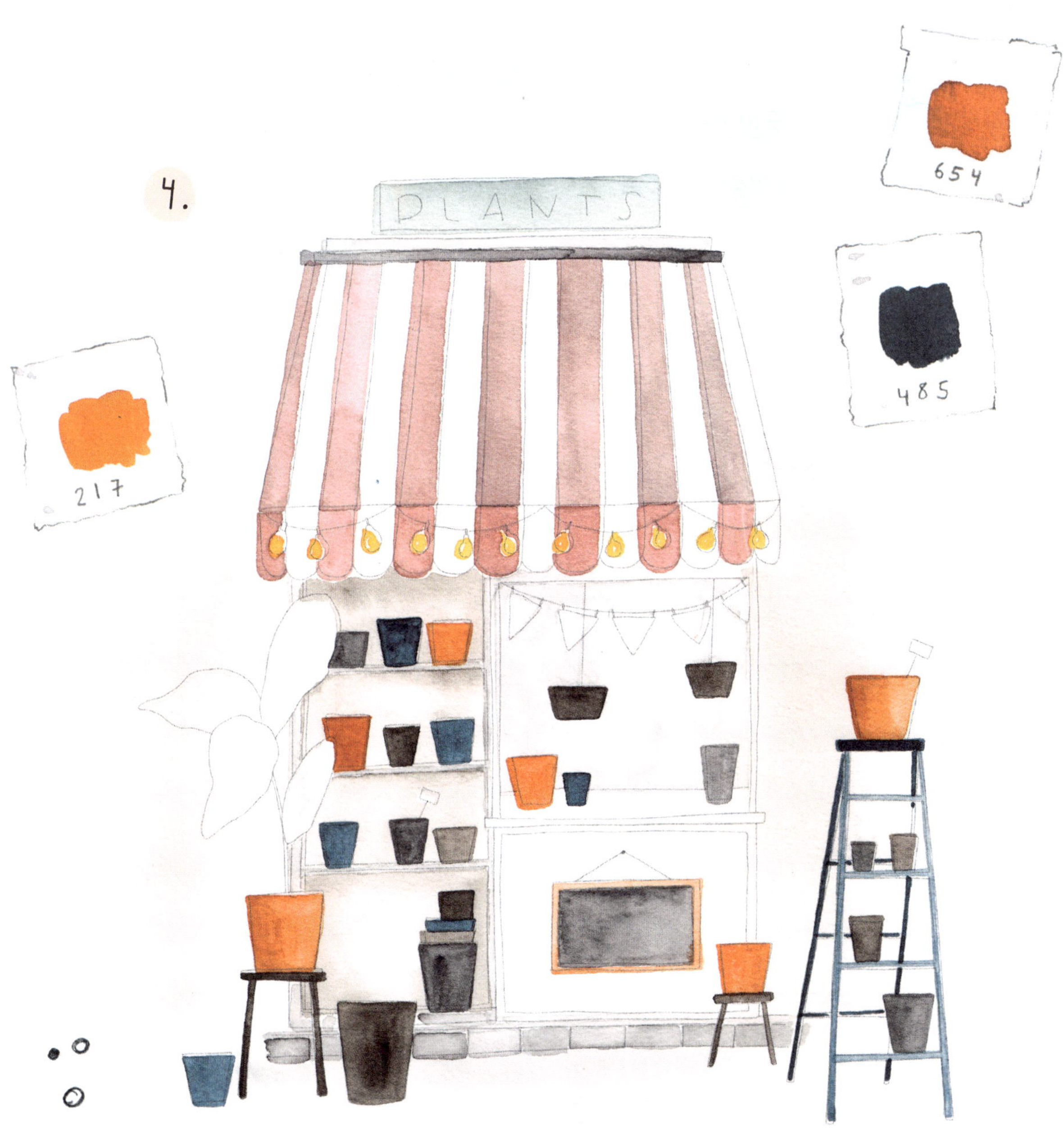

In diesem Schritt geht es um die zahlreichen Töpfe. Diese kannst du nun in unterschiedlichen Farben bemalen. Wenn du verschiedene Farben benutzt, sieht es schön aus, wenn diese gleichmäßig verteilt werden. Das wirkt am Ende harmonischer. Zudem kannst du in diesem Schritt die Lampions gelb einfärben.

Jetzt kommt das Herzstück der Illustration – die unzähligen Pflänzchen. Hier sind deiner Kreativität keine Grenzen gesetzt. Vom Kaktus über Hängepflanzen bis hin zur Bananenstaude kannst du dich vollkommen austoben. Benutze verschiedene Grüntöne und spiele hier und da mit der Deckkraft.

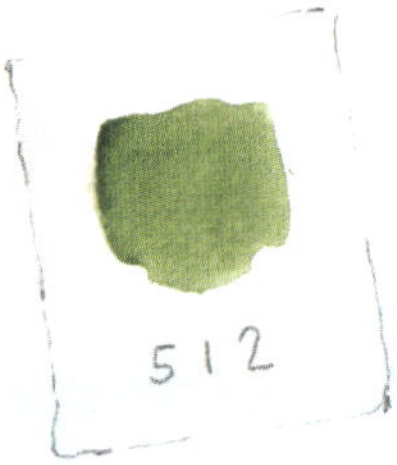

5.

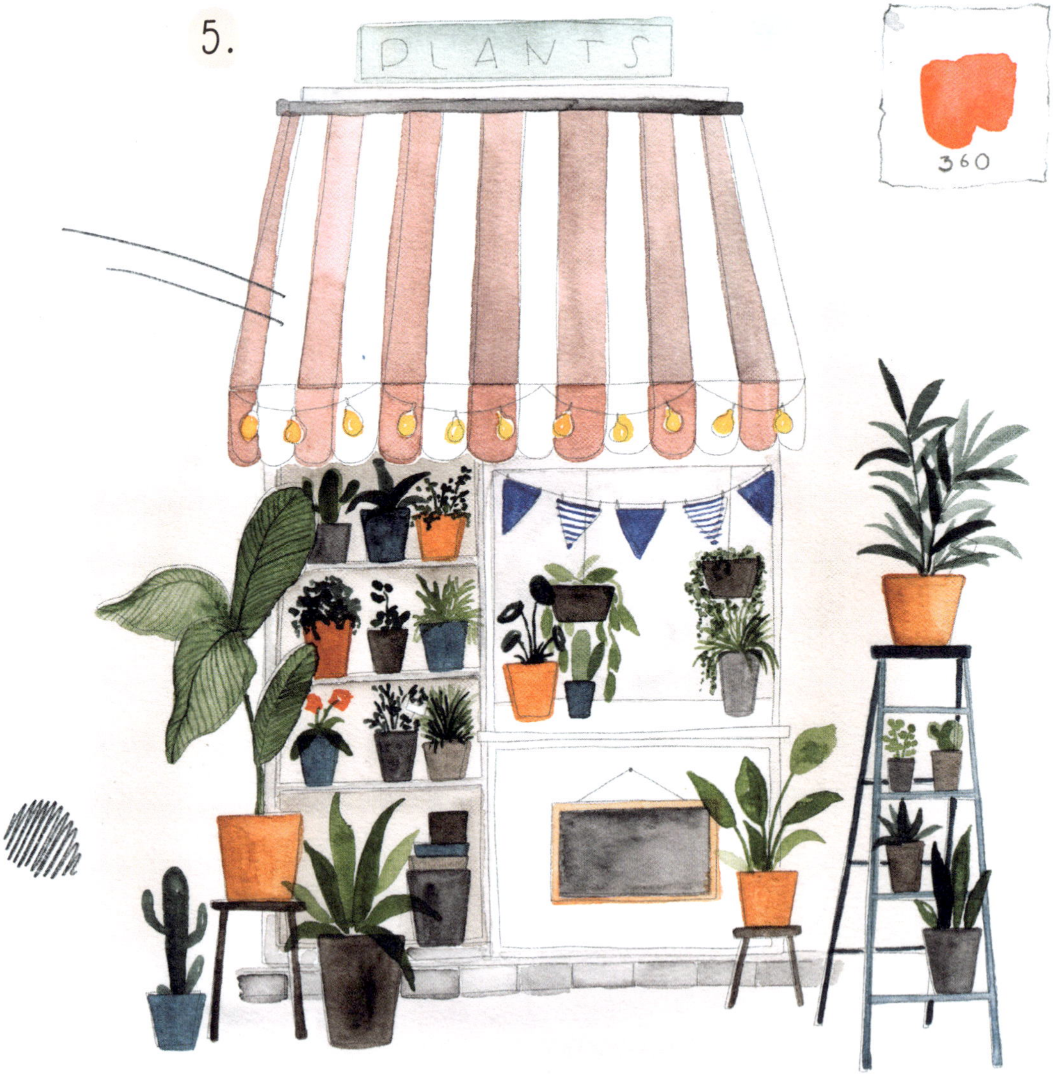

360

525

6.

Im letzten Schritt geht es um die restlichen kleinen Details. Ein schöner Spruch auf dem kleinen Schild unten rechts oder eine Verzierung der Wimpelkette – solche Kleinigkeiten geben deinem Motiv Persönlichkeit.

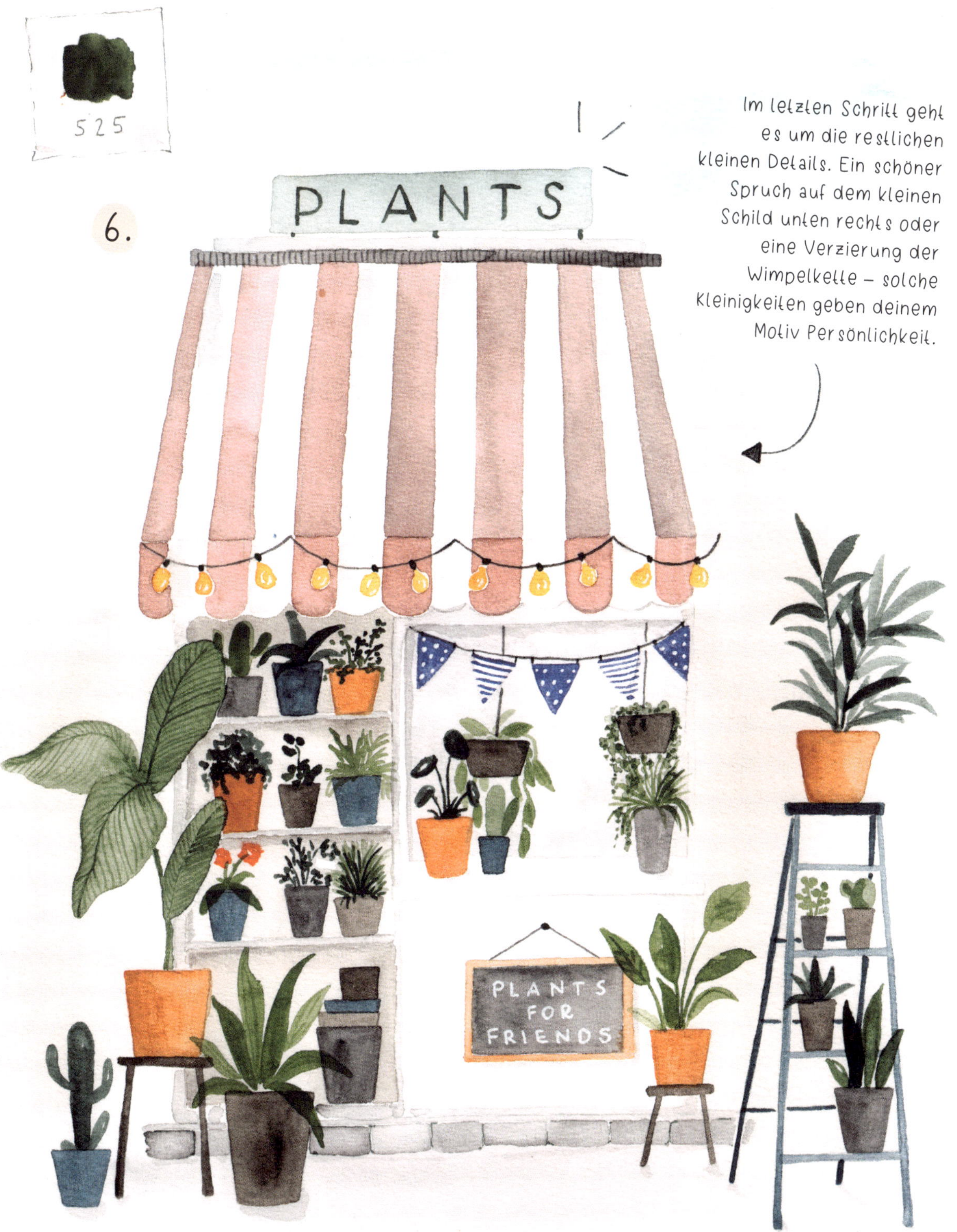

GROSSSTADT-GETÜMMEL

Sie sind laut, hektisch und schmutzig – aber irgendwie haben Großstädte einen Zauber an sich, dem ich immer wieder verfalle. Es gibt überall etwas zu entdecken und man wird überflutet von Eindrücken. Um genau diese Stimmung einzufangen, habe ich für dieses Motiv die Perspektive weggelassen und die Häuser einfach nur buchstäblich übereinandergestapelt. Dieses Projekt ist etwas aufwendiger – perfekt für einen verregneten Tag zu Hause.

Gerade bei komplexen Projekten solltest du dir genug Zeit für die Skizze nehmen. Denn wenn diese ausgewogen und stimmig ist, dann kann der Rest auch nur schön werden. Insgesamt werden die Häuser nach hinten hin etwas kleiner.

1.

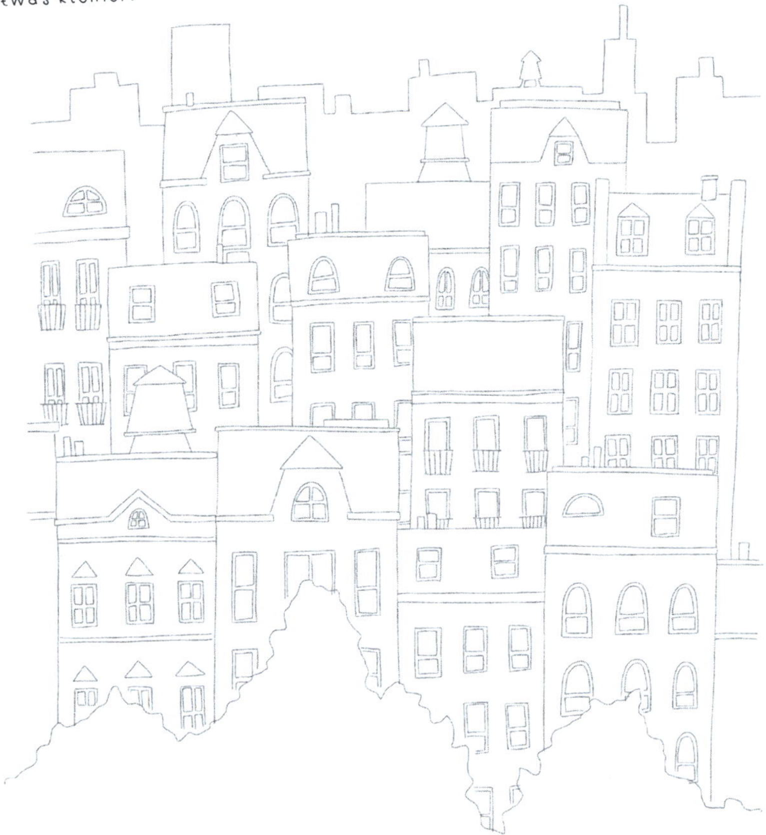

Achte darauf, dass die Häuser unterschiedlich hoch sind, sodass sich ein schönes Gesamtbild ergibt. Große Baumkronen schaffen dabei einen harmonischen Abschluss zum unteren Bildrand. Es reicht, wenn du diese nur ganz grob einzeichnest.

2.

Im ersten Schritt kannst du den Himmel und die Bäume mit einem leichten Farbton grundieren. Bestreiche das Papier dafür an diesen Stellen mit Wasser und streiche anschließend etwas Farbe hinein. Die Baumkronen sollten dabei schön unregelmäßig sein und wirklich nur leicht angedeutet – ansonsten wirkt die Farbe zu hart und nimmt dem Bild schon am Anfang die Leichtigkeit. Tupfe und streiche dabei locker über das Papier und lass dich von der Farbe führen. Anschließend muss alles richtig gut trocknen.

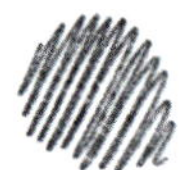

Wenn das Papier trocken ist, kannst du die Skyline einfärben. Der Farbton sollte hierbei nicht zu dunkel werden, da Elemente in der Ferne immer heller erscheinen als die im Vordergrund. Zudem sollen die bunten Häuser einen schönen Kontrast zum Hintergrund bilden. Anschließend geht's auch schon an die Häuser, und du kannst die einzelnen Fassaden einfärben. Achte darauf, dass unterschiedliche Farbtöne gleichmäßig über das Bild verteilt sind. Dann wirkt alles ausgeglichener. Um etwas Kontrast zu schaffen, habe ich einige Häuser nur leicht grau angemalt. Achte insgesamt darauf, dass die Farben zwischendurch trocknen und somit nicht ineinander verlaufen.

3.

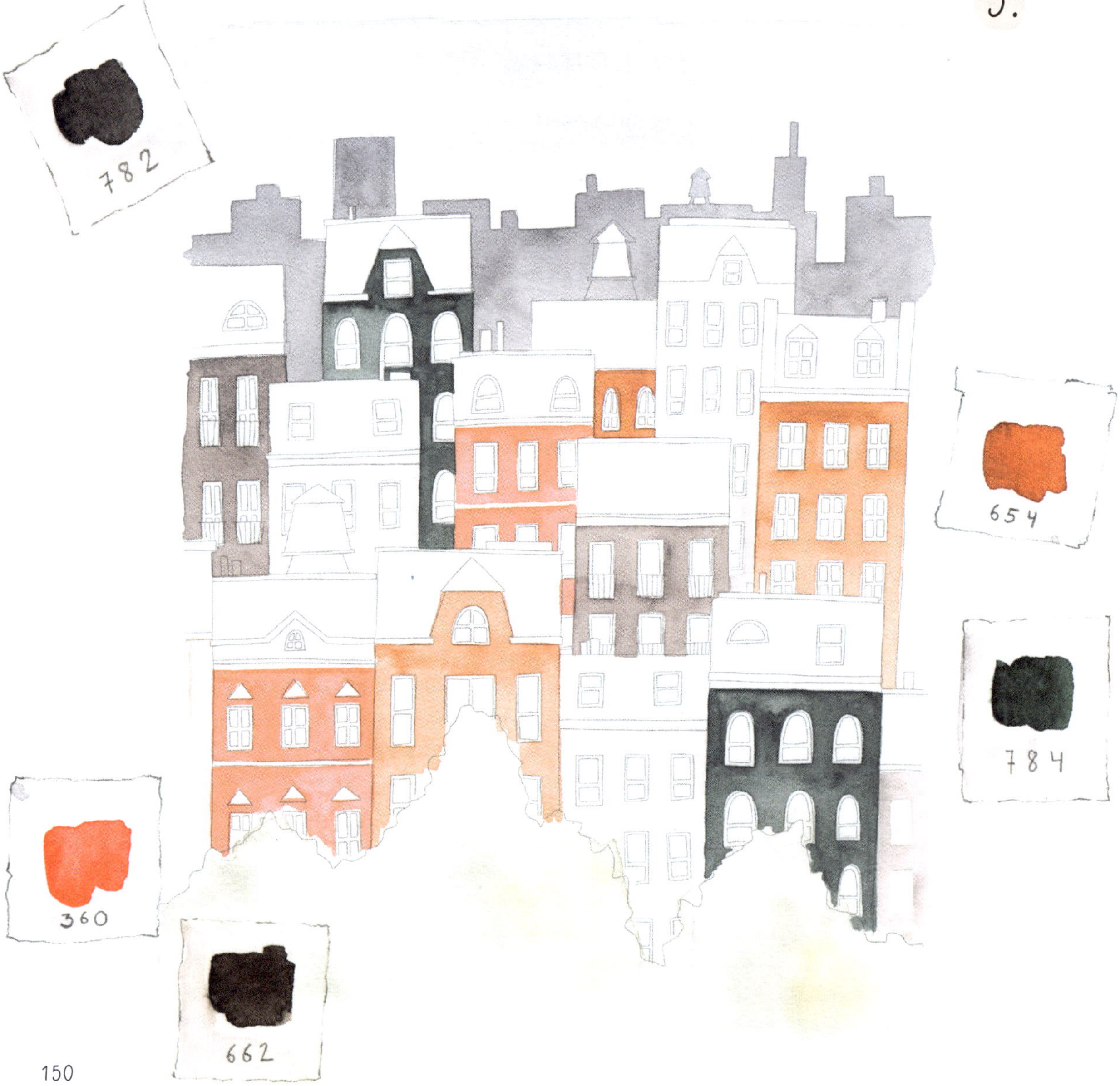

782

654

784

360

662

4.

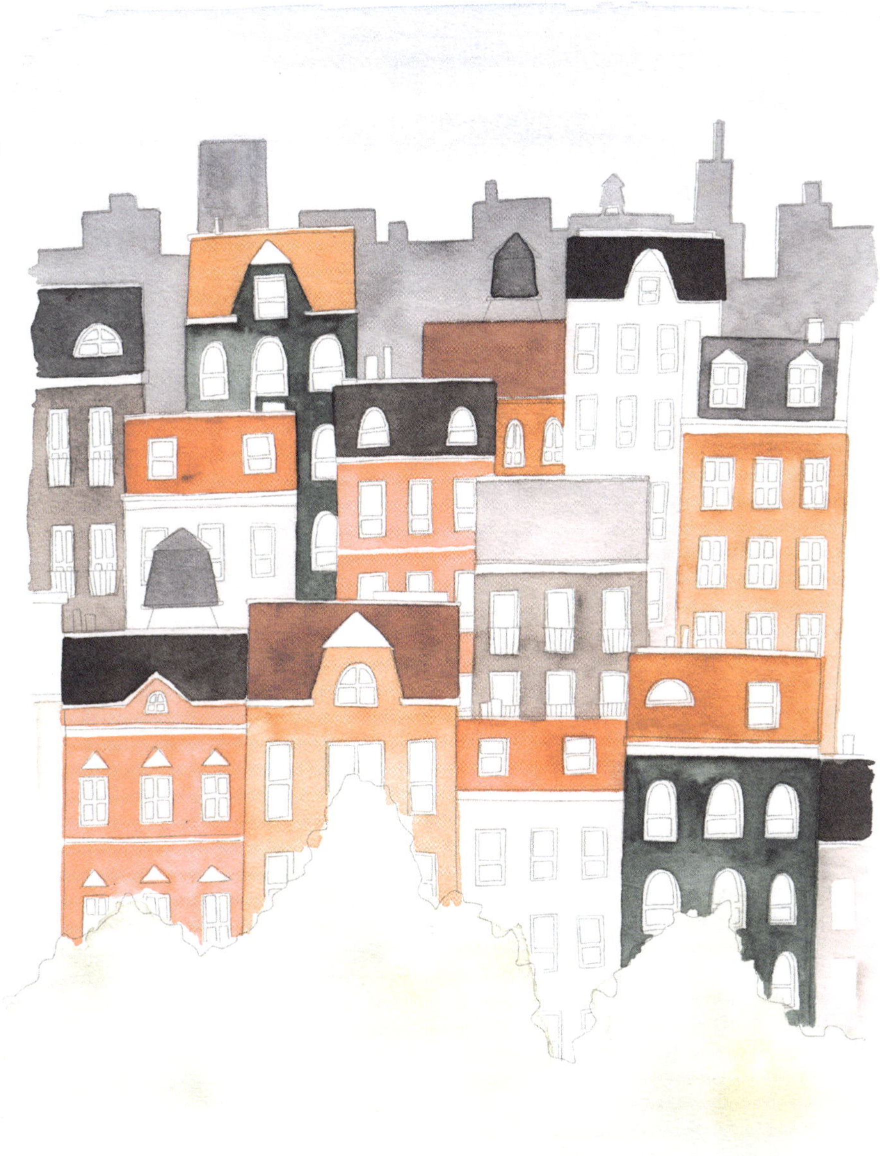

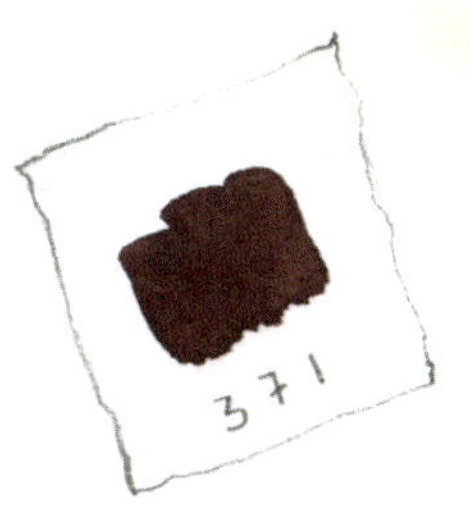

Die Dächer sind als nächstes an der Reihe. Deiner Fantasie sind auch hier keine Grenzen gesetzt – so kann das eine oder andere Dach auch mal violett sein. Hauptsache, die Farbkombination harmoniert insgesamt und schafft eine schöne Stimmung im Bild.

Nun kannst du die Fensterscheiben malen. Achte darauf, dass diese nicht zu dunkel werden. Die Scheiben sollen durch die Farbe nur leicht angedeutet werden. Die Fensterrahmen lasse ich dabei weiß, um später die Möglichkeit zu haben, die Farbe der Rahmen frei zu wählen. Außerdem kannst du jetzt die Dächer vervollständigen. Dafür ist ein dunklerer Farbton passend, damit sich die Regenrinnen und Dachspitzen vom restlichen Dach abheben.

5.

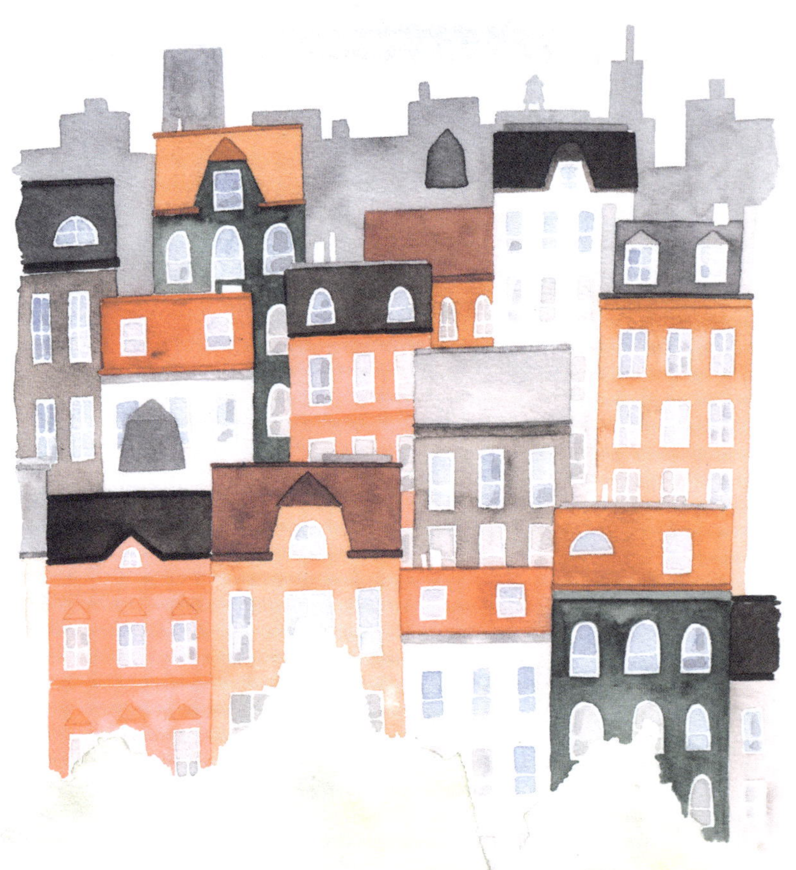

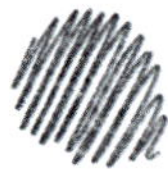

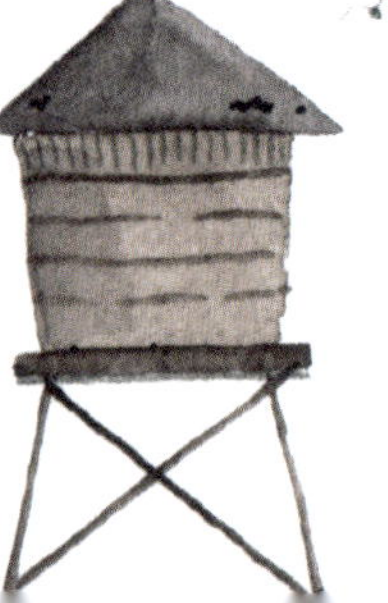

Zuletzt brechen Schatten die gleichmäßige Struktur auf und geben dem Motiv Tiefe (siehe Seite 38). Dafür nutze ich immer einen transparenten Grauton, den ich über die vorhandenen Strukturen legen kann, ohne diese damit zu überdecken.

6.

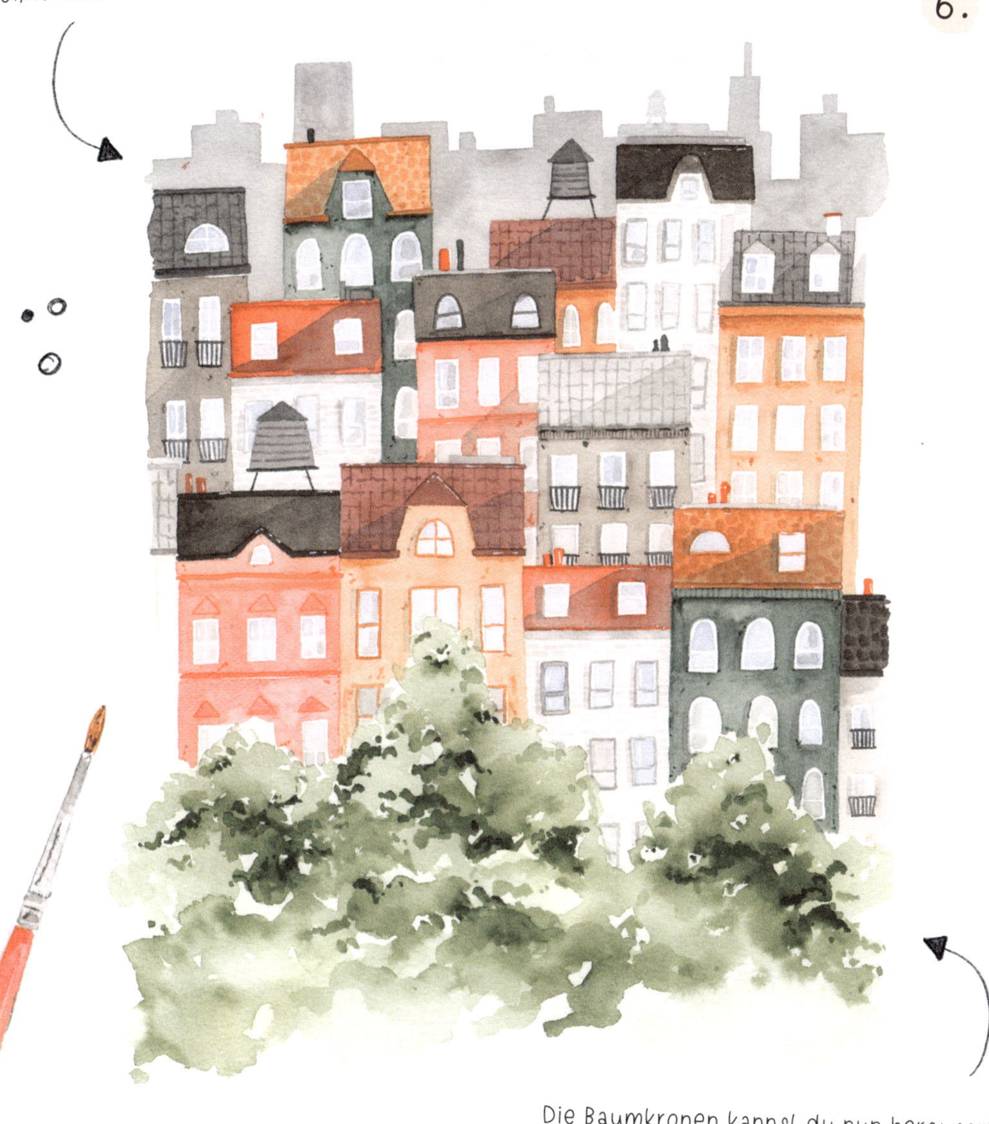

Die Baumkronen kannst du nun herausarbeiten (siehe Seite 88). Auch die Häuser können jetzt so richtig geschmückt werden: Ziegelsteine, Dachpfannen und kleine Balkone machen die Stadt direkt lebendig. Außerdem finde ich, dass kleine knallrote Kamine superschöne Hingucker sind.

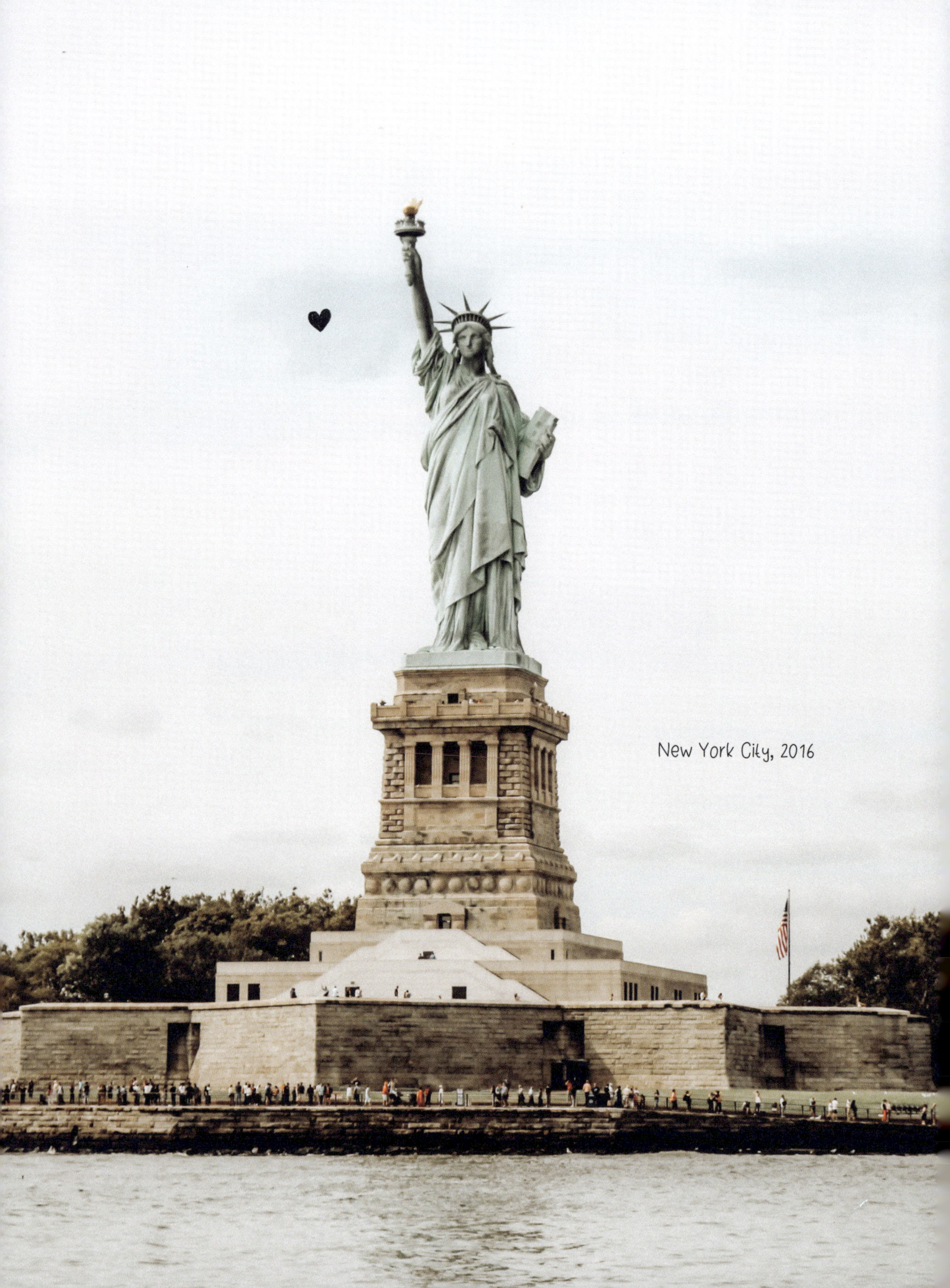
New York City, 2016

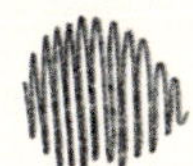

Nachwort

Nun bist du schon am Ende dieses Buchs angelangt. Ich hoffe sehr, dass du viel Inspiration, Tipps und Anregungen mitnehmen konntest. Ich freue mich jetzt schon wahnsinnig auf deine kleinen Kunstwerke, die du unter dem Hashtag #urbanwatercolorjourney auf Instagram mit mir teilen kannst. Bei allem, was du ausprobierst: Denk daran, dass es nicht darum geht, irgendetwas perfekt zu machen. Die Kunst besteht vielmehr darin, deine Persönlichkeit und deine Gedanken in die Illustrationen miteinfließen zu lassen. Dein eigener Stil sagt so viel mehr aus als ein perfekt kopiertes Bild. Gib dir daher die nötige Zeit und den Freiraum – hetze keinem Ideal hinterher und lass dich nicht von dem Können anderer unter Druck setzen. Genieße den Prozess und freue dich über jeden Fehler, den du machst. Nur so kannst du besser werden und herausfinden, wie deine persönliche Reise mit Pinsel und Aquarellfarben aussehen soll.

Einen großen Dank an dieser Stelle an meine liebste Freundin und Kollegin Yasmin. Du bist nicht nur eine kreative Vollzeit-Begleitung, sondern auch eine emotionale Stütze in jeder Lebenslage. „May & Berry" ist nicht nur zu unserem Job geworden – unser Unternehmen erfüllt mich auch täglich mit so viel Energie und Lebensfreude! Ich freue mich schon darauf, wenn wir in 50 Jahren gemeinsam auf diese Zeit zurückschauen und uns wahrscheinlich immer noch dieselben Running Gags um die Ohren hauen. Auf die nächsten 50 Jahre „May & Berry"!

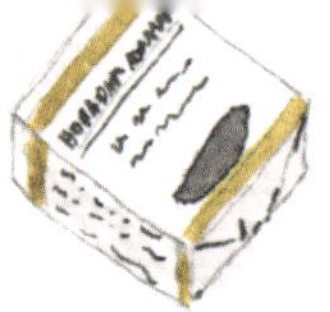

MEINE PRODUKTEMPFEHLUNGEN

Zum Schluss findest du hier noch alle Materialien, die ich regelmäßig nutze. Darunter sind sowohl günstigere als auch hochpreisige Produkte. Gerade zu Anfang empfehle ich dir ein günstigeres Papier zu kaufen, um keine Hemmungen zu haben, viel zu üben. Wenn du mehr Erfahrung mit Aquarellfarben gesammelt hast, wirst du umso mehr Freude an besonderem Aquarellpapier haben.

Ein hochwertiger Pinsel ist sein Geld wert – bei der richtigen Pflege hält er ein Leben lang. Ähnlich ist es bei Aquarellfarben – diese sind gerade aus Näpfchen unglaublich ergiebig, und du hast sehr lange etwas von deinem Geld.

Du siehst – hier und da machen hochwertige Produkte Sinn, und woanders kann es auch etwas günstiger sein. Es kommt ganz darauf an, wie intensiv du dich mit dem Thema beschäftigen willst.

Pinselpflege-Tipps:
Pinsel niemals im Wasserglas stehen lassen. Nach dem Auswaschen in senkrechter Position trocknen lassen. Pinsel nicht ohne Schutz transportieren.

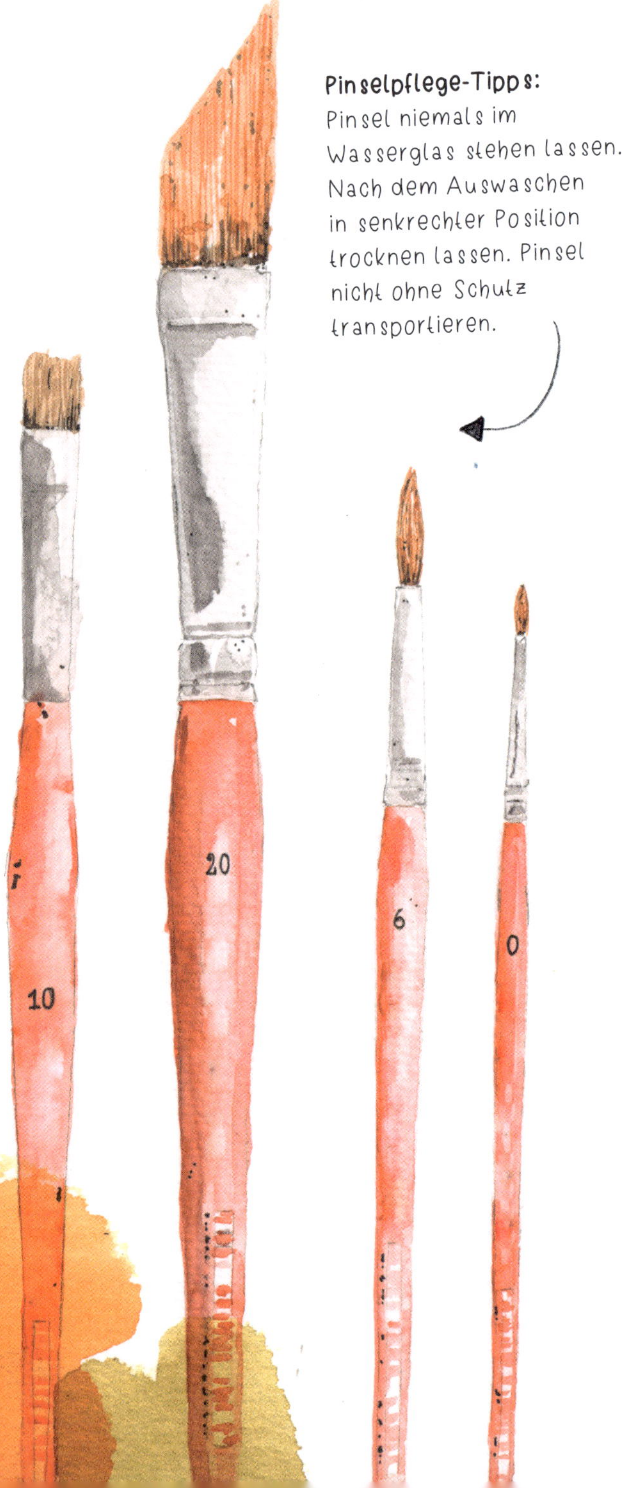

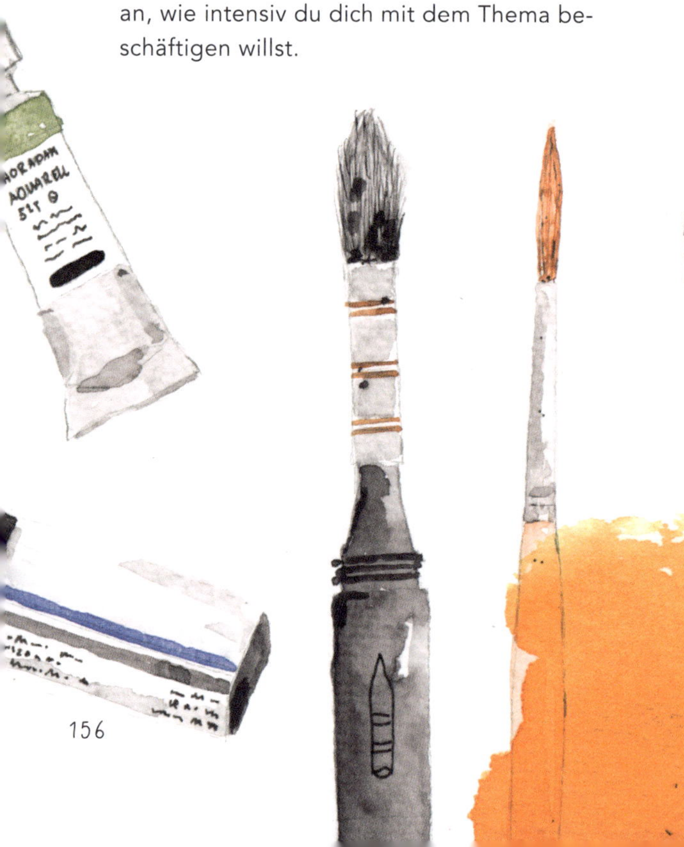

10

20

6

0

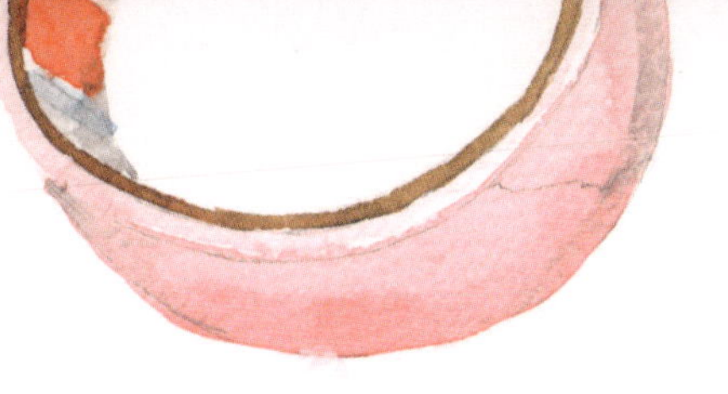

AQUARELLPAPIER
Hahnemühle Expression 300 g/m² matt
Hahnemühle Britannia 300 g/m² matt
Hahnemühle Watercolour 300 g/m² matt

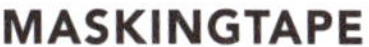

AQUARELLBUCH
Hahnemühle Watercolour Book A4 und A5

AQUARELLFARBEN
Schmincke Horadam Aquarellkasten
designed by May & Berry

PINSEL
DaVinci Cosmotop-Spin 5580
DaVinci Cosmotop-Spin 5880
DaVinci Cosmotop-Spin 5587
DaVinci Dartana-Spin
DaVinci Casaneo 498
DaVinci Casaneo 1597
DaVinci Casaneo 1598

BLEISTIFTE
Tombow MONO graph

RADIERGUMMI
Tombow MONO zero
Tombow MONO dust CATCH

MASKINGTAPE
tesa Malerband für empfindliche Untergründe

GRUNDIERMITTEL
Schmincke AQUA Grund

GRANULIERSPRAY
Schmincke AQUA Granulierspray

FINELINIER
Pentel Pointliner 0.05

FÜLLER
LAMY Lx Füllhalter Federspitze M

GELSTIFT
SAKURA Gelly Roll weiß

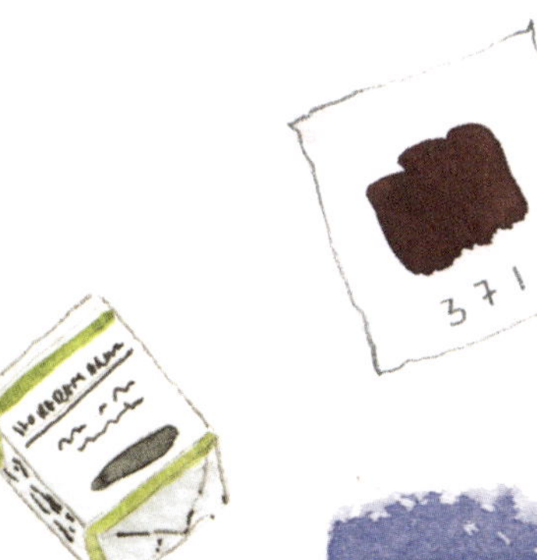

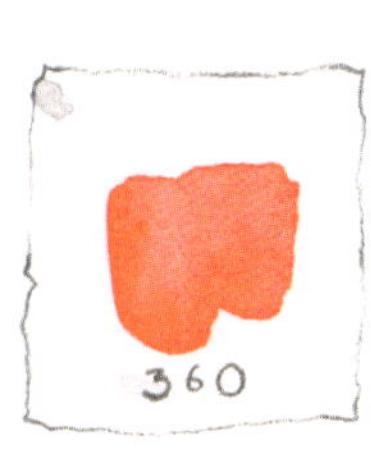

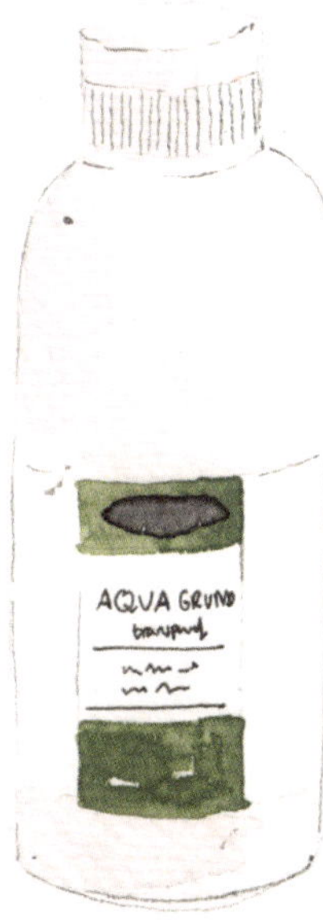

ÜBER DIE AUTORIN

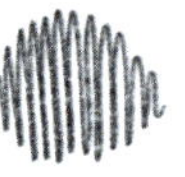

Sue Hiepler ist Illustratorin und Teil des Creative Studio „May & Berry“, das sie zusammen mit ihrer Freundin und Kollegin Yasmin Reddig 2017 gegründet hat. Die beiden geben monatliche Workshops zum Thema Handlettering und Illustration. Zudem bespielen die beiden einen erfolgreichen Instagram-Account, wodurch sie täglich direkten Kontakt zur kreativen Zielgruppe haben. Tipps zu den richtigen Materialien, Video-Tutorials und Motivideen inspirieren dazu, selbst kreativ zu werden. Als Ergänzung brachte das Kreativduo in den letzten Jahren zusammen mit bekannten Marken mehrere Produkte im Bereich Künstlerbedarf auf den Markt.

Den Fokus auf Illustration bringt dabei Sue mit. Sie studierte bis 2014 Kommunikationsdesign und erlangte eine Zusatzqualifikation im Bereich Illustration. Dementsprechend hat sie sich mit vielen Techniken beschäftigt. Angefangen von der klassischen Öl-, Akt- oder Aquarellmalerei bis hin zu digitaler Malerei oder Drucktechniken. Nach ihrem Studium arbeitete sie 3 Jahre als Art-Direktorin in einer PR-Agentur. Seit 2017 arbeitet sie als selbstständige Illustratorin und Kommunikationsdesignerin.

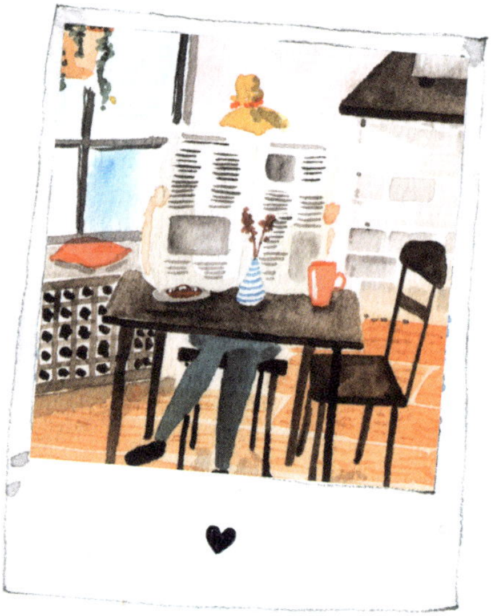

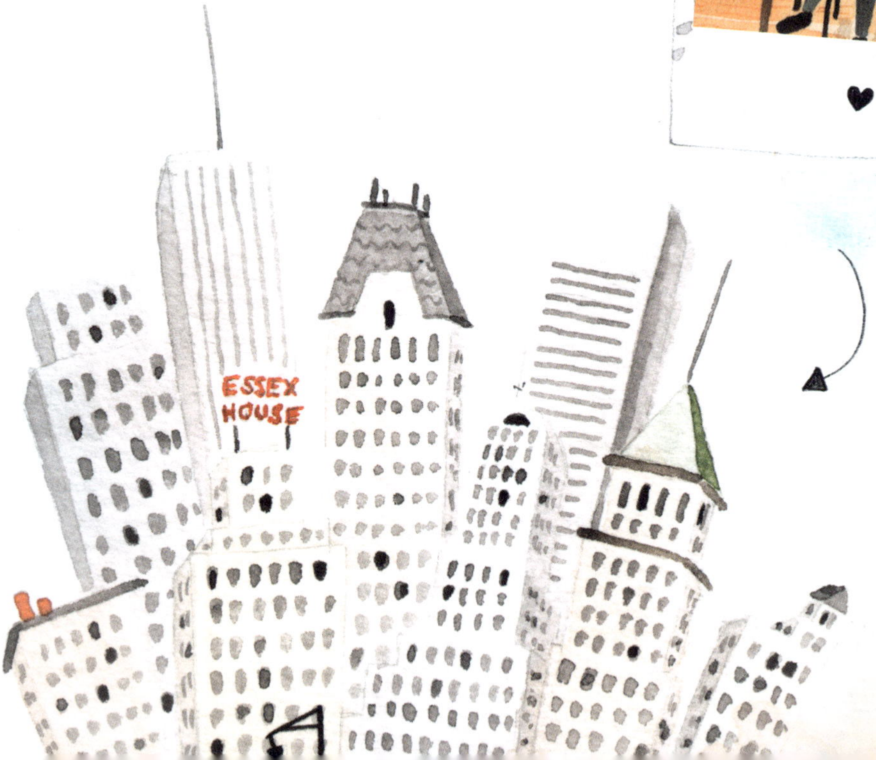

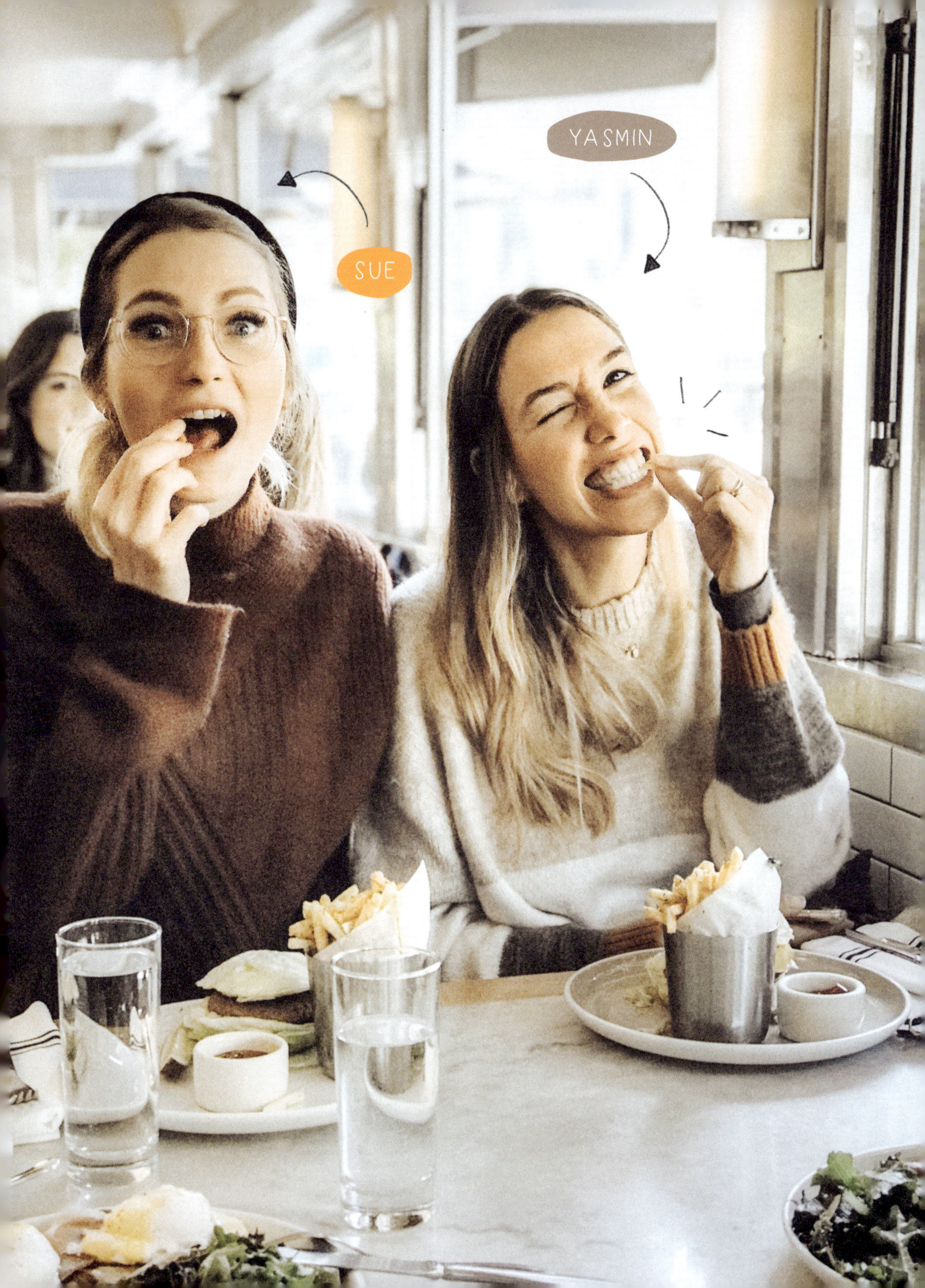
YASMIN
SUE

IMPRESSUM

URBAN WATERCOLOR JOURNEY

Deine Reise mit Aquarellkasten und Pinsel

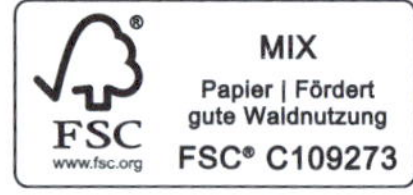

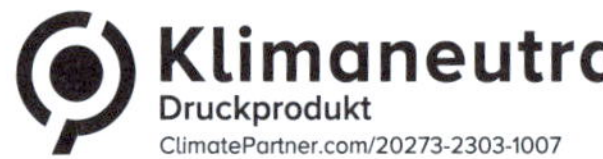

5. Auflage

Weyerstraße 88-90
50676 Köln

Texte: Sue Hiepler
Satz, Layout & Design: Sue Hiepler
Fotos & Illustrationen: Sue Hiepler
Projektleitung: Sarah Völker
Redaktion: Jessica Kleppel
Lektorat: Julia Voigtländer

Gesamtherstellung: Community Editions GmbH

ISBN 978-3-96096-137-6

Printed in Poland

www.community-editions.de

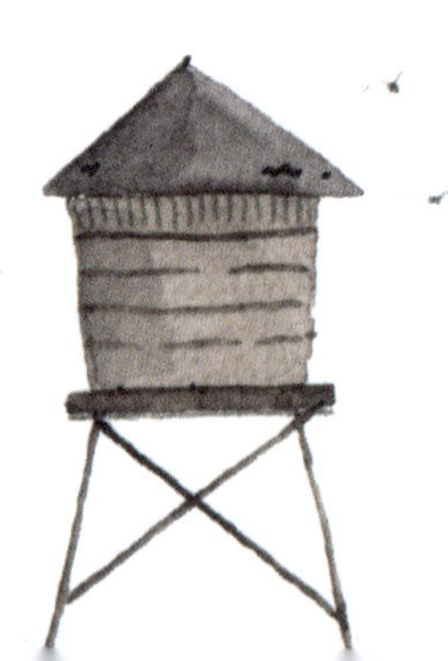